Sur l'auteur

Jiří Weil (1900-1959) est un écrivain tchécoslovaque d'origine juive. Journaliste, traducteur, membre du parti communiste, puis victime des purges staliniennes, il est l'un des premiers auteurs à avoir évoqué le goulag. En 1942, il échappe à la déportation en simulant un suicide dans la rivière Vltava et vit ensuite dans la clandestinité. Après la guerre, il écrit deux livres dont l'action se déroule dans Prague occupée : *Vivre avec une étoile* et *Mendelssohn est sur le toit*, qui a été publié à titre posthume. Deux ouvrages considérés aujourd'hui comme des chefs-d'œuvre et loués par de nombreux écrivains, dont Philip Roth.

Du même auteur
aux Éditions 10/18

VIVRE AVEC UNE ÉTOILE, n° 2764
MENDELSSOHN EST SUR LE TOIT, n° 2888

JIŘÍ WEIL

VIVRE AVEC UNE ÉTOILE

Traduit du tchèque
par Xavier Galmiche

Préface de Philip Roth

10/18

ÉDITIONS DENOËL

Titre original :
Život s hvězdou

ISBN 978-2-264-08612-9
Dépôt légal : janvier 2025

NOTE ÉDITORIALE

Un auteur et son œuvre

Jiří Weil est né à Praskolesy le 6 août 1900 et mort à Prague le 13 décembre 1959. Issu d'une famille juive tchèque de la campagne, il suivit à l'université de Prague des études de langues slaves et de littérature comparée, qui le menèrent en 1928 à une thèse sur *Gogol et le roman anglais du XVIIIe siècle*. De 1922, date de son premier voyage en URSS, à 1931, il travailla à l'ambassade soviétique de Prague, écrivit pour la presse du parti communiste tchécoslovaque et, l'un des premiers, fit des traductions de la poésie soviétique. À Moscou de 1932 à 1935, il devint traducteur de classiques marxistes-léninistes. En 1935, à l'époque des purges, il fut dénoncé, exclu du PC et envoyé en « rééducation » au Kazakhstan. Revenu en Tchécoslovaquie un an plus tard, il publia un livre de reportage sur les Tchèques en URSS, mais c'est surtout par ses proses littéraires qu'il devait porter un témoignage sévère sur ses expériences soviétiques : son roman *De Moscou à la frontière* (*Moskva-hranice*, 1937), qui suscita le même émoi qu'en France le *Retour* *de l'URSS* de Gide, relate le destin de Jan Fischer, intellectuel tchèque militant, victime des purges. Dans son deuxième roman, *La Cuiller en bois* (*Dřevěná lžíce*, 1938), Weil écrit les nouvelles aventures de son héros, qui, exclu du Parti, se retrouve en camp de concentration. *La Cuiller en bois*, publié en version italienne en 1970 et enfin publié en Bohême en 1992, est l'un des premiers romans consacrés au « goulag ». Sous l'occupation nazie, Weil, fuyant la déportation, vécut dans l'illégalité à partir de 1942. Il écrivit alors *Makanna, père des miracles* (*Makanna, otec divů*, 1945) qui, quoique l'intrigue s'inspire de l'histoire du franquisme, hérésie juive du XVIIIe siècle, est d'abord une parabole moderne de l'ascension et de la chute d'un faux prophète. Après 1945, Weil fit quelques voyages en Europe de l'Ouest, dont il tira une série de récits édités dans *La Paix* (*Mír*, 1949) qui dénoncent avec ironie les absurdités de l'humanité. Ce thème se retrouve dans son chef-d'œuvre, *Vivre avec une étoile*, publié en 1949, mais précipitamment retiré des librairies. Si Weil commence alors à s'interroger sur ses racines, c'est pour découvrir non tant le judaïsme de ses ancêtres que la solidarité primordiale avec toutes les victimes des forces inhumaines qui se déchaînent dans le monde. Là est le thème profond de *Vivre avec une étoile*, sans doute son meilleur roman. Josef Roubíček – dont le nom signale les origines « suspectes » – a une histoire simple, banalement tragique, la même que celle de tous ceux qui, nés juifs, et condamnés sans procès et sans appel pour ce péché impardonnable, se résignent à attendre leur convocation pour un convoi de la mort. Ce Josef Roubíček a pour cousin Josef K., le héros de Franz Kafka, inculpé et exécuté sans avoir compris son crime. Car le récit de Roubíček, rédigé à la première personne, se déroule dans une atmosphère assez semblable à celle du *Procès*, c'est-à-dire dans l'espace à la fois réel et irréel d'une ville jamais nommée et d'une époque jamais explicite. Mais il s'agit bel et bien de Prague à l'heure allemande, quoique, pour le narrateur, les mots « allemand », « nazi » ou « juif » n'existent pas. Au cours de son monologue, Roubíček ne les prononce jamais, à une ou deux exceptions près – quand il cite les injures proférées à son adresse : pour lui, il n'y a qu'« Eux » et « nous ». Atmosphère hallucinatoire qui rend le roman d'autant plus suggestif qu'elle laisse place aux anecdotes, racontars, espoirs cocasses, cruels ou insensés qui font la vie quotidienne de Roubíček et de ses pairs, ces parias voués à la mort, vivant dans la peur d'être pris dans le prochain convoi et déportés. Tapi dans une bicoque délabrée de la périphérie, apeuré, affamé, sans argent ni tickets de rationnement, Roubíček n'a dans sa solitude absolue qu'une compagnie, l'ombre de Růžena, son amante, qu'il a perdue pour avoir manqué du courage de fuir et de vivre avec elle. À cette ombre muette, il raconte sa vie de misère, avec elle il retrouve de fugaces bonheurs à évoquer les péripéties de leur amour : c'est cet amour toujours présent qui lui permet de survivre, même quand il apprend que Růžena et son mari ont été fusillés. Apparaît alors un élément nouveau qui tirera Roubíček de sa léthargie : la découverte de la solidarité. Sur le terrain vague, le dernier endroit où il ait le droit de se promener, il rencontre Materna, un ouvrier du voisinage, qui l'aborde, l'invite chez lui et, avec le renfort d'amis réunis clandestinement, le presse de se cacher. D'abord hésitant en raison des conséquences d'une telle décision (s'il ne part pas avec le convoi, un autre partira à sa place), Roubíček, fort d'une amitié et d'une solidarité si inattendues, naturelles et désintéressées, finit par conquérir ce dont il manquait si douloureusement jusqu'alors : le pouvoir d'agir. Et Weil clôt ainsi son récit : « Oui, Růžena, maintenant, tu peux compter sur moi. »

Ce texte est la reprise adaptée de la rubrique Jiří Weil parue dans *Le Nouveau Dictionnaire des auteurs : de tous les temps et de tous les pays*, Laffont-Bompiani, Eclectis, 1994, p. 3390, ainsi que de la rubrique « Vivre avec une étoile » parue dans *Le Nouveau Dictionnaire des œuvres*, *ibidem*, p. 7571. Signées de Xavier Galmiche, elles avaient en réalité été largement écrites par Jan Vladislav (1923-2009) : poète et traducteur tchèque, dissident signataire de la Charte 77, forcé à l'émigration en 1981, il contribua à la révélation en France de textes tchèques majeurs, dont ceux de Jiří Weil. De tout cela, qu'il soit aujourd'hui publiquement remercié.

X. G.

NOTE SUR LA LANGUE

Prononciation : à des transcriptions hasardeuses, nous avons préféré les orthographes tchèques, dont nous donnons les équivalents phonétiques. Roubíček : Roubitchek ; Růžena : Rou-je-na ; Střešovice : Str-j-e-cho-vi-tsé.

Le tchèque affectionne les diminutifs ; celui de « Josef » est plutôt inattendu : Pepa ou Pepík ; nous l'avons conservé tel quel dans la traduction.

PRÉFACE

La première fois que j'ai entendu parler de Jiří Weil, c'était à Prague, en 1973, où un survivant d'une famille juive de grande culture me dit que Weil était l'un des meilleurs écrivains de Tchécoslovaquie. Quand je retournai à New York, je rencontrai un traducteur qui avait traduit deux nouvelles de Weil, sans doute les seules existant alors en anglais. Je les lus et j'eus le souffle coupé, pas seulement à cause des horreurs qu'elles décrivaient, mais par le ton neutre dont se servait Weil pour communiquer sa haine des nazis et sa pitié envers leurs victimes. Nées dans la rage et les larmes, elles étaient écrites sur le ton détaché qu'aurait employé un journaliste en simple reportage et avec la simplicité désarmante d'un chroniqueur de famille. Je pensai à Isaac Babel. Les émotions qui animaient Weil étaient plus nettes et moins ambiguës que celles de Babel et, à en juger d'après ces traductions, Weil s'avérait être plutôt un conteur qu'un styliste absorbé par une autoanalyse implacable, usant d'une rhétorique minimaliste. Ce qu'il partageait avec Babel, c'était la capacité d'écrire sur la barbarie et la douleur avec un laconisme qui semble être en soi le commentaire le plus féroce qu'on puisse faire sur ce que la vie a de pire à offrir.

D'après ce que j'ai recueilli depuis lors comme informations sur la vie et l'œuvre de Weil, il y a d'autres points communs avec Babel. Ils sont nés à seulement six ans d'écart, Babel à Odessa en 1894, Weil à Prague en 1900. Les deux écrivains étaient juifs, ils le savaient. Ils lisaient tous les deux le russe et connaissaient la littérature russe – en 1928, Weil soutint à l'université Charles de Prague une thèse de doctorat sur Gogol et le roman anglais. Tous les deux étaient destinés à devenir les victimes, du point de vue littéraire, du réalisme socialiste et, du point de vue politique, du stalinisme (et de l'antisémitisme stalinien). Et l'un et l'autre vécurent en tant qu'hommes et écrivains une vie solitaire : interdits de publications, privés de lecteurs, retirés, réduits au silence – et, du fait de la discipline du Parti, bannis des cercles littéraires et des bibliothèques scolaires.

Au milieu des années 1930, Weil écrivit *Moskva-hranice* (*De Moscou à la frontière*), un roman polémique partiellement inspiré de ce qu'il avait observé du totalitarisme soviétique alors qu'il travaillait à Moscou, dans la section tchèque de la maison d'édition du Komintern, au cours des premières années de la terreur stalinienne. Citoyen de la République tchécoslovaque démocratique, il ne pouvait être mis à mort pour ses désillusions, mais fut sévèrement attaqué par ses camarades ; il le fut à nouveau quand, après la guerre, furent publiés *Makanna, otec divů* (*Makanna, père des prodiges*), *Harfeník* (*Le Harpiste*) et *Život s hvězdou* (*Vivre avec une étoile*). Ce dernier roman était considéré par les communistes comme l'exemple « décadent » d'un « existentialisme pernicieux ».

Au début des années 1950, Weil fut expulsé de l'Union des écrivains ; il avait déjà été exclu du Parti pour avoir écrit *De Moscou à la frontière* (ce qui ne l'empêcha pas d'en écrire la suite, *Dřevená lžíce* (*La Cuiller en bois*), un manuscrit resté inédit pendant quelque trente ans et qui finit par être publié en 1970 dans une traduction italienne). Dans les années 1950, Weil fut nommé directeur du Musée juif d'État, à Prague. À la faveur du dégel et grâce surtout aux efforts du poète Jaroslav Seifert, prix Nobel de littérature, il avait été réintégré à l'Union des écrivains – mais il semble avoir continué à mener une existence retirée, isolée, sans bonheur, jusqu'en 1959, date à laquelle il mourut d'un cancer.

Le premier tome des *Juifs en Tchécoslovaquie* cite *Vivre avec une étoile* comme « le livre tchèque le plus marquant publié entre 1945 et 1948 », c'est-à-dire pendant la période de liberté relative qui va de la fin de la guerre au coup d'État communiste. « Cette œuvre, dont le titre fait allusion à l'étoile de David que les Juifs étaient forcés de porter dans la rue pendant l'occupation nazie, raconte l'histoire d'un humble citoyen tchèque de Prague sous le coup des lois antisémites des nazis. » (Une description similaire pourrait rendre compte d'un autre roman, plus tardif, *M. Théodore Mundstock*, de Ladislav Fuks.) Quand les nazis occupèrent Prague, Weil fit croire qu'il s'était suicidé. Caché illégalement dans la ville – et passant pour mort aux yeux des autorités –, il put survivre à l'Occupation. Ces épreuves terribles fournirent l'argument et sans doute beaucoup de détails de *Vivre avec une étoile*.

Sa dernière œuvre, *Na střeše je Mendelssohn* (*Mendelssohn est sur le toit*), traite aussi des Juifs et des nazis, et la plupart des lecteurs considèrent qu'il s'agit, après *Vivre avec une étoile*, de son meilleur livre. Il fut publié de façon posthume en Tchécoslovaquie en 1960, et l'on dit que Weil mit quinze ans à l'écrire. Un SS a pour ordre d'enlever parmi les statues de musiciens qui ornent le toit de l'Académie de musique de Prague celle de Mendelssohn, compositeur juif. Incapable de la distinguer des autres, il décide d'ôter celle qui possède le plus gros nez. Il s'avère que c'est celle de Wagner. C'est ainsi que le roman commence.

Philip Roth

VIVRE AVEC UNE ÉTOILE

1

J'ai dit : « Růžena, à cette heure, les gens sont en train de passer à table, sur les tables il y a des vases avec des fleurs, les assiettes tintent, les bols de soupe fument, ils commencent à manger, coupent la viande avec leur couteau, la piquent avec leur fourchette, s'essuient la bouche avec leur serviette, et boivent de la bière, et puis se reposent béatement pendant toute cette heure, partout, dans les restaurants ou chez eux. »

Růžena ne pouvait répondre, elle n'était pas dans la pièce, tout bonnement elle n'était pas avec moi. Je ne savais pas ce qu'elle devenait, je ne l'avais pas vue depuis longtemps. Peut-être qu'elle n'était plus sur terre, peut-être qu'elle n'avait simplement jamais vécu.

Et moi, je parlais avec elle, je devais parler avec quelqu'un, je me faisais à déjeuner sur mon petit poêle rond, j'avais froid parce que mon poêle ne voulait pas réchauffer la mansarde, la porte et les fenêtres bâillaient, en vain j'avais essayé de les colmater avec de vieilles chaussettes, deux fois déjà j'avais nettoyé le four, j'avais faim et c'était l'heure du déjeuner.

J'ai dit : « Růžena, maintenant, les gens boivent du café noir, bon, peut-être pas du vrai café, mais ils sont au chaud après avoir fait un bon déjeuner, et moi, je gèle, Růžena, et j'ai faim. »

La mansarde était pleine de fumée, peut-être de mon poêle, peut-être des cigarettes que j'avais fumées. Je les roulais avec un succédané de thé, à base de feuilles de fraisier ou de framboisier, je n'arrivais pas à fumer des feuilles de houblon, qui m'endormait et me faisait mal à la tête.

« Růžena, maintenant, les gens allument leurs cigarettes, ils rejettent la fumée et écoutent la radio, cela fait longtemps qu'ils ont déjeuné et ils attendent le goûter, ils s'apprêtent à boire du café au lait agrémenté de petits pains, cela fait combien de temps que je n'ai pas mangé de petit pain ? »

Il fallait que je parle avec quelqu'un, j'étais seul, complètement seul, dans la mansarde glaciale, puante et enfumée, il fallait une fois de plus que j'allume le feu, je soufflais sur les tisons et j'avais peur que le feu ne s'éteigne à nouveau, je n'avais pas beaucoup d'allumettes, j'étais dans une bicoque de banlieue, en survêtement crasseux. Près du poêle, mon matelas était par terre, dans la niche du mur pendaient mon gros manteau et des vêtements.

J'avais brûlé mon lit et mon armoire, j'avais brûlé tout ce que j'avais pu, parce que je n'avais pas de charbon et que je ne voulais rien Leur donner, Ils ne recevraient rien de moi, pas même mes vieilles chaussettes qui me servaient à colmater la porte et les fenêtres, pas même mes rideaux dans lesquels je taillais des serpillières, pas même mes meubles que le poêle avait déjà dévorés. Je ne savais pas encore quoi faire de mon matelas, j'avais quand même besoin de quelque chose sur quoi dormir, à même le sol j'aurais eu froid, je ne savais pas non plus quoi faire de ma toilette, elle était de bois dur, je n'avais pas la force de la débiter, elle avait une plaque de marbre, je l'avais jetée dans le jardin pour qu'elle se casse, mais elle ne s'était pas cassée et elle étouffait l'herbe. Je ne voulais brûler mon matelas que quand Ils s'occuperaient de moi. La toilette, il faudrait bien que je trouve le moyen de la casser, après il ne resterait plus que mon vieux guéridon branlant, oui, j'ai fait exprès de ne pas le brûler, c'était si facile pourtant, il était juste fait de baguettes de bambou. Le guéridon devait rester là. Quand Ils viendraient confisquer mes meubles, Ils ne trouveraient que les murs lézardés, la mansarde vide, le poêle cassé et, au milieu, mon vieux guéridon branlant ; la seule pièce du mobilier qui ne servait à rien trônerait dans la pièce.

J'ai continué ma conversation : « Růžena, tu ne m'écoutes pas, sûr qu'à cette heure tu reprises des chaussettes ou bien tu reprends une maille, sans doute que tu penses au film que tu as vu, c'est un film idiot, Růžena, ça ne vaut pas le coup d'y penser, c'est un film tchèque qui parle d'amour et d'un voile bleu, j'ai vu les affiches et j'ai tout compris tout de suite, ensuite j'ai vu des photos dans les vitrines, il y a une grosse demoiselle qui joue dedans et qui prend des poses, parfois elle sourit, parfois elle pleure.

« Tu ferais mieux de me dire comment je devrais m'y prendre pour me faire à déjeuner sur mon petit poêle rond, j'ai mon feu qui ne veut pas brûler, toi, tu avais les idées claires, tu savais toujours ce qu'il fallait faire. “Pepa, tu disais, ta vie, elle sera atroce, tu ne peux compter que sur toi, et les gens de ton espèce ont la vie dure pendant les temps difficiles." »

Je ne me suis pas enfui, j'avais peur de passer la frontière, je n'avais personne pour m'accompagner, j'avais peur et personne n'était là pour me dire quoi faire. J'avais peur qu'ils ne me coincent à la frontière, je ne savais pas ce que j'aurais bien pu faire à l'étranger.

J'ai soufflé sur le feu et regardé le plafond : il y avait un rond d'humidité, une large tache qui grandissait et, parfois, quand il pleuvait à verse, il y avait de l'eau qui gouttait, à l'endroit où le toit était abîmé. Cet endroit, je le connaissais, c'était moi qui cet été avais brisé les tuiles à la hache, j'étais seul à la maison, je voulais qu'elle s'écroule, je souhaitais la voir tomber en ruine avant qu'ils me règlent mon compte.

Mais à l'automne, quand il s'est mis à pleuvoir sérieusement, ç'a été dur, et cet hiver aussi, quand la neige est tombée sur le toit. Bon, voilà mon eau qui ne veut pas bouillir, j'ai mis dedans des os, de bons, de grands os, j'ai dû les couper à la hache pour qu'ils entrent dans la marmite, et j'ai aussi gratté dessus pas mal de viande, je voulais m'en faire du goulasch. Ça faisait longtemps que je n'avais pas mangé de viande, j'en rêvais avec passion, je m'imaginais mordant dans une tranche de rôti de porc, il aurait une peau croustillante qui fondrait sur la langue, ou bien je déchirerais avec mes dents un morceau de bœuf, un bon morceau tout à moi. Mais je n'avais pas de tickets de viande, je n'avais pas d'argent pour en acheter au noir, et je ne savais pas non plus qui aurait pu m'en vendre. J'allais seulement acheter du sang, ça, j'avais le droit d'en acheter, je me faisais de la soupe avec, ç'avait quand même un petit goût de viande.

J'ai fait la queue cet après-midi chez le boucher, tout le sang était déjà vendu, la marmite d'émail bleu avait disparu de la planche à découper, peut-être qu'il en restait un peu quelque part, je tenais mon bidon et j'attendais. « Monsieur Halaburda, j'ai dit, il ne vous reste pas un peu de sang ? »

Le boucher m'a répondu : « J'ai tout vendu ce matin. » Il était en train de découper de la belle viande, je la regardais avec concupiscence, de la jolie viande rouge qui devait être si bonne pas trop cuite, oui, c'était du bifteck, avant, moi aussi, j'en avais mangé, je vous le dis, braves gens, moi, j'en avais déjà mangé, du bifteck.

Je traînais dans la boutique et je regardais le boucher déchirer les tickets et distribuer les parts, je ne savais pas ce que je me ferais le lendemain, j'avais compté sur ce sang, j'avais bien de l'orge, mais je ne pouvais quand même pas me contenter d'orge sans rien d'autre, j'en avais si souvent mangé, et aujourd'hui, puisque je m'étais tellement réjoui à l'idée de ce sang, je n'avalerais pas un seul grain d'orge.

J'ai bredouillé : « Monsieur Halaburda, vous savez pourtant bien que je n'ai pas le droit de faire mes courses le matin et j'aimerais tant vous acheter du sang.

— Vous savez quoi ? Je vais vous vendre des os, vous pourrez vous faire de la soupe. »

J'étais content de ces os et je me suis dit que j'allais me faire un déjeuner de fête, c'étaient de grands beaux os, où de petits morceaux de viande étaient restés accrochés.

Je suis rentré chez moi, j'ai posé les os et me suis mis à couper du bois, il me fallait préparer un peu de petit bois, je cachais depuis un bout de temps une longue planche bien sèche qui venait de mon lit, elle m'avait duré longtemps, j'ai donné dessus beaucoup de coups de hache, pendant ce temps mes mains gelaient, j'avais de vieux gants de laine, mes doigts dépassaient. Pourtant jamais je ne manquais de couper mon petit bois.

Puis je me suis assis tout près du poêle, j'y ai mis ma bouilloire, mais je n'avais plus d'eau, je l'avais utilisée pour laver mes mains rougies, et il me fallait aller à la pompe. Une fois, cet été, j'avais cassé ma conduite d'eau, c'était peu de temps après le sabotage du toit, je m'étais dit, cette fois-là, que si des gens pouvaient habiter une maison délabrée, Ils ne voudraient pas vivre dans une maison sans eau courante, en tout cas pas Eux. L'eau se perdait dans la terre, il en avait sûrement coulé beaucoup, mais ce n'était pas ma maison et je n'avais pas payé les factures.

J'ai pris mon broc et je suis allé au coin de la rue, à la pompe. Autour, il y avait du verglas, mes pieds glissaient, mes mains brûlaient pendant que j'actionnais le levier, l'eau coulait lentement, comme de mauvaise grâce, et puis voilà, j'avais quand même rempli mon broc. Je l'ai empoigné, l'eau glaciale m'éclaboussait les mains, j'ai dû les réchauffer près du poêle.

« Růžena, il est deux heures et demie et je n'ai toujours pas de quoi déjeuner, je m'en faisais une telle joie, ce matin j'ai bu de l'eau noire avec de petits morceaux de pain, et puis je me suis encore taillé une tranche de fromage maigre. Je me suis levé tard, tu sais bien, je dois me lever tard parce que, dans ma chambre, il fait froid. À la scierie, ils m'ont promis de me laisser prendre un peu de sciure, mais tu sais ce que ce poêle dévore, et avec du charbon il ne veut pas chauffer. »

Je me suis souvenu qu'il me restait un montant du sommier métallique, je suis descendu à la cave, tant pis si le feu s'éteint, il me faut du bois, sûr que les dents de la scie se seront usées à force de frotter contre l'armature de métal. Mais quand je suis revenu, le feu ne s'était pas encore éteint, j'ai ajouté un peu de bois et plus tard l'eau a commencé à frémir. J'étais assis près du poêle, j'avais chaud. Je savais que lorsque le feu s'éteindrait, je me coucherais sur le matelas dans mon sac de couchage, un livre dans une main, et je lirais, et quand j'aurais les doigts gourds, je sortirais l'autre main. Je lirais si longtemps que mes paupières cligneraient, puis je dormirais longtemps, longtemps.

Parfois pourtant je ne peux pas m'assoupir, je me retourne dans mon sac, la peur me tombe dessus, m'étrangle, j'ai envie de hurler d'horreur, cela arrive quand j'ai peur qu'Ils viennent me chercher.

Ou bien il me vient à l'esprit qu'Ils vont m'appeler devant le Conseil de la Communauté et qu'on m'enverra au travail obligatoire, j'y suis déjà allé une fois pour être enregistré. Cette fois-là on m'a laissé tranquille, mais maintenant on m'y enverrait sûrement, ces gens-là défendent leur peau, ce serait à eux d'y aller s'ils n'envoyaient pas quelqu'un d'autre, même si je ne pèse que, disons, cinquante et un kilos, mais ce n'est absolument pas leur problème. Ils sont au chaud dans leurs bureaux, ça leur est égal, le sort de Josef Roubíček, ancien employé de banque, parce que des Roubíček, il y en a tant qu'on voudra.

Je ne peux pas dormir et j'essaie de lire, mais les lettres s'embrouillent, je tremble de froid et de peur. Je voudrais, Růžena, que tu sois près de moi en ce moment ; on dormait ensemble sur le grand divan quand tu venais me rendre visite, le matin tu faisais du café, tu m'en apportais, ah ! cette odeur de café, et les petits pains croustillants ! Tu t'asseyais près de moi, on buvait le café ensemble, et puis je m'allumais une cigarette et je me retournais longuement dans le lit, pendant que tu te lavais dans la salle de bains. Sûr qu'aujourd'hui tu chasserais ma peur.

J'ai mangé la soupe à l'os, j'ai vidé la moelle, j'ai émietté dans la soupe du pain rassis. Et j'ai bien aimé le goulasch, même si j'avais fait la sauce sans graisse et que la viande était invisible. J'avais un mégot de vraie cigarette, je l'ai mélangé à du thé, et je m'en suis fumé une, j'avais chaud, j'oubliais tout, je savais que j'étais chez moi, les murs nus me plaisaient, en ce moment j'aimais jusqu'au cercle humide du plafond, parce que, lui aussi, il m'appartenait encore.

J'ai dit : « Merci, Růžena, merci pour ta compagnie, j'ai bien déjeuné et maintenant j'ai chaud, c'est bien que tu m'aies appris à faire la cuisine, au chalet. »

Růžena ne répondait pas. J'étais assis dans le noir, je n'avais pas envie de me lever ni de tourner l'interrupteur, les tisons de charbon brillaient dans le poêle, je les regardais et je fumais les feuilles de thé que j'avais mélangées à un gros mégot.

2

Un jour, j'ai rêvé de la forêt. Nous avions cheminé longtemps, très longtemps, Růžena et moi, dans la forêt, nous ne connaissions pas bien la route, nous n'avions pas de carte, mais ça nous était égal, nous marchions en riant, la forêt déboucherait bien quelque part. Mais le sentier subitement s'est perdu, la forêt s'est obscurcie, nous n'avons plus vu le soleil, l'angoisse m'a saisi qu'on ne puisse s'en sortir, j'ai jeté ma besace et me suis étendu sur la mousse. Růžena s'est penchée sur moi. Elle me reprochait quelque chose, j'avais du mal à la comprendre, elle parlait de marmites et de brocs, je ne me souvenais d'aucun broc ni d'aucune marmite et je lui ai dit que son amie Máňa l'avait trahie, qu'elle colportait des cancans à son sujet.

Je m'écriai : « Růžena, tu ne m'aimes pas. »

Tout à coup, le broc dont Růžena avait parlé était là, il était en cuivre et tout brillant, j'en avais vu un pareil chez grand-mère, quand j'étais petit, et je voulais le décrocher du mur, le broc était gigantesque, il s'est dressé et s'est avancé droit vers moi. Růžena avait disparu, je me retrouvais seul dans la forêt avec le broc, mes jambes s'engourdissaient et le grand broc continuait d'avancer, maintenant il se transformait en un immense tambour, quelqu'un frappait dessus avec force et criait, peut-être que c'était le tambour lui-même qui criait, puis c'était comme s'il se dissipait, je commençais de me réveiller et j'ai entendu, maintenant revenu à moi, que quelqu'un criait mon nom au portillon : « Rou-bíček, Rou-bíček. » J'étais incapable de me débarrasser prestement de mon sac de couchage et la voix continuait de gueuler au portillon, c'était sûrement quelqu'un qui avait le droit de gueuler. Je me suis dégagé avec peine du sac, pour finir j'ai sauté sur mes pieds et j'ai ouvert la porte. J'étais en survêtement, je n'avais pas besoin de m'habiller.

« Vous êtes Roubíček ? a dit l'homme près du portillon. Il faut crier, ici, vous n'avez pas de sonnette, vous dormiez ou quoi ? J'ai pour vous une convocation devant le Conseil de la Communauté.

— Pardon, monsieur, vous ne savez pas ce qu'ils me veulent ?

— Moi, je distribue le courrier. »

Je n'avais sur moi que mon survêtement et j'avais froid, j'ai couru dans l'escalier, chemin faisant je regardais la lettre. J'étais convoqué à neuf heures, je n'aurais pas le temps de me faire chauffer de l'eau pour mon café, ni même de me réchauffer un peu près du petit poêle rond, je devrais me laver à l'eau glaciale et sortir frigorifié dans le matin plein de givre, je n'avais pas envie d'enlever mon survêtement, il était réchauffé, mais je devais me laver, et l'eau froide m'a brûlé. Je me suis coupé un morceau de pain et une tranche du fromage maigre.

Je me disais : « Si j'avais une Thermos, j'aurais pu faire chauffer de l'eau hier, aujourd'hui j'aurais eu quelque chose pour me réchauffer l'estomac. Ç'aurait été plus facile pour aller au centre de Prague en tram. »

Avant, j'avais eu une bouteille isotherme, mais je l'avais cassée, c'était une bonne Thermos, je l'emportais dans mes excursions et je l'enveloppais de mousse, une fois, elle est tombée de ma chaise et s'est cassée.

Je tremblais de froid sur la plate-forme du tram, j'ai marché de long en large tant qu'elle est restée vide, puis je me suis balancé d'un pied sur l'autre, mes pieds s'engourdissaient, j'avais des chaussettes trouées et des souliers d'été, jaunes et légers. Et j'avais si froid que mes yeux larmoyaient, je rêvais de m'allumer une cigarette, mais je n'en avais pas, je ne pouvais pas m'en rouler une avec du succédané de thé, je ne pouvais pas me réchauffer dans un des buffets en ville, parce qu'ils portaient tous l'inscription *Entrée interdite*.

J'ai couru le long des rues en me réjouissant de la chaleur que j'allais trouver dans les bureaux. J'ai grimpé l'escalier et cherché l'homme qui m'avait convoqué. C'était une maison de cinq étages, pleine de gens, ils montaient et descendaient l'escalier, ils s'entassaient dans les couloirs et attendaient à la porte. Ils faisaient du bruit et se balançaient d'un pied sur l'autre, personne n'était capable de me dire où se trouvait le bureau où j'étais convoqué, ils étaient tous absorbés dans leurs problèmes, ils étaient hargneux et haineux, il me semblait qu'ils me regardaient avec hostilité parce que j'étais quelqu'un en plus, en trop. J'ai grimpé jusqu'au quatrième étage, je pensais : sûr que ces gens qui montent vont au même bureau que moi. Mais ils se sont arrêtés à un petit guichet et je les ai vus prendre des gobelets de thé dans lesquels ils remuaient une cuiller pendue à une ficelle. J'ai pris ma place dans la file et j'ai attendu mon tour.

J'ai dit : « Donnez-moi un thé ! » à une grosse dame qui en versait d'un grand pot. Près d'elle se tenait un homme, il m'a considéré attentivement.

Il a sifflé : « Quelle section ? »

Je n'ai pas su quoi répondre. Je ne savais pas ce que c'était qu'une section, je ne voulais que du succédané de thé, chaud, sans sucre, pour me laver la gorge de son goût amer.

« Vous ne comprenez pas ? Dans quelle section est-ce que vous travaillez ?

— Je ne travaille pas ici. Je voulais un peu de thé.

— La buvette est réservée aux employés. »

Les gens derrière se pressaient impatiemment contre moi, je suis resté sans savoir quoi faire, je regardais le grand pot à thé d'où s'échappait une belle vapeur et j'en salivais d'envie.

Ils m'ont lancé : « Allez, fichez le camp ! »

Je me suis éloigné du guichet et j'ai regardé les gens qui criaient contre moi, ils avaient l'air en forme, ils étaient pleins d'une fureur administrative, ils se pressaient contre le guichet comme s'ils étaient en train d'accomplir un devoir important.

Oui, ce sont des fonctionnaires, me suis-je dit, et l'un d'entre eux me dira où se trouve la bonne porte.

J'en ai choisi un qui sirotait doucement son thé, il avait l'air vieux et je lui ai montré ma convocation.

« Vous devez aller au deuxième étage, à l'Enregistrement ; c'est pourtant indiqué, au rez-de-chaussée ! Vous ne savez donc pas lire ? »

Je me suis arrêté devant la porte du deuxième étage, il y avait vraiment foule et je pensais au mot

« Enregistrement », je n'aimais pas les mots étrangers, ils avaient toujours un air hostile. J'avais rempli un bon nombre de questionnaires et donné un tas de réponses, j'avais toujours un sourire gêné quand venait la question : *De quoi vivez-vous ?* Est-ce que je le savais moi-même, de quoi je vivais ? J'avais écrit une fois *Assisté*, mais c'était faux, je ne recevais aucune aide de personne, et dans le dernier questionnaire j'ai répondu : *Comme ça.*

Les gens qui étaient en rang derrière moi étaient plutôt silencieux, ils ne se parlaient entre eux qu'en chuchotant. J'ai demandé à mon voisin combien de temps on aurait encore à attendre.

« C'est une procédure très longue, et après il faudra encore que vous alliez à Střešovice. »

Střešovice était le mot que je craignais le plus, il désignait l'administration qui pouvait faire de moi ce qu'elle voulait, et aussi un lieu secret où l'on marchait sur la pointe des pieds. Quant à ceux qui en revenaient…

J'avais faim mais maintenant j'avais oublié que j'avais faim, je n'avais plus que cette amertume dans la bouche et j'attendais en silence.

J'ai dit en moi-même : « Růžena, toi aussi, je t'ai attendue comme ça en silence, je ne savais pas si tu viendrais, et pourtant j'attendais, je savais que tu aurais bien aimé venir si seulement tu l'avais pu, parce que tu m'aimais bien. J'ignorais tout ce qui se passait autour de moi, quand je t'attendais, peut-être que j'étais seul dans toute la rue mais peut-être aussi qu'il y avait des gens autour de moi et des trams qui passaient. C'est juste quand tu es arrivée que tout a commencé à bouger et que moi, j'ai vu les devantures des magasins et les gens qui marchaient tout autour, j'entendais les trams grincer et le bruit des klaxons. »

La file d'attente avançait doucement, on faisait entrer trois personnes quand trois autres sortaient, j'essayais d'oublier le couloir crasseux et la fatigue.

La première fois que j'avais vu Růžena, c'était à la soirée du Jour de l'an, je n'avais personne avec qui la fêter, et je m'étais mis d'accord avec František Stejskal, qui était mon voisin de bureau à la banque, pour sortir quelque part. Nous avons fait beaucoup d'établissements, partout nous nous sommes assis un moment et avons bu quelque chose, nous n'étions absolument pas saouls, seulement un peu gais, et je ne sais même pas comment nous nous sommes retrouvés chez Pokorný. C'était quelque chose entre un bar et un dancing, on y jouait du mauvais jazz, mais il y avait une attraction, un violoniste qui passait son violon par-dessus son épaule et jouait les mains dans le dos, se couchait par terre, lançait son violon et le rattrapait, il avait un franc succès.

L'endroit était bondé, je n'avais pas envie de rester mais František a aperçu un ami, nous nous sommes assis près de lui, il m'a dit que c'était Jaroslav Pospíchal ; à côté de lui, une fille était assise, František me l'a présentée comme la femme de Jaroslav, Růžena. Je l'ai regardée, j'ai voulu dire quelque chose de plaisant, j'étais d'humeur joyeuse, elle était grande et svelte, elle n'avait pas du tout l'air d'une femme mariée, elle avait les yeux vifs.

Je n'ai plus fait attention à Jaroslav Pospíchal, il était ivre. J'ai appris que lui aussi était fonctionnaire dans une banque, une sorte de petite caisse d'épargne. Je regardais Růžena et Jaroslav, qui nous ignorait et s'est tout à coup mis à raconter des histoires, je n'écoutais pas, je fixais madame Růžena.

« Venez danser », a-t-elle dit comme si nous nous connaissions depuis des années. Nous nous sommes enfoncés dans la foule compacte, serrés l'un contre l'autre. La tête me tournait et je lui ai dit brusquement :

« Je vous aime bien, Růžena.

— Moi aussi ! »

Et à la façon dont elle le disait, c'était la vérité et elle ne pouvait rien dire d'autre.

« Avancez », a crié quelqu'un derrière moi, et c'est seulement alors que je me suis rendu compte que la file bougeait, et je me suis retrouvé dans le couloir crasseux et j'ai senti à nouveau cette sécheresse amère dans ma bouche. Je n'ai fait que quelques pas et je me suis appuyé contre le mur. J'ai vu les visages, verts et tordus. À nouveau j'étais seul.

J'ai regardé autour de moi, il était impossible de se raccrocher à rien, ni au couloir crasseux ni, sur la porte, à une inscription que j'étais absolument incapable de lire. Je ne voulais pas regarder ces gens-là.

Nous sommes alors revenus de notre quadrille assez euphoriques mais František et Jaroslav ne s'en sont pas aperçus.

J'ai dit : « Růžena, vous êtes mariée.

— Et où est le problème ? »

Sans savoir pourquoi, j'ai dit : « Vous êtes de la campagne ?

— C'est parce que j'ai de grosses mains que vous demandez ça ? »

J'ai commencé à bégayer : « Non, ce n'est pas ce que j'ai voulu dire », et elle s'est mise à rire.

« D'ailleurs, vous avez raison, je suis de la campagne,

de l'endroit où nous allions à l'école, Jaroslav et moi. »

J'ai dit que j'étais de la ville mais que j'avais toujours été seul, j'ai parlé de moi dans le bruit de la salle et de la musique, et comment mon oncle et ma tante m'avaient pris chez eux, comment ils me reprochaient chaque centime dépensé et comment ils s'étaient bien vite débarrassés de moi en me trouvant une place à la banque.

Růžena se taisait et je ne savais même pas si elle trouvait de l'intérêt à ce que je lui disais. Quand elle s'est levée, nous nous sommes serré la main, puis nous avons tous filé dans une auberge pas chère manger de la soupe aux tripes et boire du café noir, c'était le petit matin. Il y avait là des gens qui buvaient de la bière, nous avons dû nous asseoir avec eux, il y avait un accordéoniste, František et Jaroslav avaient le regard perdu sous la table et somnolaient près de leurs verres.

Nous étions assis, Růžena et moi, l'un à côté de l'autre, et nous ne nous disions rien. Je voulais lui expliquer que tout cela était absurde mais, je ne sais comment, j'oubliais tout et j'ai préféré me taire. Le matin était gris quand nous nous sommes séparés, les trottoirs étaient pleins de boue, des gouttes tombaient des toits, je regardais Růžena, qui partait avec Jaroslav, et je me suis retrouvé seul et je suis rentré à la maison.

« C'est votre tour », m'a dit quelqu'un derrière en me secouant.

Je me suis avancé vers la porte et j'ai tendu ma convocation au fonctionnaire.

Il a lu lentement : « Roubíček Josef ; asseyez-vous. »

3

J'ai dû répondre à des questions et le fonctionnaire dictait les réponses à un employé, c'était un long interrogatoire et il me semblait que cela ne finirait jamais. Pourtant j'ai cessé tout à coup d'avoir peur et j'avais envie de rire de tous ces vains efforts qu'ils consentaient pour un certain Josef Roubíček, dont personne ne s'était jamais soucié. Maintenant il est important, il est même trop important, on veut tout savoir sur lui, dans les moindres détails, on le mesure et on le pèse, on fait la lumière sur son passé.

« Bon, nous avons fini, a dit le fonctionnaire, soyez demain à neuf heures cinquante à Střešovice – et tâchez d'être ponctuel à la seconde près. »

Je n'avais plus froid, j'avais seulement faim, il était déjà presque midi, je ne savais pas bien ce que voulait dire ce long interrogatoire. J'ai demandé :

« Est-ce que vous me direz seulement ce que tout cela signifie, j'habite loin en banlieue et je ne sais rien. Qu'est-ce qui va m'arriver ?

— Moi non plus, je n'en sais rien, et même si je savais quelque chose, je n'aurais pas le droit de vous le dire, ce sont des ordres qui viennent d'en haut. Ici, on vous enregistre avant votre évacuation. »

Ils vont donc m'évacuer, je n'aurais aucune objection, j'évacue volontiers les lieux pour aller n'importe où, seulement je ne sais pas ce que je pourrais faire ailleurs, je ne sais rien faire si ce n'est être assis à ma table et faire des additions. Je m'en irais volontiers loin de mon poêle, je brûlerais mon matelas et je roulerais mon sac de couchage, j'irais quelque part dans un pays étranger.

Je n'avais pas envie de sortir de l'immeuble et de me retrouver dans la rue. Je savais que je devrais faire un long trajet en tram et qu'à la maison je devrais rallumer le feu, cela dure toujours longtemps avant qu'il prenne et que mon repas cuise, j'avais devant moi toute une demi-journée et je ne savais pas qu'en faire. J'étais fatigué et pourtant je savais que je ne dormirais pas parce que je penserais à Střešovice.

J'ai descendu lentement l'escalier, j'étais déjà près de la sortie quand quelqu'un m'a appelé. J'ai reconnu Karel Wiener. Non, ce n'était même pas une relation, nous nous étions rencontrés quelquefois aux réunions des fonctionnaires de banque, il était employé dans une grande banque, et il avait l'air orgueilleux. Je ne l'aimais pas mais là je l'ai salué avec amitié, je resterais au moins encore un peu dans la chaleur de l'immeuble.

« Je ne dirais pas que vous avez bonne mine, mais qui donc a bonne mine aujourd'hui ? »

J'ai regardé Wiener, il avait un manteau d'hiver élimé, sous lequel son pantalon pas repassé dépassait, il avait aux pieds des bottes de peau, mais tout cela, c'était de la bonne camelote, et il avait les joues roses.

« Qu'est-ce que vous êtes venu faire ici ? »

Je le lui ai dit, il m'a regardé bizarrement.

« Eh bien, peut-être qu'il en sortira quelque chose. Ici, on ne sait jamais ce qu'il faut faire. On pense : untel est intelligent, et aussitôt voilà qu'il fait une bêtise. Ou bien il va se fourrer dans le pétrin, mais c'est justement dans le pétrin qu'il trouve comment s'en sortir. Quand même, pour parler sincèrement, aucun fonctionnaire n'a envie d'aller à Střešovice. Ceux qu'on envoie là-bas, ce sont des gens dans votre genre, qui n'ont aucune relation. Bon, moi, ils ne me forceront pas à y aller, mais à la place, ils m'ont envoyé à Lípa. »

Je savais ce que c'était, Lípa, c'était un domaine à la campagne où, moi aussi, ils avaient voulu m'expédier.

« Ruda Fantl s'est tué !

— Comment s'est-il tué ? »

Fantl était un camarade de Wiener, il était employé dans une entreprise de transports, il avait beaucoup d'argent, Wiener m'avait raconté une fois qu'il allait avec lui se promener en voiture.

« Eh bien, il s'est suicidé. Ses nerfs n'ont pas tenu. Il avait obtenu un visa pour l'Amérique du Sud, toutes les autorisations étaient déjà données, et puis la guerre a éclaté, il a pris du cyanure et l'affaire a été réglée.

— Le cyanure, c'est bien ?

— C'est ce qu'on fait de mieux, l'effet est foudroyant. »

Nous nous tenions devant l'entrée et les gens passaient autour de nous pour monter ou descendre, à la loge la foule se pressait, les gens demandaient au gardien, qui leur répondait en criant par le guichet.

« Bonne place, la loge ! On reste au chaud et on engueule ceux qui passent ! Venez, on va s'asseoir quelque part.

— Je n'ai pas d'argent. » Je n'avais que quelques couronnes que je devais réserver pour le tram et le pain.

« Ne vous en faites pas, c'est moi qui vous invite. »

Nous nous sommes assis dans une auberge près de l'immeuble, il y avait là des tables de cuisine sans nappes et des chaises ordinaires, sur la porte était écrit : *Accès autorisé.* C'était plein de gens qui se pressaient en regardant craintivement autour d'eux. Wiener a commandé de la soupe et des pommes de terre avec de la sauce, ce n'était pas bon, mais j'avais faim et il faisait chaud. Wiener avait l'air de connaître beaucoup de gens, il chuchotait avec eux, j'ai saisi une bribe de conversation :

« Au cimetière, il y a des oies. »

J'étais fatigué et j'avais envie de dormir, je ne comprenais pas comment des oies s'étaient retrouvées au cimetière, mais cela m'était égal, j'étais assis au chaud, et je somnolais, je n'ai même pas remarqué que Wiener n'était déjà plus assis à la table.

« Réveillez-vous, m'a-t-il dit en me secouant, ici, on n'a pas le droit de dormir ni de rester trop longtemps. J'ai payé, allons-y. »

Je l'ai remercié et nous nous sommes séparés.

« Voici encore deux cigarettes pour la route. »

C'étaient de vraies, de véritables cigarettes.

À la maison, j'ai allumé le feu et je me suis fait du café, j'avais acheté un succédané de cervelas, c'était plutôt une sorte de salami, je ne sais pas avec quoi c'était fait, les gens dans la boutique disaient que c'était du crabe de rivière, d'autres que c'était de la levure, ils ne voulaient pas en acheter.

Cette fois, je n'ai pas pu parler avec Růžena, elle était trop loin, sans doute qu'on l'avait chassée et reléguée dans ce bureau sale où ils avaient épelé mon nom et ânonné inutilement des années et des chiffres. Alors j'ai parlé avec la mort.

Je suis assis entre mes murs dénudés, près de mon poêle cassé, je mange du mauvais pain et de la chair hachée de crabes de rivière. Ils sont venus de quelque part en Chine. On m'a chassé de partout, je ne peux plus partir nulle part. On veut me prendre cette chambre nue aussi, dans laquelle il pleut, on ne veut même pas que je dorme sur la terre nue ni que je lise, pour la dixième fois au moins, les mêmes livres. On va m'expédier vers une terre étrangère et là-bas, peut-être, on me tuera. Je ne crois pas qu'on me permettra de vivre. Les gens qui se pressaient à la porte étaient terrorisés. Pourtant Wiener a eu pitié de moi. C'était par pitié qu'il m'a donné des cigarettes. Ma chérie, c'est difficile de mourir ? Je n'aurais pas posé la question à Růžena, elle aurait souri. Mais je ne veux plus parler avec Růžena, avec qui est-ce que je parle ? Je parle avec toi. Qui est-ce, « toi » ? Je t'appelle et ne te vois pas. Toi aussi, tu es une femme. Mais je voudrais dormir une fois tranquillement. Sais-tu, toi, la terrifiante, l'inconnue, me faire doucement dormir ? Parle ! Je me suis enfermé entre ces murs et Ils veulent m'en arracher. C'est pourquoi Ils m'ont fait subir un interrogatoire, et Ils ont tout noté. Peut-être qu'Ils pensent que, toi aussi, tu aimes les comptes et les additions. Et si j'allais vers toi sans Leur aide, sans attendre Leur laissez-passer ? N'as-tu donc pas pour moi une bague de fiançailles avec du cyanure ? Et si j'avalais cette bague de fiançailles, et si je restais bien couché dans mon sac de couchage, si je cessais d'être Josef Roubíček ? Comment est-ce que je pourrais Les embrouiller dans leurs comptes ? Mais non, je ne Les embrouillerais pas, Ils jetteraient mon dossier. Ils me jetteraient dans notre étroite cage d'escalier. Et moi, je n'ai rien, même pas de cyanure, même pas une bague de Růžena – ou de toi, l'étrangère, l'inconnue. Comment en trouver ici, d'ailleurs ? Qu'est-ce qu'Ils ont dit ? Et pourtant c'est ici, et pourtant c'est à Prague.

J'ai longtemps parlé avec la commère, mais elle était une compagne très peu attentive.

Je me suis dit : un pays, un pays comme ça, toute la journée le soleil y brillera, j'arpenterai les rues de la ville, je tournerai autour des belles boutiques pleines, près du comptoir il y aura des garçons, ils m'appelleront : « Venez, monsieur Roubíček, nous avons de tout, du jambon, du vrai café en grains, des habits en toile anglaise, des cigarettes et des truffes aux fraises. » Mais je tournerai autour avec indifférence. Non, je n'ai plus besoin de rien. J'ai de tout dans mon bel appartement, avec mes meubles modernes, mon chauffage central et ma salle de bains. Il faut que je me dépêche car j'ai rendez-vous avec Růžena, et je ne peux m'attarder. Elle m'attend à 9 h 50 précises. Oui, tout au plus j'achèterai des fleurs enrobées de papier de soie et je les lui apporterai en cadeau de fête. Je surprendrai des murmures entre les gens : « C'est Roubíček. » « Quel Roubíček ? » « Mais vous savez bien, le directeur de la banque, le grand financier, vous n'avez jamais entendu parler de son coup à la Bourse ? » On sera assis, Růžena et moi, sur le siège rembourré de mon automobile, je donnerai des ordres négligemment au chauffeur. « Où allons-nous, Pepa ? » demandera Růžena. « À la mer, en France, on passera par Paris et là-bas tu t'achèteras tout ce dont tu as besoin. »

Le mirage ne prenait pas, je ne pouvais invoquer le riche Roubíček et les boulevards de Paris, je voyais Střešovice et des gueules en uniforme.

Je me suis longtemps agité dans mon sac de couchage avant de m'endormir.

Je me suis réveillé tôt, le jour n'avait pas encore point, j'ai allumé et j'ai commencé à me faire mon petit déjeuner. Je devais aller à Střešovice, être là-bas à 9 h 50 précises, avait dit le fonctionnaire. Il avait ajouté : « Si je vous convoque si tard, c'est parce que vous habitez loin, mais faites attention, 9 h 50 précises, sinon ça ira mal. »

J'ai trouvé vraiment mauvais mon café noir et ma tartine de crabes chinois, même si je savais que j'attendrais longtemps à Střešovice et que j'aurais faim. Mais je me suis allumé une cigarette, c'était l'une des deux que m'avait données Wiener, j'avais été très tenté la veille de la fumer, mais je l'avais mise de côté pour le lendemain matin, avant d'aller à Střešovice.

Je me suis retrouvé devant une grande villa, c'était une villa ordinaire, au milieu d'un tas d'autres, pourtant elle était différente. Nous étions tous dans la rue, personne ne disait rien ni ne chuchotait. Mes jambes se dérobaient sous moi, à force de patienter devant la porte. Je voyais le gardien, il était planté, jambes écartées, devant la porte. Il faisait semblant de ne pas nous regarder, mais nous savions qu'il nous observait.

À gauche, il y avait un garage, j'avais entendu parler de ce garage, c'était là qu'Ils enfermaient ceux qu'Ils voulaient battre ; nous étions dans la rue, tout près de ce garage.

À cet instant, Růžena sort faire ses courses, je l'imagine en bottes de feutre avec son filet à provisions, elle sourit dans le froid en clignant des yeux.

J'ai dit : « Tu vois, Růžena, maintenant j'attends qu'Ils m'évacuent, j'attends devant cette maison terrible et je ne sais pas ce qu'Ils vont faire de moi, une fois que je serai dedans. Et moi qui n'ai pas voulu fuir avec toi à l'étranger ! »

Nous étions alors assis dans le restaurant qui surplombe la ville et Růžena disait :

« Faisons nos bagages, Pepa, et prenons le large. On arrivera bien à se débrouiller.

— Et de quoi est-ce qu'on vivra ? On mourra de faim, à l'étranger ! En plus, je ne sais rien faire que des additions, je ne connais aucune langue étrangère !

— Ça ne fait rien, Pepa, on trouvera bien de quoi vivre, de quoi as-tu peur ? N'est-ce pas qu'on s'aime bien ? »

J'avais peur. En dessous de nous la ville s'étendait. C'était là que j'étais né, je connaissais presque toutes les rues, c'était là qu'il y avait mon café, mon cinéma, mon tabac et mon kiosque à journaux. Je n'avais pas envie d'aller à l'étranger.

« Růžena, c'est impossible.

— Je m'en doutais, Pepa, je ne sais pas comment t'arracher à ta peur. Penses-y, sinon nous n'arriverons à rien. Jarka ne veut pas entendre parler de divorce, et je ne peux pas le quitter comme ça, tu sais bien comme c'est entre nos familles, je suis d'une si petite ville, où les gens se connaissent tous par cœur. »

J'étais fâché parce que Růžena avait dit que j'avais peur. J'avais peur mais je ne voulais pas le reconnaître.

« Mais si nous fuyons, ce sera la même chose.

— Non, tu ne comprends pas. Si nous partions, ce serait du définitif, tandis que si je vivais avec toi à Prague… »

Je ne comprenais pas et je ne voulais pas comprendre Růžena, je ne voulais pas partir à l'étranger, je ne savais même pas, moi-même, ce que je devais faire. Nous nous aimions, mais nous devions nous rencontrer en secret, c'était difficile, tous ces incessants subterfuges, ces faux-semblants et ces mensonges. Ce n'était pas une vie comme il faut – alors que pourtant nous nous aimions.

« N'en parlons plus, mais tu le regretteras un jour ! »

J'ai pris peur, je pensais que Růžena voulait se séparer de moi. Et elle l'a deviné, je ne sais comment.

« Non, je ne te quitterai pas, mais qu'arrivera-t-il quand je devrai… »

Mais après elle m'a embrassé et nous avons tout oublié, nous sommes descendus vers la ville par les ruelles tortueuses, nous nous arrêtions et nous nous embrassions, jusqu'au moment où nous sommes arrivés dans les rues éclairées.

Cela faisait maintenant longtemps que nous attendions. La porte s'est enfin ouverte, nous nous sommes rués dans l'entrée, où un fonctionnaire de la Communauté avec un brassard jaune nous a dit de nous dépêcher. Comme nous étions gelés, nous étions contents de contourner le garage vers l'entrée de derrière, mais nous avons dû à nouveau attendre debout. Nous avons donné nos convocations, et le fonctionnaire au brassard jaune a fait entrer les gens selon l'ordre des heures et des minutes. Maintenant, le froid nous faisait trembler encore davantage, nous étions dans la maison, le garage était tout près. À la porte, un homme en uniforme nous regardait.

La neige a commencé à tomber.

4

Les flocons de neige me tombaient dans le col, tout était silencieux, personne ne parlait, nous attendions devant la porte. Derrière se tenait le fonctionnaire au brassard jaune qui laissait entrer les gens toujours par trois, d'après un horaire. Le soldat se protégeait sous le rebord du toit du garage, sans regarder.

Ç'a été mon tour à onze heures, j'étais transi, hébété, le fonctionnaire m'a fait signe d'entrer dans le bureau. Là, des gens également avec des brassards jaunes étaient assis et des secrétaires tapaient à la machine à toute vitesse. J'ai dû répondre à des questions, les formulaires étaient encore plus longs que ceux qu'on avait remplis avec moi à la Communauté. J'ai parlé doucement et le cliquetis de la machine couvrait mes paroles. Tout le monde parlait doucement et on aurait dit qu'on marchait sur une fragile couche de glace, il n'y avait pas de gardes ici, à moins qu'ils ne se fussent tenus cachés dans la maison. Ils étaient invisibles, ils pouvaient à tout instant pénétrer dans le bureau.

Puis on nous a poussés dans une grande pièce, il y avait là, assis à des tables, beaucoup de gens, j'ai erré d'une table à l'autre. « Bijoux », a glapi un premier fonctionnaire. J'ai dit : « Je n'en ai pas. » « Or », a gémi un autre. J'ai dit : « Je n'en ai pas. » « Valeurs », a sifflé un troisième. J'ai marché de l'un à l'autre, ils m'ont posé des questions sur mes hypothèques, mes assurances vie, mes biens immobiliers, mes comptes en banque, mes actions, mes billets de loterie. C'étaient des mots que je connaissais pour les avoir entendus à la banque, mais en parler ici me semblait irréel, absurde, parce qu'on semblait vouloir que j'en aie.

J'ai fait tout le tour de la pièce et à chacun j'ai dit « Je n'en ai pas », les gens assis à leur table ne me regardaient pas, mais peut-être n'étaient-ils pas des gens, seulement des machines qui chacune répétaient pour la centième fois la même question. Elles avaient devant elles des formulaires et elles y barraient ou écrivaient quelque chose. Je ne savais pas si la réponse que je donnais était la bonne quand je disais « Je n'en ai pas », mais je n'avais vraiment rien, rien que ma montre, une montre tout à fait ordinaire, au sujet de laquelle on ne m'a rien demandé. Je suis arrivé avec les autres jusqu'à une porte close, un autre fonctionnaire, toujours avec un brassard jaune, était planté devant, il me semblait que l'atmosphère s'alourdissait encore parce que je voyais que même le fonctionnaire avait peur. Nous entrions un par un. Quand cela a été mon tour, j'ai vu un homme en uniforme, il était assis à une table derrière une sorte de rambarde de bois, il avait les jambes croisées, il regardait fixement le mur d'en face. J'ai dû tendre à un interprète le formulaire qu'on m'avait donné. L'interprète l'a remis à l'homme en uniforme, qui m'a regardé comme s'il m'avait déjà vu auparavant, il me semblait qu'il posait de loin sur moi un regard perçant, comme pour graver ma silhouette dans sa mémoire. Il a posé la feuille sur la table et y a inscrit un signe. Puis il m'a dit d'un air agacé : « *Fertig.* » Je suis sorti par une autre porte et, une fois dehors, je me suis précipité vers la station de tram, je me suis installé dans la deuxième voiture. J'ai entendu à nouveau des paroles humaines, des paroles ordinaires, et des mots sont arrivés jusqu'à moi : « Hanka change d'études, elle va se faire couturière, Friček apprend le saxophone. » Ceux qui parlaient étaient des gens avec lesquels je m'étais trouvé dans la villa et, tous autant qu'ils étaient, ils apprenaient ou voulaient apprendre quelque chose, ils discutaient avec ardeur comme si leur vie avait dépendu de ce qu'ils apprendraient.

Au milieu d'eux, j'avais l'air d'un paria parce que, moi, je n'apprenais rien et que je ne voulais rien apprendre. Ils parlaient d'ébénisterie, de cordonnerie, de toutes sortes de métiers auxquels ils se consacraient ou s'apprêtaient à se consacrer. Je les enviais parce que quelque part ils allaient raboter des planches ou bien réparer des faïences. Moi, j'étais incapable de rien faire et je ne savais pas si j'apprendrais jamais quelque chose.

« Pepa, tu es si malhabile, me disait Růžena, tu ne sais même pas planter un clou. »

Quelquefois, il fallait que je fasse certaines choses, quand c'était nécessaire, réparer le canoé, allumer le feu entre deux pierres, et même cuisiner, cela, j'avais appris, mais je savais que d'autres étaient plus habiles. Avec moi, ce n'était jamais très réussi.

Les gens avec qui je m'étais trouvé au bureau

des enregistrements descendaient l'un après l'autre du tram, je suis resté le dernier de tous dans la voiture, il y avait maintenant des hommes et des femmes différents autour de moi et ils parlaient d'autre chose, ils lisaient les journaux, je ne m'occupais pas d'eux. Il était presque midi, tout le monde se précipitait chez soi, et moi, je devais penser, me concentrer profondément sur la neige qui tombait. J'ai souhaité qu'elle cesse de tomber, c'était mon ennemi.

J'ai dû nettoyer le trottoir devant la maison où j'habitais, parce que des gardes passaient dans la rue, ils mesuraient du regard jusqu'où allait le bout que j'avais à balayer. Ils avaient aussi appris à crier.

J'avais un vieux racloir de bois que je devais sans cesse reclouer et un balai qui avait trop servi ; si la neige tombe toute la journée et qu'il se forme des congères, cela devient très difficile de pelleter la neige, surtout avec mes doigts qui dépassent de mes gants troués et mon estomac qui gargouille.

Et cette faim ! Růžena jadis me disait que je ne savais pas donner un coup de dents dans une bonne tranche de pain et que je faisais trop le difficile, mais ce n'était pas du tout vrai, je ne pensais à ce que je mangeais que quand c'était vraiment bon et sinon je ne m'en apercevais même pas, je lisais les journaux pendant le déjeuner, je ne savais pas du tout ce que je mangeais.

Et maintenant que la faim était venue, j'ai commencé à y penser, à regarder les magasins d'alimentation, je m'arrêtais devant les boucheries près desquelles auparavant je passais en hâte et je contemplais les morceaux de viande crue.

Tout était couvert d'inscriptions, même dans les

buffets en plein air où l'on vendait des pommes de terre en sauce et dans les débits de boissons. La faim elle-même avait appris à crier. Je marchais avec elle, j'arpentais la chambre mais elle était la plus tenace.

Mais, plus tard, elle a fini par se calmer lentement, elle s'est pour ainsi dire habituée à moi et par moments elle ne s'est plus fait sentir. J'étais faible, peut-être qu'elle aimait la faiblesse, peut-être qu'elle aimait me voir vaincu ; mais je n'ai pas pactisé pour autant avec elle, j'étais tout simplement content qu'elle se tienne tranquille, j'avais peur de la réveiller.

Je savais bien qu'elle se signalerait à moi, quand j'aurais pelleté la neige, elle n'aimait pas que je travaille. Elle ne désirait qu'une chose, c'était que je me couche en silence, que je ne bouge pas et que je ne la trouble pas dans son sommeil.

Et soudain je me suis retrouvé avec Růžena sur un plateau dans les montagnes, le vent et la neige nous cinglaient le visage, nous avions du mal à regarder devant nous parce que le vent nous fouettait, Růžena avait les joues rouges à cause du vent et des flocons qui fondaient sur son visage. Nous avons chaussé nos skis, autour de nous il n'y avait personne, le temps était mauvais, mais nous voulions nous promener, j'ai embrassé Růžena sur ses joues mouillées. Son corps était beau et svelte dans sa tenue de ski, elle riait quand en l'embrassant je lui faisais glisser de la neige dans le cou, et moi aussi, je riais, nous étions essoufflés quand nous sommes entrés dans le bois, mais là nous nous sommes enlacés et nous avons ri en prenant de la vitesse. Nous ne nous sommes arrêtés qu'en bas, quand nous sommes arrivés à l'hôtel, et nous avons quitté nos skis, nous nous sommes secoués pour faire tomber la neige, nous avons commandé du café et mangé des tartines avec beaucoup de beurre.

« Pepa, a dit Růžena, tu ne penses pas que ce serait bien d'être toujours ensemble comme ça, tourner notre visage vers le soleil, grimper en haut de la colline, puis nous laisser glisser jusque dans la vallée ? Ces jours-ci, je les ai volés, j'ai dit à Jarka que je partais à la montagne avec Máňa, mais qu'est-ce qui se passerait si Máňa revenait plus tôt et que Jarka la rencontrait ? Quel nouveau mensonge est-ce qu'il faudrait que j'invente ? Parfois je pense qu'il ne croit pas à tout ce que je lui raconte, les courses, les amis, les visites aux parents. Tout cela est si éculé, ça se trouve dans tous les romans. Peut-être que Jarka fait semblant d'y croire ou tout simplement se force à y croire, sinon il découvrirait quelque chose et sans doute qu'il n'en a pas envie. »

J'ai dit : « Růžena, qu'est-ce que tu en penses, si on est entourés de neige ? » Mais cette neige devant ma maison était hostile, j'ai dû me battre âprement avec elle. J'avais les mains gelées et pourtant je transpirais à cause de l'effort, elle était sale, crasseuse, collante, j'ai lutté contre elle pour la dégager du trottoir ; la faim commençait à gronder et j'ai souhaité que la neige se transforme en une boue dégoulinante, mais le froid augmentait de minute en minute et je devais la dégager.

« Votre passage est trop étroit, m'a dit le garde, il doit être aussi large que celui des voisins. » Il dirigeait ostensiblement son regard sur sa poche, jc savais qu'il y serrait son carnet. « Et puis, regardez, il reste de la neige, ça devrait être plus propre, c'est du travail ni fait ni à faire ! »

Je n'ai pas répondu, je n'étais pas d'humeur à m'opposer au garde. Je n'avais aucun droit. Je le savais et le garde, lui aussi, le savait. Il piétinait de ses grosses chaussures la neige sale, je devrais l'entamer à la pelle – *fof, fof... cling, cling !*

Cette fois-là, nous avons dansé dans le chalet, Růžena et moi, avec nos lourdes chaussures de ski, nous n'étions pas du tout fatigués même si nous avions dû grimper la colline dans le noir, nous avions piétiné et nous étions écartés du chemin, nous nous accrochions aux branches, nous profitions de cette soirée, nous avions commandé du cognac et du café noir, nous avons dansé un moment sur la musique de la radio, nous étions gais et nous avions tout oublié. Et, dehors, la neige blanche s'étendait, la fenêtre du chalet était couverte de givre quand nous avons grimpé l'escalier jusqu'à la chambre chaude. Et puis nous sommes restés couchés tard dans la nuit, le vent secouait les volets, nous étions au chaud et nous souriions sous l'édredon.

J'ai dit : « Růžena, c'est notre nuit, c'est la plus belle de toutes ; le vent frappe les volets mais il ne peut arriver jusqu'à nous ; la neige tourbillonne et saupoudre le toit mais nous sommes à l'abri, dans notre lit chaud et nous sommes couchés l'un à côté de l'autre.

— Oui », a dit Růžena dans son demi-sommeil.

Et puis nous nous sommes endormis, ni le vent ni la neige ne nous gênaient, nous avons dormi serrés l'un contre l'autre et nous nous sommes réveillés alors qu'il faisait déjà jour et autour du chalet tout était couvert de neige. *Fof – fof – cling* – et en voilà assez pour aujourd'hui.

J'étais fatigué et pourtant ce soir-là je n'ai pas pu m'endormir après le travail. Je ne pouvais pas ne pas penser à Střešovice. Et quand j'arrivais à m'endormir, je me réveillais vite et je commençais à songer à ce que j'avais signé et au sens de ce long interrogatoire et à ce que l'homme en uniforme avait marqué sur ma feuille. Je ne pouvais m'imaginer qu'une telle attente et de si longues questions n'aient pas leur importance, mais je ne pouvais deviner laquelle, en vain je me cassais la tête. Ces gens là-bas dans la villa s'étaient donné trop de mal au sujet de Josef Roubíček, il était impossible que tout cela finisse tranquillement, puisqu'ils avaient noirci tant de papier. Il faudrait que je paie d'une façon ou d'une autre le prix de ce papier et de ce travail, mais puisque je n'avais pas ce qu'ils attendaient de moi – des documents de valeur, des comptes bancaires, de l'or –, avec quoi pourrais-je donc les dédommager ? Peut-être seulement avec ma pauvre tête.

Après, je n'ai plus pu du tout m'endormir et je ne pouvais pas lire non plus, j'avais peur que la neige ne recommence à tomber et qu'au matin je doive la pelleter. Et si je me retourne sur mon matelas sans arrêt, je n'arriverai sans doute à m'endormir que vers le matin, je me lèverai vraisemblablement tard, quand la neige sera grise, quand elle sera sale, lourde, et que je devrai la racler avec cette pelle qui n'arrête pas de se démancher.

5

Cette semaine, la neige n'a pas cessé de tomber, parfois elle fondait et recommençait à geler, j'avais les mains pleines de durillons et je restais tapi chez moi, je ne suis allé nulle part parce que la neige ne cessait pas de tomber et j'arrivais à peine à la dégager.

Peu à peu j'oubliais Střešovice et les questionnaires, je n'ai pas reçu de convocation, mais un émissaire de la Communauté est venu me sommer de remettre instruments de musique et machine à écrire.

Je n'avais pas un seul instrument de musique et je ne savais jouer d'aucun, j'écrivais au crayon parce que j'avais depuis longtemps vendu mon stylo-plume, c'était un bon stylo de marque Waterman.

Puis est venu un autre employé et il a demandé habits et tissus, un autre a voulu fourrures et microscopes. Ils ne cessaient de me demander des choses, mais moi, je n'avais rien.

Quelqu'un encore est venu m'annoncer que je n'avais le droit de ne rien vendre ni de rien donner, je devais être conscient que je ne possédais rien, que je n'étais en fait que le gardien de mon ultime costume et de mes derniers souliers éculés. Je gère ces affaires et je suis rétribué en les utilisant. Voilà ! Je m'étais trompé en pensant qu'ils ne feraient plus attention à moi, tandis qu'entre mes murs délabrés je me protégeais du froid dans mon sac de couchage. Je ne voulais que dormir, sans rien savoir ni rien entendre. Mais sans cesse on voulait quelque chose de moi. D'une façon ou d'une autre. On m'a interdit des rues certains jours, je n'avais pas le droit d'emprunter certaines d'entre elles le vendredi, d'autres le dimanche, dans d'autres encore je devais marcher vite et ne jamais m'arrêter, je confondais le nom des rues, il y en avait que je ne connaissais même pas, je m'imaginais qu'un jour, comme j'entrerais par hasard dans celle qui s'appellerait Hermelínová, un vigile allait surgir et m'accuser parce que la rue Hermelínová se trouverait dans une liste dernièrement parue de rues interdites, que je n'aurais pas encore lue. On a décrété que je ne pouvais plus me promener dans les parcs, mais je savais bien que je ne pouvais pas faire la différence entre ce qui est un parc et ce qui ne l'est pas, il y avait là des chemins bordés d'arbres qui pouvaient être considérés comme des vergers, ou pas.

J'aurais voulu être un animal. Je regardais par la fenêtre de ma mansarde les chiens jouer dans la neige, je voyais les chats se glisser lentement dans le jardin voisin, je voyais les chevaux libres de boire l'eau de leurs seaux, je voyais des moineaux s'envoler quand ils le voulaient. Les bêtes n'avaient pas à se casser la tête pour savoir quelle rue elles avaient le droit d'emprunter.

J'ai souhaité cette année-là que ce soit le printemps, j'étais fatigué de toujours dégager la neige et de couper le bois en morceaux, je recevais toujours davantage de circulaires, dans lesquelles il y avait de nouvelles interdictions, j'apprenais que je n'avais pas le droit d'aller dans des ventes aux enchères d'objets artistiques ni de circuler sur des bateaux à vapeur, je n'avais pas le droit d'aller à la chasse ni de manger de la viande de porc. J'essayais de comprendre les nouveaux règlements, de les avoir toujours en mémoire, je ne savais pas comment faire pour les respecter, je ne savais pas non plus, pour certains, comment j'aurais fait pour les enfreindre. Je n'avais pas la moindre intention de tirer des perdrix et je ne pouvais pas manger de viande de porc parce que je n'avais pas de tickets de viande. Mais peut-être qu'un jour j'entrerais dans le magasin et que M. Halaburda me dirait :

« Il y a du porc, monsieur Roubíček. Qu'est-ce que vous aimez, vous voulez de la côte ou de l'échine, ou quelque chose de plus fin ? »

Hésitant, je réponds : « On m'a interdit la viande de porc.

— Ah ah, monsieur est au régime ! dira M. Halaburda. Alors nous prendrons une belle tranche de foie, ou bien peut-être du veau ? »

Non, M. Halaburda ne me parlera jamais comme ça, mais peut-être qu'il me vendra des os. Les os ne sont pas encore interdits. Non, les os ne sont pas interdits.

Je me cassais la tête avec la circulaire sur les trajets en tram. C'est en tram que je voyageais quand je devais aller en ville. C'était une chose toute naturelle, je m'asseyais à la station et je payais mon billet au chauffeur, parfois le contrôleur arrivait pour le vérifier, j'avais toujours le mien et on ne m'a jamais mis d'amende. Mais je sautais toujours pour descendre et une fois je me suis étalé et j'ai cassé mes lunettes. À l'intérieur du tram il y avait des sortes de réclames collées et aussi un règlement intérieur que je n'avais jamais lu.

Je devais maintenant aller à pied, c'était parfois très difficile parce que j'habitais loin de la ville et le pire était que parfois, quand je revenais, la neige tombait et mon manteau était trempé et je glissais sur le verglas. C'était toujours difficile quand je revenais parce que je devais monter longtemps la colline. Le chemin était plein de trous et parfois je tombais dans les congères, mes chaussures et mes chaussettes étaient trempées, et j'avais du mal à retirer mes jambes de la neige, j'étais très fatigué et j'avais faim aussi, il me semblait que je n'arriverais jamais au portillon de la maison. Et là je ne pouvais pas m'écrouler ni me reposer parce que je devais allumer le feu et couper du bois.

Quand nous avons remonté les lacets des rues adjacentes, Růžena et moi, les clôtures et les chantiers faisaient des trous entre les arbres, la rue était mal éclairée, c'était la première fois que je me retrouvais avec Růžena après la Saint-Sylvestre. Nous avons marché longtemps, nous étions gais, je me pressais contre Růžena et je ne savais pas quoi raconter.

« Je suis un homme tout à fait ordinaire, Růžena, et je travaille à la banque. »

C'était bête, mais je n'avais rien de mieux à dire. Je marchais près d'elle et je touchais son manteau de fourrure, il faisait froid, il faisait nuit. J'ai saisi Růžena et je l'ai soulevée vers moi, elle était alors aussi grande que moi, nous nous sommes longtemps embrassés comme ça, jusqu'à ce que, la première, Růžena reprenne ses esprits.

« Il est tard, je dois rentrer. »

Et c'est ainsi que nous sommes repartis, accrochés l'un à l'autre, pas trop vite, parce que nous nous arrêtions à tout instant, mais nous ne pouvions pas nous attarder trop longtemps, parce que Jarka ne dormait sûrement pas encore et attendait Růžena.

J'ai accompagné Růžena jusqu'à sa maison, c'était une construction nouvelle entre des baraquements et un chantier, elle avait un air menaçant dans la nuit noire, je n'en voyais que les contours.

« Ça me fait mal au cœur, Pepa, tu vas sans doute devoir rentrer à pied, mais je t'avais bien dit de ne pas me raccompagner. »

Nous nous sommes serré la main mais pas embrassés parce que Růžena avait peur que quelqu'un ne puisse nous voir de la maison, nous nous sommes dit au revoir, il était très tard.

« Ça ne fait rien, Růžena, je rentrerai chez moi sans problème. »

J'habitais à l'autre bout de la ville et, quand je me suis mis en route, j'étais gai, j'avais chaud, tant j'allais vite, et les maisons disparaissaient dans la nuit comme des ombres, je ne savais même pas si je croisais des gens ni si j'entendais çà et là quelques voix, je riais doucement en moi-même et je n'avais même pas besoin d'ordonner à mes pieds de marcher, de marcher vite, sur le trottoir tout dur, de glisser sur le verglas, ils ne dérapaient pas, je pensais à Růžena, aux baisers que nous nous étions donnés entre les arbres chauves sur les chemins couverts de neige. Růžena a continué à m'accompagner tout le long de ma route, ma main a continué à presser son bras, nous montions par les rues tortueuses, et nous avons gagné les hauteurs silencieuses de la ville. C'est alors seulement qu'elle m'a quitté. Il y avait déjà beaucoup de fenêtres allumées, dans les rues des camelots criaient le nom de leurs journaux, d'un ton, me semblait-il, quelque peu gémissant, parce qu'il était tard et qu'ils n'avaient plus d'espoir de les vendre aux piétons nocturnes, aux noctambules et aux ivrognes. Je ne leur ai rien acheté, je ne voulais pas savoir ce qu'il y avait de nouveau, j'attendais de voir de nouvelles affiches, dans les ruelles silencieuses et sombres et quand je traversais le pont de la ville. Et c'est ainsi que j'ai fait le chemin avec Růžena jusque chez moi, et quand je lui ai dit au revoir pour de bon, je savais que le matin n'était pas loin.

Il se faisait tard déjà et je me dépêchais de rentrer, j'étais allé en visite chez mon oncle et ma tante, je ne les aimais pas trop et pourtant j'y allais quelquefois, parce qu'ils avaient le chauffage et qu'ils me donnaient du thé et des tartines, mais je devais écouter leurs jérémiades.

« Nous avons déjà perdu cette guerre, répétait sans cesse l'oncle. Ils nous tueront, c'est sûr.

— Ils nous ont tout pris, se plaignait la tante, tout ce que nous avions mis de côté à la force du poignet pendant toutes ces années. Nous sommes des mendiants ! s'écriait-elle. Des mendiants !

— Et pourquoi tes Anglais et tes Américains ne nous aident-ils pas ? » me reprochait mon oncle. Je ne savais pas pourquoi j'aurais dû répondre à la place des Anglais et des Américains, je ne savais même pas l'anglais.

« Pour toi, tout va bien, disait ma tante d'une voix envieuse. Toi, tu n'avais rien, Ils n'ont rien pu te prendre. Mais nous, nous sommes devenus des mendiants, des mendiants ! »

Je buvais le thé chaud et mordais dans le pain beurré, mon oncle me déversait ses reproches. Il aurait manifestement voulu que je défende les Anglais et les Américains ou que je dise que j'allais moins bien qu'eux, il aurait pu alors s'énerver et gémir encore plus. Je sombrais dans l'hébétude, j'ai cessé de percevoir ses paroles, je n'entendais qu'un bruit de fond plein de plaintes, je savais que mon oncle et ma tante n'arrêtaient pas de gémir et de se plaindre. Peut-être étais-je responsable du Danemark, qui ne voulait pas s'engager dans la bataille.

Puis j'ai été tiré de mon demi-sommeil par leurs voix mauvaises, j'ai ouvert les yeux et j'ai hoché la tête, je me suis réveillé au moment où l'oncle criait :

« Tes Russes ! Pourquoi ils n'ont pas envoyé des tanks contre Eux ?

— J'ai dû Leur donner l'anneau de l'oncle Poldi et le chaudron de cuivre de la tante Rosa, Ils nous ont tout pris, nous sommes des mendiants, et aussi le moule à kougelhof », a dit ma tante.

J'ai répondu, toujours un peu endormi : « Le chaudron, vous n'étiez pas forcés de le Leur donner, vous auriez dû l'enterrer. »

Je me souvenais du chaudron, mais ça, je n'aurais pas dû le dire. Mon oncle et ma tante se sont énervés.

« Tu veux notre mort ? Ils nous auraient tués pour ce chaudron ! Tu sais bien qu'Ils ont besoin de cuivre pour la guerre.

— J'ai toujours su que tu manquais de compréhension à l'égard de ta famille. Ça t'aurait plu qu'Ils nous torturent à cause de ce chaudron ! »

J'ai sombré à nouveau dans le demi-sommeil, peut-être même que je me suis assoupi, car j'ai sursauté sur ma chaise lorsque mon oncle m'a frappé en me criant aux oreilles :

« Ne reste pas ici assis comme un butor, prends tes affaires et rentre chez toi. Parole ! Il est six heures et à huit tu dois être à la maison. »

J'ai dit : « Je n'ai pas de montre. J'ai vendu celle que j'avais, en nickel, la semaine dernière. Je n'ai plus qu'un vieux réveil à la maison. Il marche quand on le renverse de côté. Si on ne le sait pas, il ne marche pas du tout.

— Assez de bavasseries sur ce réveil et rentre chez toi ! Tu ne peux pas dormir ici. Tu ne sais donc pas qu'il y a des rondes qui passent dans les maisons ? Tu voudrais avoir notre mort sur la conscience ?

— Va-t'en, Pepa », m'a dit ma tante d'un ton soudain bizarrement doux. « Voici un beignet pour la route, c'est loin, tu ne dois pas traîner. »

Je suis sorti de la maison et dehors le froid m'a saisi. J'ai commencé à frissonner et à trembler, peut-être parce que j'avais été si endormi et amolli par la chaleur. Je me suis forcé à marcher vite, mais mes jambes ne voulaient pas m'obéir, elles étaient engourdies par le long repos. Il n'était pas bien tard mais les gens se dépêchaient de rentrer chez eux. Il faisait déjà noir comme dans un four, je devais m'habituer à l'obscurité, j'ai glissé du trottoir et peu s'en est fallu que je ne tombe sur la chaussée, je me suis cogné à un homme qui, lui aussi, s'est cogné à moi pour se venger, et j'ai tenté de fuir. J'avais peur qu'il n'appelle un garde.

Je me suis dit : « Imbécile que tu es ! C'est la nuit,

les maisons et les rues sont plongées dans le noir et personne ne sait qui tu es. Et puis tu peux être un fonctionnaire, un bon fonctionnaire plein de zèle, qui revient de la banque, qui a fait ses additions et rentre chez lui où sa famille l'attend, il est tout près de sa maison, il n'a plus que quelques pas à faire et ensuite il essuiera ses chaussures sur le paillasson, puis il enlèvera son manteau dans l'entrée et il mettra ses pantoufles, sa femme l'attend avec le dîner chaud. »

J'aurais voulu que Růžena m'accompagne, elle avait la vue perçante, elle arrivait toujours à trouver des trèfles à quatre feuilles, et moi, je ne lui en ai jamais trouvé, elle me les donnait chaque fois pour que je n'aie pas de regrets. Mais je ne voulais pas attirer Růžena dans le froid et le noir, elle aurait dû me soutenir si j'avais boité, j'aurais été pour elle un poids trop lourd, j'avais envie de siffler pour faire cesser le noir et la terreur, mais j'avais peur. Je me suis doucement habitué à l'obscurité, je marchais assez vite, et les oreilles ont cessé de me brûler et mes jambes de trembler.

Il y avait une loi qui m'interdisait de me montrer dans la rue après huit heures du soir. Elle n'était inscrite nulle part dans les arrêtés de police et elle n'avait fait l'objet d'aucun avis. Elle passait simplement de bouche en bouche, étayée d'exemples. Pendant longtemps j'avais ignoré cette loi, mais j'entendais qu'on chuchotait à son sujet.

Mes oreilles avaient recommencé à geler quand je suis arrivé sur le quai, un vent glacial soufflait mais j'étais content de suivre le quai parce que je me dirigeais grâce à la rivière gelée, je la voyais, blanche dans la nuit. Je voyais aussi les lanternes allumées et j'évaluais grâce à elles le chemin parce que je m'en choisissais une et me donnais rendez-vous avec elle, je me disais : « Je vais bientôt arriver jusqu'à toi », et puis quand elle avait disparu, je me disais : « Non, ça n'est pas toi, la lanterne, c'en est une autre, qui est à la fin de mon chemin, mais pardonne-moi, de toute façon, vous vous ressemblez toutes. » Tant que j'ai joué avec les lanternes, je me suis senti bien, chaque fois j'arrivais à en dépasser une, mais la dernière, je n'y suis pas arrivé aussi bien, il y avait une erreur de calcul. J'étais déjà en train de franchir le pont, c'était la dernière, mais ça n'était pas la mienne parce que je devais encore longtemps, longtemps monter la colline avant d'arriver chez moi. Quand j'ai donc perdu cette dernière lanterne et que je lui ai souri en voyant comme elle pointait bêtement sur le pont, ne faisant rien qu'attendre, alors que, moi, j'allais grimper, j'ai glissé du terre-plein et j'ai roulé par terre. Non, ce n'était pas de haut et je ne suis tombé que dans la neige, mais j'étais tout mouillé, j'ai dû brasser la neige pour me redresser et j'étais en sueur.

J'ai fini par grimper la colline et ensuite j'ai marché vite, maintenant j'étais tout près de chez moi. J'ai atteint la grand-rue juste au moment où le tram arrivait au terminus et où les gens en descendaient.

Je me suis dit : « Vous voyez, je viens de descendre, moi aussi, oui, je suis venu avec vous, mais vous ne m'avez pas vu parce que j'étais sur la plateforme, maintenant je rentre chez moi, et comme il fait sombre, vous ne pouvez pas voir que je suis trempé et que des glaçons pendent à mon manteau. »

6

Les choses ont commencé à aller mal pour moi quand le printemps est arrivé. Les murs suintaient, il y avait par terre une grande flaque que je devais éponger à la serpillière. Tout était humide, y compris mes mains et mon sac de couchage. J'avais reçu par circulaires de nouvelles interdictions ; une fois, Ils étaient même venus regarder chez moi. Ils sont arrivés en voiture, Ils ont fait irruption dans la maison, Ils ne parlaient pas. Je n'ai rien eu à Leur montrer, Ils ont vu la fente qui divisait la maison en deux, Ils ont aperçu les tuiles dispersées à terre et les fenêtres défoncées aux cadres tordus. Ils ne m'ont même pas regardé, l'un d'Eux a juré dans Leur langue, Ils ont sauté dans Leur voiture et Ils sont partis. J'ai vu le visage des gens dans les maisons voisines, cachés derrière les rideaux, ils surveillaient et s'attendaient sûrement à assister à un spectacle supplémentaire, ils pensaient sûrement qu'on allait m'emmener. Il pleuvait et la voiture a éclaboussé de boue le trottoir, dans la maison il restait les traces boueuses des chaussures militaires, je suis sorti et j'ai regardé la rue, à nouveau les gens sortaient de chez eux, ils avaient lâché leurs rideaux. J'ai respiré l'air frais et printanier dans la pluie, je savais que ce n'était pas ma maison qui Les intéressait, j'allais continuer à l'habiter jusqu'au moment où Ils reviendraient me voir pour m'arrêter. J'ai pris mon broc et je suis allé tirer de l'eau à la pompe, cela me faisait du bien de pouvoir actionner la poignée, j'étais content de voir que ma main m'appartenait encore et que je pouvais la mouvoir en haut et en bas. Une voisine s'est approchée. Elle a posé son broc par terre, a regardé tout autour mais il n'y avait personne dans la rue. Elle s'est penchée vers moi et a éructé : « Qu'est-ce qu'Ils voulaient ? C'est pour vous qu'Ils venaient ? Quand reviendront-Ils ? » J'ai répondu : « Je ne sais pas. » Mon broc était déjà plein et l'eau débordait. « Sans doute qu'Ils reviendront vous chercher ! a-t-elle dit. Ils vont vous mettre tous sur des bateaux, et quand ces bateaux seront en mer, alors Ils les perceront et vous vous noierez tous. C'est le genre de plans qu'Ils manigancent, je le sais bien, c'est Mme Franci qui me l'a raconté, son cousin est chauffeur chez Eux, il doit savoir. Et je pense aussi que votre baraque nous irait, on la retaperait et on mettrait de nouvelles tuiles sur le toit, mon vieux, quand il vient du travail, il aime bien faire ce genre de travaux manuels. » J'ai dit : « Ce n'est pas ma maison, demandez donc à votre chauffeur. » J'ai traîné mon broc jusque chez moi.

Je me suis fait de la tisane et je me suis fourré à nouveau dans mon sac, je regardais le rond d'humidité, j'avais l'impression qu'il ressemblait à un bateau, je pensais au bateau dont avait parlé la voisine. Je voyais les voiles tendues et je respirais l'air frais de la mer, les vagues balayaient le pont, je m'y tenais assis pelotonné, et je regardais la mer, elle était infinie, il n'y avait de terre nulle part. J'ai entendu sous le pont le vilebrequin travailler, dans un instant le trou serait assez grand et alors le bateau pourrait peu à peu s'enfoncer, d'abord par l'arrière, la proue encore dressée avant que les flots se referment sur elle. Mais moi, je me retiendrais à une planche, et je flotterais, seul sur l'océan, je tiendrais longtemps parce que j'ai l'habitude de jeûner. Alors, un paquebot arrivera jusqu'à moi, ils me hisseront sur le pont et me mettront sur une civière, ils m'installeront dans une cabine blanche et me donneront à boire du lait condensé. Je m'endormirai en écoutant les machines trépider doucement, je m'endormirai en pensant que le lendemain je sortirai sur le pont et je serrerai la main à tout le monde. Mais avant de plonger je dois encore penser à Růžena. Je suis monté au troisième étage et j'ai sonné à la porte. Il me semblait qu'il n'y avait personne parce que je suis resté longtemps sans qu'on vienne m'ouvrir. La maison était pleine des bruits du matin, je pouvais entendre les portes claquer et sentir les odeurs de cuisine. J'ai pensé que Růžena n'était peut-être pas là, pendant un moment j'ai été content, j'aurais eu un prétexte pour repartir. Je voulais donner un autre coup de sonnette quand la porte s'est ouverte.

Elle a dit : « Entre, Pepa. » Elle avait un tablier et des mules.

« Je prépare le déjeuner, tu dois me tenir compagnie ; assieds-toi à la table et regarde. » Elle coupait un oignon sur une planche, elle l'a fait revenir à la poêle. « Ça doit roussir, Pepa », a-t-elle dit en souriant. Elle avait le visage échauffé parce qu'elle se tenait au-dessus du réchaud à gaz et que l'odeur de l'oignon en train de frire lui montait au visage.

J'ai dit : « Je voudrais t'embrasser.

— Ce n'est pas possible maintenant, attends que j'aie fini. Raconte-moi plutôt quelque chose pour faire passer le temps. »

J'ai dit : « Je t'aime. » J'étais assis à la petite table et je regardais Růžena, je détaillais ses mains et je détaillais sa bouche et ses yeux. Et puis j'ai bondi et j'ai commencé à l'embrasser.

« Il faut que tu t'en ailles, a dit Růžena, on ne sait jamais quand Jarka va rentrer. »

Je suis sorti de la maison, je n'ai pas voulu prendre le tram, je voulais être seul et penser à Růžena, il n'y avait pas beaucoup de monde dehors en milieu de journée, j'ai marché dans les rues silencieuses. Il faisait beau. Ç'aurait été bien d'être assis à la table qu'elle aurait mise et de manger le déjeuner préparé de ses mains, je n'avais pas envie de manger dans un café, même si j'avais faim.

Je me suis extirpé du sac de couchage parce qu'il fallait que je me fasse cuire quelque chose, la faim s'était signalée alors que j'étais couché tranquillement, sans broncher. Je n'avais rien d'autre que de l'eau, du sel, des morceaux de pain sec et un peu de margarine. Je me suis fait de la soupe avec les miettes de pain, j'ai mangé à la cuiller directement dans le pot. Ensuite je suis sorti sous la pluie pour faire des courses. Alors que je franchissais le portillon du jardin, j'ai vu deux brins d'herbe sur la terre boueuse et détrempée, je voulais me procurer du fromage maigre et du succédané d'andouille, mais j'ai décidé d'acheter des graines de légumes. J'avais une pelle, un racloir et une bêche, tant pis si je n'avais jamais jardiné de ma vie, tant pis si mes plantes étaient chétives et malingres. Ce seraient *mes* plantes, cultivées de mes mains.

J'ai bêché des jours entiers mon petit morceau de cour et je l'ai dépierré et j'ai tracé des plates-bandes. J'ai regardé chez les voisins et j'ai vu que mes plates-bandes étaient de biais et ne payaient pas de mine mais je n'avais pas de cordeau ni personne pour me conseiller. J'ai creusé des sillons avec un bâton et j'y ai semé des graines, j'étais penché sur la glaise collante et je respirais l'humidité de la terre. Je me sentais bien à ces moments-là. Je sortais tous les jours regarder comme les pousses pointaient leur nez, avec quelle lenteur elles levaient, je me penchais, j'arrachais la mauvaise herbe, j'enlevais les cailloux, j'allais chercher de l'eau et j'étais content quand il pleuvait.

C'est à cette époque qu'est arrivé Thomas, le chat. Je l'avais déjà vu à plusieurs reprises se glisser dans le jardin. Maintenant que je descendais souvent dans la cour et que je me penchais sur mes pousses, il venait s'asseoir près de moi. Il restait là aussi longtemps que je ne me relevais pas, puis il repartait. Il était maigre et craintif, il n'appartenait manifestement à personne, les gens le chassaient et lui jetaient ce qui leur tombait sous la main. Il suffisait que je me relève brusquement pour qu'il sursaute et s'enfuie dans un buisson. Si je l'ai appelé Thomas, c'est parce qu'il était si méfiant qu'il doutait de tout.

Nous restions assis tous les deux, je lui parlais de Růžena. Je suis allé la rejoindre alors qu'elle était en vacances dans un village perdu des montagnes, nous sommes allés nous baigner dans la rivière et après nous sommes restés longtemps couchés sur la rive, au soleil, nous étions seuls et nous sommes montés dans les montagnes, nous nous sommes fait de la soupe sur un réchaud à alcool, nous marchions dans les bois, et parfois nous restions longtemps, longtemps couchés sur les terre-pleins près des voies de chemin de fer, à attendre qu'apparaissent des trains. Je parlais à Thomas des prés où nous nous sommes roulés, des chalets de bois au seuil desquels nous restions assis quand nous étions fatigués.

J'ai dit : « Tu ne me crois pas, Thomas ; ils ont tellement meurtri ton âme qu'elle est sortie de toi ; comment pourrais-tu donc penser à la joie ? Mais la joie existe, Thomas, c'est seulement maintenant que j'essaie d'en médire en disant qu'elle n'existe pas et qu'elle n'a jamais existé. Mais souviens-toi, Thomas, peut-être que, toi aussi, tu t'es roulé dans la mousse, peut-être que, toi aussi, tu as eu un pelage de velours et que tu n'as pas toujours été obligé de chercher des déchets sur des champs de ruines. »

Je me suis retourné brusquement, Thomas a sursauté, mais il ne s'est pas enfui.

« Tu vois, Thomas, je ne te harcèle pas, tu commences un peu à me croire. Mais seulement à moitié, comment est-ce que je dois m'y prendre pour t'expliquer ce que c'est que la joie. Une petite assiette de lait pour toi, Thomas, où la crème surnage, un petit pain tartiné de beurre, du foie cru, se coucher au soleil et se dorer en paix. C'est tout cela, la joie, tu dois me croire. »

Je me suis relevé, la nuit commençait à tomber, j'étais gelé et j'avais faim. Je n'ai pas suivi Thomas des yeux, je pensais qu'il se glisserait dans un jardin voisin, il avait sûrement un abri dans une remise. Mais quand j'ai ouvert la porte de ma mansarde, je me suis aperçu que quelque chose de noir se glissait entre mes jambes.

J'ai dit : « Thomas, pourquoi est-ce que de toutes les maisons tu as précisément choisi la mienne ? Tu as mal compris mes paroles. J'ai parlé de la joie et du bonheur, mais ce n'est en aucun cas dans ce grenier que tu les trouveras. Il n'y a ici pas une seule souris et les murs dégouttent d'humidité, pas moyen de se tenir au chaud, il n'y a pas de poêle avec un rebord où s'asseoir, rien qu'un petit poêle rond et fêlé qui ne chauffe pas. Ici, impossible de trouver de quoi manger, et je ne pourrai partager avec toi que des ersatz de saucisse et du faux café fait de glands torréfiés. »

Mais Thomas était déjà au milieu de la pièce et ne manifestait aucune envie de se retirer, il s'est tranquillement allongé sur la serpillière, qui avait été un rideau. J'ai allumé le feu, j'ai fait cuire des pommes de terre, j'en ai proposé à Thomas. Il les a prises comme si de rien n'était.

Je devais parfois me rendre en ville afin de me procurer un peu d'argent, je vendais mes livres, je n'avais plus rien d'autre à vendre. Je savais que je ne pouvais pas les liquider tous, certains étaient trop déchirés et j'étais content de savoir qu'ils resteraient à la maison. Et quand je rentrais chez moi, Thomas m'attendait sur le seuil de la porte. Il ne se laissait jamais caresser, et moi, je n'essayais même pas ; il ne faisait pas confiance aux mains humaines.

J'ai grimpé la colline boueuse et j'ai parlé à Růžena.

J'ai dit : « Růžena, j'ai vendu le livre que nous avons lu ensemble pour m'acheter de la fausse andouille, nous allons nous la partager, Thomas et moi. Ce ne sera pas un partage équitable, parce que Thomas n'aura que la peau, mais reconnais que Thomas peut s'élancer sur les arbres pour chasser un oisillon ou bien aller flairer un trou de souris. Pardonne-moi, Růžena, d'avoir vendu ton livre. Il y avait dedans des mots qui te plaisaient, il y avait une phrase que tu aimais. Nous tournions impatiemment les pages, nous avions peur que la fin soit trop proche, et pourtant nous nous en réjouissions, nous étions alors à la campagne, au chalet, nous ne pouvions pas sortir parce que dehors il pleuvait à verse et nous le lisions ensemble, tu étais toujours quelques lignes en retard sur moi, mais je t'attendais toujours afin que nous tournions ensemble la page. Nous avons été enfermés toute la journée dans le chalet, et nous restions couchés, la pluie tambourinait sur le toit, nous étions bien sous notre couverture tandis que nous lisions le livre que je viens de vendre. »

Je n'ai rien dit à Thomas, il n'aimait pas les livres. Quand j'étais couché dans mon sac, il se glissait vers moi et se faufilait entre les pages du livre que je tenais et il me l'arrachait souvent des mains. Il préférait être assis sur mes plates-bandes, silencieux, il ne me dérangeait jamais, j'étais bien ; quand le soleil commençait à briller, je m'allongeais dans l'herbe et je regardais les buissons, je voyais les pins et j'étais dans le bois, j'avais mon bois à moi bien qu'il m'ait été interdit de pénétrer dans les futaies ordinaires. Maintenant la colline, elle aussi, était belle, j'allais toujours m'y reposer, l'herbe était broutée par les chèvres, de vieilles boîtes de conserve en train de rouiller s'accumulaient là, et aussi de vieilles frusques. Je m'allongeais toujours sur la colline quand je revenais de la ville, ma maison était toute proche, j'étais tranquillement couché et je regardais la ville en bas, les cheminées, le port et le pont blanc. Je voyais des oiseaux voler, je suivais leur trajet et parfois j'écoutais de la musique quand les fenêtres des maisons alentour étaient ouvertes.

J'étais couché dans l'herbe et près de moi un homme s'est allongé. J'ai voulu me relever et partir, je voulais être seul, penser à Růžena, je voulais être seul, parce que je ne savais pas s'il ne m'était pas interdit d'être couché dans l'herbe de la colline qui ressemblait à un dépotoir et à un champ de ruines. Mais j'étais trop fatigué.

L'homme a dit : « Beau temps. » Je l'ai regardé. Il avait l'air qu'ont les ouvriers des banlieues. À côté de lui, une gamelle bleue était posée, il semblait rentrer du travail, il avait dû avoir envie de se reposer un peu.

Je n'en avais plus peur mais je n'avais pas envie de faire la conversation, je ne voulais pas parler avec des étrangers, je ne savais pas quoi leur dire, peut-être que je n'avais le droit de parler qu'avec des gens qui ne me répondaient pas, avec Růžena et avec Thomas le chat.

« C'est un temps pour s'allonger au soleil après le travail. »

J'ai dit : « Je n'ai pas de travail. » Je souhaitais qu'il tende la main vers la gamelle posée près de lui, qu'il se penche vers elle avec naturel, que la gamelle roule jusqu'en bas de la colline, rebondisse de rocher en rocher au-dessus des fossés et finisse sur le chemin qui menait vers les maisons. Je voulais être seul, parce que je n'osais parler à personne, il ne me restait plus rien que ces instants sur la colline, tant que le soleil brillerait, tant que je pourrais m'étendre et regarder la ville en bas. C'était mon instant à moi et je voulais être seul. Mais la gamelle ne bougea pas d'un pouce.

L'ouvrier a demandé : « Il y a quelque chose qui ne va pas ? »

J'ai dit : « Non, mais Ils nous chassent comme des lapins.

— Alors qu'est-ce qui se passe ? »

Nous nous sommes tus. Il n'y avait presque aucun bruit, j'entendais au loin grincer les grues des bateaux en train de décharger, le vent apportait de faibles échos de musique.

« Mais vous êtes vivant », a dit l'ouvrier.

J'ai dit : « Je suis seul. On m'a interdit les rues, les auberges, les théâtres, les cinémas, les jardins. »

Nous nous sommes tus à nouveau. À la fin, l'ouvrier a dit :

« Ce n'est rien ; quand j'étais au chômage, ce n'était pas mieux. »

J'ai dit : « Ce n'est pas cela. » Cette réponse, j'avais failli la crier. « C'est quelque chose d'autre. Je vous le dis, je suis seul, complètement seul, je n'ai personne, je ne parle à personne, je dors par terre sur un matelas et j'ai faim. Mais ce ne serait rien, cela ne me dérangerait pas, peut-être qu'il y a des gens encore plus pauvres que moi, peut-être qu'ils passent la nuit dans des galetas ou sous les ponts, s'il n'y avait pas Leurs lois.

— Vous n'avez qu'à vous en fiche, de Leurs lois ! »

J'ai dit : « Je ne peux pas, j'ai peur de la mort.

— Il faut bien mourir un jour.

— Vous ne comprenez pas, vous ne pouvez pas comprendre. Je ne veux pas mourir comme ça, comme un lapin qu'on sort de son clapier. S'il faut mourir, je voudrais savoir pourquoi, que ce soit d'une maladie, ou parce qu'une voiture me renverse, ou que je me noie en me baignant.

— Non, je ne comprends pas. Mais maintenant il faut que j'y aille. Si vous êtes seul, vous pouvez passer me voir. J'habite là-haut sur la colline, dans cette maison là-bas. Il y a toutes sortes de gens qui viennent me voir, nous nous retrouvons pour parler un petit peu.

— Je viendrai un jour, je vous remercie. »

L'ouvrier s'est levé, il a pris sa gamelle et il a marché sur le sentier en direction des maisons. Je suis resté allongé, je le regardais s'éloigner. J'étais content qu'il m'ait invité, c'était le seul être humain depuis longtemps à m'avoir parlé, mais je ne pensais pas que je passerais le voir.

Je me suis dit : « Non, il ne peut pas me comprendre, il va le matin travailler avec sa gamelle, il s'assied dans le tram, il arrive à l'usine, il pointe, il s'installe à sa machine. Ce n'est pas une vie joyeuse, mais c'est une bonne vie, avec la gamelle bleue, les heures de travail et l'enveloppe de la paie. C'est autre chose que raser les murs toute la journée et se tordre toute la nuit dans un sac de couchage, ce n'est pas le bureau près du garage avec le garde qui vous dévisage dans la petite cour. »

Le soleil se couchait, de la rivière la fraîcheur

montait, une péniche passait, elle étincelait en se rapprochant du pont. Je me suis relevé lentement et j'ai marché jusque chez moi, j'ai remarqué que la maison où était entré l'ouvrier, c'était une bicoque de plain-pied avec un petit jardin où verdissaient des plates-bandes. Au milieu de la cour, il y avait un vieux puits avec un treuil.

7

« Enlevez votre chemise, a dit le médecin. Non, vous n'êtes pas forcé de l'enlever complètement, vous pouvez vous contenter de la glisser par-dessus votre tête. »

Je passais encore une fois une visite médicale. Je suis resté longtemps debout dans le couloir crasseux de la Communauté, puis je me suis assis, moi aussi, sur le banc de bois quand j'ai réussi à sauter sur une place. Il y avait des portes qui donnaient sur divers bureaux mais j'étais inscrit à celui du bout du couloir, là où il y avait écrit *Urgences*. J'avais appris à ne plus croire à rien, je savais que derrière cette porte se trouvait le bureau dit « de recrutement » d'où l'on envoyait les gens dans les carrières, les fermes et les mines de kaolin. Je ne pensais pas qu'on m'y donnerait le moindre secours d'urgence, pourtant j'étais assez calme parce que je savais qu'avec un corps comme le mien je ne pourrais pas charrier des cailloux ou pelleter l'argile de kaolin. J'avais pourtant un peu peur, peut-être que tout le monde était déjà au travail ou installé dans des bureaux, peut-être qu'il ne restait plus de disponibles que quelques individus décharnés comme moi. Et alors on les enverrait, eux aussi, creuser l'argile.

« Je vous mets un 4 », a dit le médecin quand il m'a eu examiné. « Vous n'êtes pas fait pour le travail de force. »

J'ai dit : « Merci.

— Je ne sais d'ailleurs pas à quoi vous pourriez être bon. »

Le médecin était gros, les boutons de sa blouse blanche n'étaient pas tous attachés, il avait des gestes lents et parlait d'une voix étranglée.

« Je regrette d'avoir à faire cela, c'est une honte, je suis censé soigner les gens. »

J'ai dit : « Je ne peux pas vous aider, je ne peux aider personne, je suis seul. »

Je suis sorti dans la rue, je devais lutter contre la nausée que me donnait la faim, je n'avais même pas assez d'argent pour m'acheter une miche de pain, je n'avais mangé ces derniers jours que les légumes de mon jardin, c'était bien d'avoir des légumes mais ils ne me rassasiaient pas, et quand j'en avais mangé beaucoup, j'avais des aigreurs d'estomac. Thomas le chat n'en voulait pas. Je n'avais plus rien à vendre, il faudrait que quelque part je cherche un peu d'argent. Je suis parti en emprunter à mon oncle, j'y suis allé à contrecœur, je savais que ce ne serait pas facile.

On m'avait mis un 4 sur une feuille de papier où se trouvaient toutes sortes de renseignements sur ma personne, c'était une bonne chose d'avoir un 4, cela signifiait qu'on ne m'enverrait pas aux travaux de force, que j'avais le droit d'être malade, et j'ai glissé dans ma poche une autorisation de circuler en tram, on me l'avait donnée à la Communauté, je pourrais rentrer chez moi en banlieue quand j'aurais obtenu de mon oncle un peu d'argent, c'était valable pour toute la journée et ce jour-là j'avais la permission d'aller en ville, c'était une grande chose, d'avoir une autorisation de ce genre.

Je me suis faufilé dans les rues et je devais m'arrêter de temps en temps pour surmonter ma nausée, c'était un jour chaud, déjà un jour d'été, je voyais les gens monter dans le tram qui les conduirait en dehors de la ville, à la piscine, je voyais des visages bronzés avec des sourires satisfaits, je voyais des filles avec des habits légers qui leur collaient au corps, des sacs de couleur, j'ai contourné le parc et j'ai vu les gens assis sur les bancs qui nourrissaient les oiseaux. Je suis allé tout près des grilles et je me suis laissé caresser par les branches d'un arbre, ce n'était pas une caresse tendre mais les feuilles me touchaient le visage et je sentais l'odeur de la verdure. J'aurais préféré être allongé à la maison près de mes plates-bandes, je n'allais plus sur la colline parce que maintenant il y avait là-bas beaucoup de monde, des gens accroupis dans l'herbe qui jouaient aux cartes. J'avais mal à la tête, j'étais très faible, et pourtant je devais aller chez mon oncle, peut-être qu'il me donnerait au moins de l'argent pour le tram.

J'ai dû attendre longtemps qu'on m'ouvre la porte, je savais que mon oncle et ma tante étaient chez eux, ils avaient peur de sortir dans la rue et ils restaient toute la journée dans leur appartement. J'ai entendu quelqu'un se glisser sur la pointe des pieds dans le couloir et soulever lentement et précautionneusement le judas de la porte.

Une voix étouffée a demandé : « Qui est là ? » J'ai reconnu la voix de mon oncle.

J'ai dit : « Ouvrez, c'est moi, Pepa. »

La porte s'est ouverte doucement, je me suis retrouvé dans l'entrée obscure, je ne voyais d'abord presque rien, parce que mon oncle a vite claqué la porte. Je ne voyais que sa silhouette, elle me donnait une impression de grande vieillesse, je me suis aperçu qu'il était courbé, comme s'il portait un fardeau trop lourd.

Nous sommes entrés dans la pièce, la table était en désordre et sur les chaises s'amassaient toutes sortes de choses, il faisait lourd, les fenêtres étaient fermées, on était dans la pénombre parce que les stores installés pour le couvre-feu étaient baissés. Mais même dans cette lumière si faible, je n'ai pas pu ne pas m'apercevoir que le visage de mon oncle était pâle, qu'il avait les yeux cernés et les cheveux en bataille.

« Ta tante est malade, a-t-il dit. Nous ne pouvons rien te proposer. » Il ne m'a même pas offert de prendre un siège, j'ai enlevé les affaires en désordre, des pelotes et des aiguilles à tricoter, et je me suis assis sur une chaise. Lui est resté debout, il semblait impatient que je m'en aille.

Il a soudain commencé à crier : « Ils sont venus ici, Ils sont venus ici hier soir, regarde seulement ce désordre, Ils ont pillé tout le garde-manger et Ils nous ont injuriés grossièrement.

— Ils nous ont pris ce qui nous restait de matière grasse, a crié depuis la chambre la voix stridente de ma tante. J'avais trois kilos de saindoux, Ils ont tout pris. Ils ont pris la confiture, la conserve de goulasch qu'on avait mise de côté depuis le début de la guerre, on n'a plus rien, on va mourir de faim, Ils nous ont pris la farine et la levure.

— Il n'y a donc pas de justice dans le monde ? Tu vas voir qu'Ils vont gagner la guerre. Ils ont déjà pris toute la France, et les Anglais ont fui, ce sont des trouillards, tes Anglais et tes Français, ils n'ont pas envie de se battre, et nous, on va crever comme des chiens. Pourquoi tu ne dis rien ?

— Depuis que tu es né tu as toujours été un ingrat ! a glapi ma tante depuis sa chambre. Ça ne nous a rien rapporté de t'avoir accueilli, de t'avoir fait faire des études sur l'argent qu'on avait gagné à la sueur de notre front. Tant mieux si Klara n'a pas vu ça, sûr qu'elle se retourne dans sa tombe !

— Oui, a dit l'oncle d'une voix maintenant plus faible. Tu t'es bien débrouillé, finalement. »

J'étais assis au bord de la chaise dans la pièce plongée dans la demi-obscurité, les rayons de lumière passaient par les fentes des volets, j'ai penché la tête vers mes genoux, je devais supporter mes douleurs d'estomac, j'aurais préféré m'allonger par terre et j'ai mis mon visage dans mes mains. J'étais simplement venu chercher un peu d'argent, une pièce de cinq couronnes m'aurait suffi, ce n'est pourtant pas une telle somme, j'aurais acheté un peu de pain et je serais rentré chez moi en tram, je ne voulais rien d'autre et je ne pouvais pas parler, je craignais même de bouger, dans la pièce il faisait lourd, je suais et je regardais par terre le tapis poussiéreux.

Enfin j'ai dit : « Qu'est-ce qui s'est passé ?

— Tu ne sais rien ? C'est sûr, Ils n'ont pas été chez toi, c'est trop loin pour eux, ce n'est pas la porte à côté, c'est bien toi, tu as toujours de la chance, a crié ma tante d'un ton de reproche depuis sa chambre. Hier soir, Ils ont patrouillé dans toute la ville, Ils ont inspecté tous les garde-manger et Ils ont pris tout ce qu'Ils ont trouvé. Ils m'ont pris aussi la semoule et les flocons d'avoine, j'avais quelques oignons, même ça, Ils ne me l'ont pas laissé. Et toi, tu étais tranquillement assis chez toi, comme si de rien n'était. On peut encore être contents qu'Ils ne nous aient pas touchés, le petit Frischmann qui habite au troisième étage, Ils lui ont cassé deux dents parce qu'il n'avait pas sorti assez vite un pot de confiture de son armoire. »

J'ai dit : « Je n'ai rien, je n'ai même pas une croûte de pain, je n'ai que Thomas le chat, et encore il n'est pas à moi. Ils ne pourraient même pas me le prendre.

— Alors comme ça, toi, tu as un chat ? a dit mon oncle en recommençant à crier. Oui, toi, ça t'est égal, tu jettes l'argent par les fenêtres, tu n'as pas économisé un seul centime, alors que tu étais joliment payé à la banque, tu as tout dépensé, et maintenant tu t'offres un chat par ces temps de misère, alors qu'on n'a même plus un morceau de pain à se mettre sous la dent. Et de toute façon tu devrais cesser de venir chez nous, comme si on n'avait pas assez de problèmes, tu serais capable de nous conduire au désastre avec ton chat !

— Comment cela ? En quoi est-ce que Thomas peut vous gêner ? Vous ne le connaissez même pas !

— Parce que tu ne sais pas qu'on n'a pas le droit d'avoir des animaux domestiques ?

— Ça fait longtemps que je n'ai pas lu d'avis. Ou alors, si je l'ai lu, je l'ai oublié, il y en a tellement, de ces avis, que je ne m'y retrouve pas. Et Thomas, ce n'est pas mon chat, il allait mendier de maison en maison, partout on le repoussait et maintenant il dort chez moi. Moi non plus, je ne peux rien lui donner, parce que je n'ai plus rien. Et s'il veut dormir chez moi, je ne vais quand même pas l'en empêcher.

— Et tu penses qu'Ils vont te croire, que tu pourras Leur expliquer quoi que ce soit ? Ils te boucleront et ensuite Ils trouveront dans Leurs fichiers que nous sommes parents et Ils nous condamneront, et tout cela parce que monsieur permet à son chat de dormir chez lui ! Alors soit tu vides ton chat, soit tu ne mets plus les pieds ici. »

Je n'ai pas répondu. Je devais me forcer à me lever, je me serais bien reposé, au moins le temps que mes douleurs d'estomac cessent, mais je devais partir puisqu'ils me chassaient. Je n'ai même pas osé demander l'argent du tram, ce n'était qu'une petite somme, et peut-être bien qu'ils me l'auraient prêtée, mais j'aurais dû entendre de nouveaux cris, de nouvelles plaintes et de nouveaux reproches.

J'ai serré la main de mon oncle et j'ai titubé jusqu'à la porte, j'ai crié quelques mots d'adieu à ma tante vers sa chambre. Mon oncle est resté debout au milieu de la pièce, il me regardait avec indifférence, il était retombé dans son humeur morose, mais je savais qu'il retrouverait ses moyens l'instant d'après et qu'il recommencerait à crier.

J'ai descendu lentement l'escalier et j'ai réfléchi à la façon de rentrer chez moi. Il faudrait que je m'arrête tous les quarts d'heure pour surmonter mes douleurs et ma nausée, peut-être qu'ainsi j'arriverais à me traîner jusqu'à la barrière de ma maison, mais en ville ce serait difficile, je n'avais pas le droit d'entrer dans le parc ni de m'asseoir sur le trottoir. Je devrais me forcer à marcher sans arrêt jusqu'à la colline, là je pourrais m'asseoir, là je pourrais me reposer.

Je me suis glissé le long des rues sous la chaleur de midi, je devais marcher tout près des maisons, je craignais de tomber à chaque instant, j'avais encore un long trajet devant moi et je sentais que je ne tiendrais pas le coup.

Je glisse sur le pavé, j'ai pensé, les gens vont me croiser avec indifférence, ils vont penser que je suis saoul, mais quelqu'un va finir par s'arrêter par curiosité et va appeler les urgences. Et moi je ne sais pas ce qui arrivera après parce que je n'ai pas accès aux urgences, je l'ai lu dans un décret, et aucun hôpital n'a le droit de m'admettre.

Je me tenais aux murs des maisons, j'ai repris des forces, j'ai cherché à me rappeler si quelqu'un que je connaissais n'habitait pas par ici, chez qui j'aurais pu me reposer et demander de l'argent pour prendre le tram. Je pensais que je ne rencontrerais personne en ce jour d'été, où tout le monde était à la baignade, ou bien allongé derrière ses fenêtres fermées en attendant la fraîcheur du soir. Et puis j'ai fini par me rappeler que dans l'un des quartiers que je devais traverser pour rentrer chez moi habitait l'un de mes camarades de lycée, je ne l'avais pas vu depuis le baccalauréat mais je l'avais rencontré peu de temps auparavant dans la rue, il m'avait adressé la parole, il m'avait reconnu et invité à venir lui rendre visite. Ç'avait été un riche avocat possédant des maisons, des actions, sans doute qu'avant il ne m'aurait pas adressé la parole, je ne savais pas ce que j'aurais à lui dire si je lui rendais visite, j'avais oublié l'adresse qu'il m'avait donnée, je ne me rappelais que le quartier. J'ai réfléchi intensément au nom de la rue, je m'en suis souvenu et j'ai même réussi à me rappeler à peu près le numéro, c'était le 7 ou le 8, ça n'était pas grave, je trouverais bien. C'était encore loin mais je me suis dit : j'en serai capable, il faut que j'en sois capable.

J'ai trouvé la maison et j'ai sonné à la porte. Je ne sais pas combien de temps m'a pris le trajet, je sais seulement que j'ai dû deux fois faire un saut en arrière devant des voitures en traversant la rue, peut-être que j'ai heurté des passants, je ne me rappelle même plus par où je suis passé, je ne savais qu'une chose, c'était que je devais atteindre le pont, que derrière se trouvait le quartier où habitait mon camarade de lycée. C'était un quartier prospère avec des maisons neuves, d'habitude je l'évitais quand je me rendais en ville parce qu'Ils y habitaient. Mais cette fois-ci il ne me restait pas d'autre solution que d'y pénétrer.

J'ai attendu longtemps devant la porte, mais maintenant j'étais prêt à attendre longtemps, sûrement qu'hier Ils étaient venus ici aussi et qu'Ils avaient pillé les garde-manger, sûrement que les gens réfléchiraient longtemps et murmureraient entre eux avant d'aller ouvrir.

« C'est toi », a dit mon camarade Pavel. Il était manifestement soulagé en voyant mon visage par le judas. « Entre. Je te présente ma femme, Heda, et ma petite fille, Andrée. » Je suis entré dans le hall, il y avait par terre un tapis, il y avait une table avec de gros fauteuils confortables, j'ai poussé la porte qui donnait sur le salon, ça me faisait une impression bizarre de retrouver le confort et la prospérité, j'avais oublié quel air a un bel appartement où il est possible de s'asseoir confortablement dans un fauteuil et de croiser les jambes. J'étais allé en visite dans le terrier obscur, plein de l'odeur de renfermé et de vieux, où habitait mon oncle, j'avais erré le long des rues dans l'éclat de l'après-midi et maintenant j'étais arrivé dans la lumière, la propreté et le frais.

Nous étions tous assis confortablement, nous buvions du thé dans des verres, je regardais le mur où des tableaux étaient accrochés, je regardais les figurines en porcelaine de Meissen, je remuais mon thé avec ma petite cuiller d'argent et je croquais un petit gâteau, j'en avais pris une pleine poignée dans la coupe parce que j'avais faim, parce que rien ne m'importait plus, en cet instant qui semblait surgi des temps passés.

« Nous aurions dû partir, a dit Pavel. Ç'a été une grande erreur. Mais je n'en avais pas envie, c'est une chose désagréable, de partir, on n'arrive pas à se décider. » J'ai examiné la pièce. « On est l'esclave des choses. » Il parlait d'un ton tranquille et paisible, comme s'il était prêt à tout, comme si rien ne pouvait le surprendre. « Le pire, c'est précisément cette oisiveté. Tu es assis et tu regardes dans le vide. Moi aussi, j'ai cru en l'argent, j'ai gagné beaucoup d'argent. Maintenant, je suis assis et j'attends.

— Qu'est-ce que tu attends ?

— Qu'Ils en finissent avec nous.

— Tu crois que c'est ce qui va se passer ?

— Si je le crois ? Je le sais. C'est sans espoir. Nous sommes tous perdus. Il ne nous reste qu'à attendre. C'est si confortable et il n'y a pas besoin de se torturer la cervelle et d'inventer toutes sortes de tours, tout est déjà prévu. Ça va être la fin, tu entends, vraiment la fin. » Il parlait doucement et d'un ton résigné, comme il convenait dans cet appartement plein de tapis épais, de meubles aux ferrures resplendissantes, entre de délicates ballerines de porcelaine et des coupes d'étain. La pendule à colonnettes accompagnait sa voix du son argentin de ses clochettes.

Sa femme a pris la parole pour la première fois : « Vous avez de la chance. Pavel m'a dit que vous étiez célibataire. »

Tout le monde me disait aujourd'hui que j'avais de la chance, même mon oncle et ma tante, mais je ne pouvais pas comprendre en quoi ça consistait, cette chance.

J'ai dit : « Oui, j'ai de la chance », je devais parler de chance dans cet appartement, de quoi d'autre aurais-je parlé ? « Seulement moi, je ne veux pas mourir.

— Parlons de quelque chose d'autre, a répliqué Heda. Racontez-nous plutôt ce que vous faites. Pavel a souvent mentionné votre nom dans ses souvenirs de lycée. »

J'ai parlé de Thomas le chat, de mon travail au jardin, j'ai parlé de choses agréables et joyeuses comme il convenait puisque j'étais installé dans un confortable fauteuil et que j'avais pris une pleine poignée de petits gâteaux, il fallait remercier de l'hospitalité qu'on m'offrait dans cet appartement plein de lumière, sur les consoles duquel il y avait des vases avec des bouquets de roses. C'était possible de rire des meubles brûlés et du toit fendu, et du petit poêle rond cassé. J'avais supporté ces choses, peut-être que c'était ça, la chance dont tout le monde parlait, et c'est seulement dans cet appartement que je me rendais compte de ma victoire à moi. Tout le monde riait de mes aventures, même Andrée a ri quand j'ai raconté comment Ils étaient repartis bredouilles de chez moi, comment ils avaient craché en remontant dans Leur voiture.

Je me vantais : « Ils n'auront rien, il n'y aura bientôt plus rien que le vieux guéridon au milieu de la pièce. »

La sonnette a retenti, avec force, avec autorité. Pavel est allé ouvrir d'un pas hésitant. Nous sommes restés assis, nous nous taisions et nous attendions de voir quel hôte il allait amener. J'ai eu une drôle d'impression en n'entendant que la porte qui s'ouvrait, puis des pas dans le hall, mais pas de bruit de voix. Pavel est revenu et derrière lui il y avait un homme avec sa femme. Ils n'ont pas dit un seul mot, ils ne nous regardaient pas, ils faisaient semblant de ne pas nous voir, je suis resté à la table, je remuais nerveusement ma cuiller dans la tasse que j'avais vidée depuis longtemps. Ils ne regardaient que les objets, ils caressaient les meubles, ils soupesaient les cruches d'étain, ils tapotaient les coussins des divans. Ils estimaient à voix haute entre eux la qualité et la robustesse de tout cela, ils parlaient de la façon dont ils restaureraient le mobilier. Nous étions déjà morts. Ils étaient venus prendre l'héritage. Pavel les a accompagnés en silence dans la deuxième pièce, et jusqu'à la cuisine, nous entendions leurs voix satisfaites. Ils ont tourné encore une fois autour de nous, ils regardaient à nouveau comme s'ils comptaient tout afin que rien ne leur échappe. Nous étions toujours assis près des tasses vides. En partant, ils nous ont regardés mais j'ai vu que leur regard ne se posait pas vraiment sur nous, mais sur les tasses, les sucriers et les petites cuillers. Pavel les a raccompagnés dans le hall, ils sont restés là assez longtemps, sans doute qu'ils examinaient les fauteuils et les tapis. Puis nous avons entendu la porte claquer sèchement.

Pavel est revenu et il s'est assis sur sa chaise.

Il a dit : « Verse-nous du thé, Heda. Tu veux encore un peu de thé, Pepa ? »

Nous avons bu le thé en silence. Pavel a dit :

« S'il n'y avait pas cette enfant, tout serait plus simple. Tu as de la chance, Pepa, de ne pas avoir de famille. »

Je ne pouvais rien répondre. Je savais que je devais partir à ce moment-là. Mais je n'avais pas d'argent pour le tram, je ne voulais pas en parler mais je devais le faire, il était déjà tard et je n'arriverais jamais chez moi à pied pour huit heures, même si maintenant j'étais bien reposé et que donc j'irais plus vite.

J'ai hoqueté : « Pavel, il faudrait que tu me prêtes de l'argent pour le tram.

— Ah, tu n'as pas d'argent, hein ? » a souri Pavel. Il semblait se réveiller. « Voici. » Il a tiré de sa poche intérieure cinq grands billets et il me les a tendus.

« Mais c'est cinq mille, Pavel, et moi, je n'ai besoin que d'un petit peu de monnaie pour le tram.

— En voilà, de la monnaie ! » Il a tiré de son porte-monnaie une pièce de cinq couronnes.

J'ai essayé de protester : « Mais… voyons…

— Prends ça. Tu voudrais que ce soient Eux qui les aient, imbécile ? N'est-ce pas que c'est bien comme ça, Heda ?

— Oui », a répondu Heda.

J'ai dit au revoir et Pavel m'a raccompagné jusqu'à

la porte. J'étais dans la rue et la tête me tournait, j'avais de l'argent, je n'avais plus à me faire de souci pour longtemps. C'est ainsi que ce jour s'est fini. Chez moi, j'ouvrirais la fenêtre, Thomas le chat viendrait me demander de le caresser, je regarderais longtemps dehors jusqu'à ce que la nuit tombe, et après je regarderais encore la nuit, je penserais à Růžena et dans ma petite poche de pantalon, soigneusement plié et caché, l'argent me brûlerait.

8

J'étais assis avec Thomas dans le jardin, nous restions accroupis pour qu'on ne nous voie pas de la rue, les gens auraient cru que nous paressions alors que tout le monde travaillait.

J'ai dit : « Tu vois, Thomas, maintenant, c'est évident que tu es né sur une planète maudite. Avant, tout le monde te chassait et te donnait des coups, tu devais fuir sous les pierres, les boîtes de conserve et les bâtons, et puis tu as pensé que ce serait mieux pour toi de venir t'installer chez moi. Mais tout ça, ce sont des bobards. J'ai appris aujourd'hui qu'Ils t'avaient déclaré animal hostile, et maintenant tu partageras mon destin, à moins bien sûr que tu ne Leur échappes. Ils auraient bien du mal à t'attraper, tu peux grimper aux arbres, te faufiler dans les trous et monter sur les toits. Tu n'as même pas besoin de ça, tu n'as pas de carte d'identité. Mais ne fais pas le fanfaron, Ils ont des revolvers et des pistolets et ça peut faire très mal. »

Nous étions assis près d'une plate-bande au bout de laquelle avait poussé une fleur jaune qu'on appelle souci. J'aimais bien m'asseoir près de cette fleur, même si ce jaune me rappelait les brassards des employés de Střešovice. Thomas était couché près de moi dans l'herbe, maintenant il avait meilleure mine, bien qu'il ait été en train de muer, il se prélassait, il apprenait l'art des longues siestes et il ne se risquait que rarement à se promener.

« J'ai de l'argent, Thomas ; d'où penses-tu que venaient les pommes de terre et le pâté de foie d'aujourd'hui ? Et je te promets que tu vas manger avec moi de la vraie viande, parce que j'ai beaucoup d'argent, et je dois bien te dédommager pour avoir été déclaré animal hostile sans même qu'on te demande ton avis. Il suffira que je demande quelque part où on peut trouver de la viande *au noir*. C'est très dangereux et je ne connais personne. Avant, je connaissais des tas de gens, mais maintenant je ne sais pas si je dois leur rendre visite, peut-être qu'ils me mettraient à la porte. Nous sommes allongés dans l'herbe et nous regardons par les interstices de la barrière, nous ne voyons que des pieds, est-ce qu'on peut deviner à leurs pieds l'allure des gens ? Je ferais mieux de te raconter ma dernière rencontre avec Růžena, c'est une histoire triste et il faut que je la raconte maintenant et pas la nuit, parce que le soleil brille et que les gens se promènent sur le trottoir, parce que nous sommes assis, Thomas, toi et moi, recroquevillés pour que personne ne nous voie.

« "C'est la fin", a dit Růžena. C'était alors l'hiver, nous marchions le long du quai, la rivière était gelée, nous marchions l'un à côté de l'autre, Růžena avait les mains cachées dans son manchon. "Maintenant, il est trop tard, nous ne pouvons plus partir, d'ailleurs, je ne pourrais pas quitter Jarka dans une période comme celle-ci.”

« J’ai dit : “J’ai perdu parce que j’ai été lâche, parce que tout à coup l’heure arrive de se décider, et moi, j’ai fermé les yeux et je me suis bouché les oreilles avec les doigts, je ne savais faire qu’une chose : attendre inutilement. Et l’heure est passée.

— Je t’aime, mais ça ne peut pas t’aider beaucoup.

— Rien ne peut m’aider, même si je répète sans fin que les gens se réunissent et se séparent.

— Même s’ils s’aiment bien, de toute façon, il y aura la guerre.

— Peu m’importe la guerre, je l’ignore, moi, la guerre ! Tout sera fini si nous devons ne plus jamais nous revoir.

— Je t’aimerai toujours !”

« Nous marchions en silence le long du quai, Růžena pressait maintenant le pas.

« “Je vais jusqu’à la station prendre mon tram. Adieu, Pepa.”

« Voilà toute l’histoire, Thomas. De toute façon, tu ne la comprends pas. Si tu pouvais me raconter des histoires, toi, ce serait avec des choses simples, des bagarres, et toi en train de grimper aux branches ou de t’étendre dans l’herbe. »

J’étais allongé et je pensais à l’endroit où je devrais me fournir en viande, je mettais des plans au point, j’irais à la boucherie où Wiener m’avait emmené, mais je me suis dit que là-bas personne ne me connaîtrait, personne ne me ferait confiance. Je ne connaissais que Wiener et il était parti à Lípa. Et je me suis souvenu ensuite de l’ouvrier à la gamelle bleue que j’avais rencontré sur la colline, il s’appelait

Materna et il avait le même prénom que moi, Josef. Je savais où il habitait, j'étais allé tourner autour de chez lui, il y avait dans la cour un puits avec un treuil. Je pouvais quand même lui faire confiance, il m'avait même parlé trop ouvertement. Je savais qu'il y avait dans la ville des mouchards qui se promenaient, avec des airs bizarres, ils tendent l'oreille quand les gens échangent quelques phrases dans les bureaux de tabac, ils regardent les couvertures des livres que les filles emportent pour lire dans le tram. Je savais aussi qu'ils abordaient les passants et leur demandaient s'ils n'avaient rien appris de nouveau, pour savoir s'ils écoutaient les radios étrangères. Je n'en avais encore rencontré aucun, je n'avais jamais parlé à un étranger et je n'avais jamais répondu quand par hasard un étranger m'avait adressé la parole. Qu'est-ce que mes voisins peuvent dire de moi ? Que j'habite dans une maison délabrée, que je vais au magasin retirer mes maigres rations, que je rapporte un pot de sang de chez Halaburda le boucher et que je remplis mon seau d'eau à la pompe. Ils auraient, bien sûr, pu me dénoncer en disant que j'abrite Thomas le chat, mais chacun sait que Thomas est un vagabond, il courait les jardins étrangers comme un brigand, et ils sont sûrement contents, maintenant qu'il a trouvé un refuge. Non, Thomas ne me causerait jamais de mal. Une fois, tout de même, il y a eu chez moi un mouchard, il voulait savoir si j'avais une radio, je lui ai montré ma mansarde, il a inspecté toute la maison, de la cave au grenier, et il n'a rien trouvé.

Il a dit : « Vous empoisonner, tous, comme des rats ! L'an prochain, vous ne serez plus là. »

Je me suis tu, je devais me taire, je savais que cet

homme allait chercher du sang, comme moi quand je me rendais chez Halaburda le boucher, à la différence près que lui était payé pour ça. Je n'avais aucune envie de le dédommager pour sa perte de temps. L'ouvrier à la gamelle n'était pas comme lui. C'était une gamelle avec une bandoulière, bleue, ordinaire, où l'on verse de la soupe ou du jus de chaussettes, et dans laquelle on boit directement, dans la cour de l'usine, entre les bâtons d'acier incandescent et le mâchefer.

Je suis entré dans la cour, j'ai contourné le jardin et j'ai frappé à la porte basse. Une vieille femme est venue m'ouvrir. Je lui ai demandé :

« Est-ce ici qu'habite Josef Materna ?

— Oui, c'est mon fils. Qu'est-ce que vous lui voulez ? Parce que si c'est pour du travail, vous feriez mieux de rentrer tout de suite chez vous. Il a assez de boulot à l'usine.

— Non, je suis venu seulement lui rendre visite. Il m'a invité, une fois. Il est ici ?

— Oui. Il est dans sa chambre, il a des amis avec lui. »

J'ai frappé et je suis entré dans une petite chambre. Il y avait là un grand lit, sur lequel deux personnes étaient installées, une petite table, sur laquelle s'entassaient toutes sortes de pièces de rechange métalliques, et à laquelle était fixé un petit étau, et une chaise, où était assis Josef Materna.

J'ai dit : « Bonjour.

— Qu'est-ce que vous voulez ? » a-t-il demandé d'une voix perçante, il avait l'air énervé et semblait me considérer comme un intrus. Ses amis me regardaient sans amitié. « Ah ah ! C'est vous ! a-t-il dit quand il s'est souvenu de moi. J'ai parlé avec vous là-haut sur la colline. Ce n'est rien, a-t-il ajouté en se tournant vers ceux qui étaient sur le lit. Pas de problème. Installez-vous, nous n'avons pas d'autre siège ici. »

Je me suis assis sur le bord du lit et je me suis tu, je ne savais pas comment lui dire que j'avais besoin qu'il me trouve de la viande, parce qu'il y avait là des gens que je ne connaissais pas, et je n'avais pas envie de le faire sortir dans le petit jardin, pour éviter qu'on nous voie de la rue.

J'ai dit : « Je ne sais pas si je suis venu au bon moment, je pourrais revenir un autre jour.

— Restez donc avec nous, c'est des copains de l'usine : lui, c'est Franta, et lui, Olda. Et vous, vous vous appelez Josef comme moi, c'est ça ? »

Nous nous sommes tus. Et puis Olda a dit :

« Alors toi, Pepa, tu dis qu'Ils sont en train de perdre. Mais tu as entendu Leurs fanfares ? Et tu as vu les grands airs de Johann, l'ingénieur, et la façon qu'il a de sourire ?

— C'est nous qui gagnerons la guerre. C'est Leur guerre, mais c'est nous qui la gagnerons, il y a beaucoup de gens qui seront descendus, mais on finira par gagner. »

Ils parlaient en même temps, ils se coupaient la parole, ils prononçaient des noms de gens, de villes et de régions que je ne connaissais pas, ils faisaient allusion à des livres dont je n'avais jamais entendu parler. J'avais l'impression d'être inutile au milieu de cette discussion, j'entendais des mots grossiers dont je ne comprenais pas le sens. J'ai laissé mon regard errer dans la chambre et j'ai aperçu sur l'armoire une radio, elle avait l'air d'avoir été bricolée.

« Pourquoi est-ce que vous vous taisez comme une carpe ? a dit Materna. N'ayez pas peur, on est entre nous ici.

— Je ne sais pas ce que je pourrais vous raconter. Je n'ai pas l'habitude de voir des gens, je ne lis pas les journaux et je n'écoute pas la radio. » Et je me suis enfin lancé. « Vous savez, je suis venu pour vous demander de me trouver un peu de viande.

— Comment ça, de la viande ? Parce que moi, je ne suis pas du genre à faire du marché noir, moi, je suis serrurier. »

J'ai bredouillé que ça faisait longtemps que je n'avais rien mangé de convenable, que je mourais de faim, que je ne recevais de tickets que pour des pommes de terre, du pain et du succédané de chicorée, que maintenant par hasard on m'avait donné de l'argent et que je ne connaissais personne qui puisse me trouver de quoi manger.

« C'est bon, je vais vous donner un ticket de viande, et les copains aussi vont vous donner quelque chose.

— Mais ça ne me sert à rien d'avoir des tickets, je n'ai pas le droit d'acheter de la viande chez le boucher.

— Bon, alors donnez-moi de l'argent et ma mère vous fera les courses. Au prix officiel, bien entendu.

— Mais ça ne va pas, vous y perdriez à cause de moi. »

Il m'a regardé sans comprendre. Ensuite il a éclaté de rire :

« Tout ça, c'est absurde ! Je sais de quoi il retourne, mais il faut bien s'entraider. Et on vous trouvera aussi de la graisse, mais ça, ce sera au noir, il y a un bonhomme qui vient chez nous, à l'usine, je lui en toucherai un mot. Ne parlons plus de cela. »

Ils ont commencé à discuter de l'usine, de gens que je ne connaissais pas, ils parlaient dans une espèce de jargon que je ne comprenais pas, je ne comprenais rien et j'ai recommencé à regarder la pièce, mais j'étais content, on me donnerait de la graisse et de la viande, pour une fois je pourrais manger à ma faim.

« Je dois rentrer chez moi, ai-je dit en me levant. Le règlement veut que je sois rentré chez moi avant huit heures.

— Bon, si vous faites attention à ces décrets imbéciles, mais attendez, je vais dire à ma mère de vous donner quelque chose pour la route, elle a fait des brioches aujourd'hui. »

Je suis rentré à la maison alors qu'il y avait encore de la lumière, j'ai suivi le sentier qui contournait les cours arrière des maisons. Thomas était à la porte pour m'accueillir. Nous sommes allés ensemble jusqu'à la chambre, je lui ai donné un morceau de brioche.

J'ai dit : « Thomas, il semble que j'ai perdu l'habitude de parler avec les gens. Je sais répondre à un questionnaire, mais ce n'est pas une langue vivante. Quand je pense que je passais des heures avec Růžena, je lui expliquais ce qui arrivait chez nous à la banque et ce que j'avais vu dans la rue, nous parlions ensemble de films ou bien de notre fuite ou de notre installation à l'étranger, des repas qu'elle préparait. Nous répétions des mots étrangers dont nous nous souvenions depuis l'école et parfois nous nous récitions des poèmes. À aucun moment nous n'avons manqué de mots, même si nous passions de longs moments à nous taire, mais ce silence était meilleur que nos paroles. Je viens d'aller chez des gens, je n'ai pas pu prononcer un seul mot, pour finir j'ai simplement bredouillé que je manquais de viande et que j'avais faim. »

J'ai tiré une serviette toute déchirée où j'avais rangé des photos et des lettres de Růžena, il y avait aussi des gribouillis, je notais n'importe quoi quand je devais passer un long moment sans pouvoir la rencontrer ni lui écrire. Je lisais mes mots et je ne les comprenais pas, ils étaient comme inutiles, c'étaient des mots stupides, ils ne ressemblaient pas du tout à ceux qu'échangeaient les gens chez Josef Materna.

Je me suis dit : « Peut-être que je suis déjà mort, peut-être que mon cadavre flotte sur la rivière, il est entraîné par le courant vers les roseaux, peut-être qu'il s'arrête en chemin le long des quais des grandes villes et que les gens se détournent de lui avec horreur parce qu'il est violet et gonflé, ils le repoussent avec des grappins, il continue de flotter et ne peut reposer en paix. Peut-être que je ne peux parler qu'avec des morts parce qu'ils ont une autre langue, et avec les mouchards qui l'ont apprise aussi afin de pouvoir détrousser les cadavres. Peut-être que je peux parler avec Thomas, parce que lui aussi est une charogne, les gens lui jettent des bâtons et des boîtes de conserve pour le faire fuir. Et je parle aussi avec Růžena, qui n'est qu'une ombre, qui peut-être n'a jamais existé, sans doute que c'est moi qui l'ai créée avec de la poussière, de la fumée et de la puanteur, comme je me tournais et retournais toute une nuit dans mon sac, afin qu'elle soit le rayon qui pénètre par une fente dans la pénombre. »

9

L'automne était chaud cette année-là. Nous allions bien, Thomas et moi, j'avais appris à économiser et je savais qu'avec l'argent que m'avait donné Pavel je tiendrais longtemps. Josef Materna s'occupait de me trouver de la graisse et aussi quelques cigarettes, personne ne me faisait trop de misères. Parfois il venait chez moi des employés de la Communauté avec de nouveaux avis, et des inspecteurs aussi, mais je n'avais plus peur d'eux maintenant, j'étais reconnu comme invalide et j'avais un papier où cela était écrit. Je n'allais plus en ville, je ne savais même pas où ils avaient évacué Pavel, je n'avais plus le droit de rendre visite à mon oncle. Thomas le chat vivait complètement chez moi, il n'allait plus vagabonder, il était devenu un chat sédentaire qui ne mettait plus une patte hors de la maison, c'était assez ennuyeux en fait, mais je me disais qu'il n'avait pas cessé d'être considéré comme un animal errant et que les autorités ne risqueraient pas de s'y intéresser.

J'étais assis chez moi et je répétais des mots dans un manuel d'anglais que j'avais acheté autrefois, quand nous voulions partir, Růžena et moi, à l'étranger. Je l'avais sorti seulement maintenant, pour passer le temps. C'était un livre de cours, la prononciation n'était pas indiquée, mais ça ne me dérangeait pas, je répétais les mots à ma façon, ça m'était égal de savoir de quelle manière ils se prononçaient, parce que je ne m'enfuirais plus jamais en Angleterre, j'apprenais parce que c'étaient des mots étrangers, parce qu'ils parlaient d'un autre monde. Dehors, il pleuvait, le rond d'humidité du plafond prenait maintenant l'allure d'un cargo, j'étais en train de naviguer sur un navire anglais et je me promenais sur le pont avec Růžena, nous nous asseyions sur des chaises longues et nous regardions les mouettes qui volaient tout autour.

J'ai dit : « Nous allons bientôt aborder, la terre est proche.

— Comment est-ce que tu le sais ? a demandé Růžena.

— Les mouettes ne volent jamais loin du continent.

— Je pense que nous ne serons pas perdus dans ce pays, puisque tu sais tellement de choses, Pepa. Moi, ça ne me serait jamais venu à l'esprit.

— Vous ne pouvez pas vous offrir une autre sonnette ? Ça fait une demi-heure que je suis sous la pluie à tambouriner à la porte ! » a crié quelqu'un à qui je suis allé ouvrir quand j'ai entendu les coups. Je l'ai reconnu, c'était l'employé de la Communauté. Je ne l'ai pas invité à entrer parce que je n'avais pas la moindre envie de lui montrer Thomas. Nous nous tenions près de la porte restée ouverte, l'air humide soufflait du dehors, je ne comprenais pas pourquoi lui qui m'apportait l'avis stipulant que je n'avais le droit de circuler en train que dans le dernier wagon était si nerveux, un avis que je ne comprenais pas du tout, puisque j'en avais reçu un autre qui m'interdisait de m'éloigner des environs de la ville.

« Je n'ai pas assez d'argent pour m'acheter une sonnette et personne n'a le droit de me vendre du fil électrique, je l'ai lu dans un de vos règlements. Donnez-moi ce nouvel avis.

— C'est une convocation, cette fois, a-t-il dit en faisant l'important. Vous devez vous présenter devant la Communauté. »

Je ne lui ai pas demandé ce qu'on me voulait, j'étais habitué à la mystérieuse grimace de ces gens-là, peut-être qu'ils se faisaient une joie et une gloire d'effectuer la tournée des maisons, comme des hérauts du malheur et de la ruine.

En haut, dans la mansarde, j'ai regardé la convocation, il était écrit que je devais me présenter dans un bureau et, entre parenthèses, il y avait écrit *Service d'aide*. J'ai eu peur de ces mots, je savais que je passerais toute la nuit sans dormir à me demander vainement ce que cela voulait dire, je savais que les mots avaient maintenant un sens différent, terrible, je redoutais le mot *assistance* depuis le temps où j'avais vu l'écriteau du bureau d'évacuation.

J'ai dit à Thomas : « Un jour, il faudra que nous nous séparions, il faut que tu t'y prépares à tout instant. Je te léguerais bien cette maison pour que tu aies un refuge et que tu ne sois pas obligé de vagabonder dans les jardins étrangers, mais elle ne m'appartient pas. Je parlerai de toi à Josef Materna, c'est quelqu'un de bien, peut-être qu'il te prendra, mais je ne peux pas te le promettre. »

J'ai repris mon manuel d'anglais et j'ai essayé de

répéter les mots étrangers, mais ils m'échappaient, ils avaient l'air hostiles, ils ne m'invitaient plus sur aucun bateau. J'ai pris mon vieux ciré et je suis sorti sous la pluie, j'ai fait le tour des cours arrière jusqu'à la maison de Materna mais je n'y suis pas entré, je ne savais pas ce que j'aurais fait chez Materna. Je marchais sous la pluie pour me fatiguer, pour ne pas penser au mot *assistance*, je suis allé dans le brouillard derrière des portes borgnes, obscures, j'ai pressé le pas près de la villa du mouchard. La fenêtre était ouverte, on entendait hurler du poste de radio la voix grinçante d'un comique : « Aïe-Aïe, Aïe-Aïe, Aïe-Aïe-Aïe, on n'a pas le droit de prendre le tramwaïe. » J'étais déjà loin de la villa et j'entendais encore cette voix, je la reconnaissais bien, nous allions parfois, Růžena et moi, rire dans le théâtre où cet acteur jouait, je savais qu'il était riche, qu'il avait une voiture, pourquoi est-ce que ça le faisait tellement rire que je doive aller à pied avec mes chaussures éculées, à la semelle décollée ?

Je suis rentré trempé voir Thomas, j'ai allumé le poêle pour réchauffer mon dîner.

« C'est Leur guerre, mais nous la gagnerons », avait dit Josef Materna. Je me souvenais bien de ces mots. Je n'avais rien à faire de cette guerre, je n'avais pas envie de la gagner, je ne voulais que vivre, je faisais des détours pour éviter les panneaux où les avis étaient affichés les uns au-dessus des autres, je restais couché dans ma petite cour et je tendais la main vers des brins d'herbe. Il n'était même pas nécessaire qu'un riche comique se réjouisse de me voir interdit de tram, je lui souhaitais ce plaisir parce que même sans tram je pouvais vivre.

Je me suis dit : « Bande de sauvages, ce n'est pas

mon affaire, je n'ai rien à faire de cela, je n'y entends rien. Ce que j'aime, c'est aller me promener au parc avec Růžena et regarder les canetons nager sous la conduite de la vieille cane, ils sont en rang et elle leur apprend à plonger ; moi, ça me suffit d'être couché au bord de la rivière avec Růžena, de glisser mes doigts entre ses doigts et de rêver du paquebot qui nous emmènera à l'étranger. »

Je suis allé au bureau de la Communauté et j'ai demandé où se trouvait le service où j'avais été convoqué, le Service d'aide, mais tout le monde me regardait sans comprendre, personne ne savait ce que c'était, il avait certainement un autre nom. Je suis entré dans diverses pièces, je me suis arrêté devant des portes, tout était plein de monde et tous ces gens travaillaient intensément, ils me répondaient sans aménité, ils n'aimaient pas être dérangés. Dans un bureau du quatrième étage, on m'a enfin dit que le Service d'aide était peut-être un bureau d'emploi et que je devais chercher l'écriteau *Assistance sociale*.

Je me suis dit : « C'est donc qu'ils vont me donner du travail ; maintenant je comprends de quel genre d'assistance il s'agit. »

« Nous avons pour vous un emploi facile, m'a dit en me faisant approcher le fonctionnaire à la table duquel je m'étais présenté. Vous viendrez ici, dans ce bâtiment, deux ou trois fois par semaine, dans ce qu'on appelle le Service d'urgence. Vous viendrez après huit heures et vous pourrez partir à sept heures du matin. Bien sûr, c'est un emploi non rémunéré. Mais je vois que vous habitez loin, vous aurez pour ces jours-là l'autorisation de prendre le tram. »

J'ai dit : « J'ai quelque chose à vous demander.

Est-ce que ça signifie que je serai un peu considéré comme un membre ?

— Oui.

— Je pourrai alors me faire couper les cheveux chez votre coiffeur ? » Selon un avis que m'avait transmis un employé, il m'était interdit de fréquenter quelque salon de coiffure que ce soit. Mais alors que j'avais cherché dans les différentes sections le Service d'aide, j'avais découvert une cloison sur laquelle il y avait une inscription *Lavabos* et par la porte entrouverte j'avais aperçu des gens assis sur des chaises et des coiffeurs en blouse blanche qui s'occupaient d'eux.

J'étais de bonne humeur en sortant du bâtiment de la Communauté, j'avais les cheveux coupés et dans ma poche une autorisation de transport en tram.

« Je ne suis pas coiffeur, m'a dit l'homme qui s'est occupé de moi, j'avais un commerce de disques, le disque que les gens préféraient à l'époque, c'était *Ramona*, il se vendait comme des petits pains.

— Et comment se vendait *Always* ?

— Il y avait aussi beaucoup de gens qui le demandaient. Couper les cheveux, c'est un travail idiot, on devrait avoir une lotion pour ça. »

Entre chien et loup, le lendemain, je suis monté au quatrième étage du bâtiment de la Communauté. J'avais traversé un quartier qui semblait tout recroquevillé, il se courbait comme si on lui tapait dessus et l'hôtel de ville noir disparaissait dans des sursauts de douleur. Les gens se tenaient aux murs pour éviter les coups qui s'abattaient lourdement sur les maisons. Je me suis retrouvé parmi des vieillards et des infirmes, dans la pièce il y avait des lits de camp avec des couvertures sales et déchirées, les murs étaient décrépis et dans un coin s'amoncelaient des seaux et des brosses.

J'ai demandé aux autres : « Est-ce qu'on doit donc éteindre des incendies ? Avec ça ?

— Pas du tout, m'a dit un homme qui ressemblait à un juge qui aurait eu le crâne dégarni et l'allure d'un bouffon de cirque. Dans ces seaux il y a de la peinture blanche et avec nous badigeonnons les inscriptions que d'autres ont tracées dans la nuit. Mais c'est seulement quand la police ne peut en venir à bout. Alors le téléphone sonne et nous partons avec nos brosses et nos seaux dans les rues. N'ayez crainte, cela n'arrive pas souvent.

— C'est la volonté qui nous manque, mais nous avons encore celle de supporter la volonté d'autrui. Et si Kant…, a dit un homme à lunettes qui était assis au bord d'un lit.

— Arrêtez avec votre Kant, je ne sais pas qui c'est, je suis très content d'être ici, je suis toujours content quand je ne suis pas chez moi à écouter les jérémiades sempiternelles de ma femme. Monsieur, vous savez ce que c'est, rester chez soi ? J'étais voyageur de commerce et je ne revenais à la maison que le dimanche.

— Le temps viendra où il n'y aura plus du tout de voyageurs de commerce. Montrez-moi l'endroit où la Bible parle des voyageurs de commerce. Ils sont tous impurs parce qu'ils ne peuvent pas respecter les règles pendant les voyages. Comment pourraient-ils mettre les phylactères dans un train ? Jamais le Seigneur ne les appellera, a dit un homme penché sur un livre en hébreu.

— Tous seront sauvés, tous ceux qui se repentent sincèrement, c'est ce que déclare notre Église, la seule qui soit vraie ; vous auriez dû rejoindre les unitariens, tant qu'il était encore temps.

— Qu'est-ce que c'est ? Ce serait un bon nom pour un cocktail. Dommage que je ne travaille plus comme barman, ça aurait certainement plu au vieux Lobosicky, nous avions toujours la plus grande peine à inventer des noms de cocktails. »

J'ai dit : « Ma maison s'écroule et j'ai un chat, Thomas. Nous ne passons jamais le soir ensemble dans le jardin. C'est dangereux.

— J'ai vécu à Bahía Blanca, les Indiens guettaient dans les fourrés avec des flèches empoisonnées, les gens tombaient comme des mouches à cause de la fièvre des marais, ça, c'était vraiment dangereux. »

Je suis sorti sur le balcon pour prendre l'air, la tête me tournait avec ces discussions que je ne comprenais pas et auxquelles je ne pouvais prendre part. Je voyais à mes pieds tout le quartier comme dans un profond abîme noir, des profondeurs la ville appelait en vain le Seigneur, elle devenait encore plus petite et se courbait encore plus sous la pauvre noirceur de ses fripes. Elle n'appartenait plus au monde, c'était par pitié qu'on souffrait sa présence, il semblait que n'y habitaient plus que les ombres des humiliés, c'était un quartier d'ombres. Je regardais les toits pour ne pas contempler plus profondément l'abîme, mais même eux s'agitaient convulsivement. Je me suis dit : « Ma peur est petite, ma peur se dresse entre des murs nus et délabrés, et elle se couche près de mon poêle cassé, mais ici cela fait déjà longtemps que la peur siège, ici la mort a toujours frappé chaque maison dix fois détruite et dix fois reconstruite. » Je me suis détourné du trou noir et j'ai regardé vers le ciel. J'ai vu les étoiles, elles brillaient dans la nuit d'été, elles étaient indifférentes, froides, mais elles brillaient sur toute la ville, même sur ce quartier qui se courbait sous les coups. J'ai dit : « Je dois ne regarder qu'elles. Dommage que je ne m'en sois pas souvenu avant. Je ne serai plus seul si je m'en souviens. Elles m'appartiennent et elles m'ont toujours appartenu, personne ne peut m'en priver. »

Je suis rentré dans la pièce. Les gens étaient déjà couchés, tout habillés, et ils se couvraient de leurs couvertures déchirées. Moi aussi, je me suis allongé sur un lit, c'était un lit de camp avec une paillasse trouée, j'ai dû longtemps me retourner avant de trouver une position dans laquelle je n'étais pas gêné par une brindille qui dépassait. Puis je me suis endormi, pendant que les autres parlaient, tout seuls ou entre eux, ou récitaient des prières. Je dormais haut perché au-dessus de ce quartier ployant sous la peur, mais je dormais en sécurité et à l'abri, avant de m'endormir j'avais pensé aux étoiles.

10

« Vous avez un ticket de sucre ? m'a demandé le fonctionnaire. Vous devez avoir votre ticket de sucre, sinon on ne vous donnera pas votre étoile. »

Je n'y tenais pas trop, à cette étoile. Elle était jaune, avec une inscription en langue étrangère, en caractères noirs et pointus, ce n'était pas une bonne affaire de l'échanger contre un ticket de sucre. J'avais besoin de sucre pour améliorer le faux café que je me faisais.

« N'ayez pas peur pour votre ticket. On ne vous demande que de le montrer. Et à partir de maintenant vous n'avez plus le droit de sortir sans cette étoile, pas besoin de vous dire ce qui vous arriverait sinon.

« Vous devez coudre les branches, la porter du côté gauche, juste sur le cœur, pas un centimètre plus haut ou plus bas. Ces prescriptions sont impératives. Vous devrez vous promener avec dès demain. »

Il m'a tendu un bout de soie synthétique. « Il ne faut pas la salir. Venez plus tard en chercher une autre. Aujourd'hui nous ne vous en donnons qu'une. »

Le fonctionnaire avait l'expression d'un employé qui prend plaisir à faire son travail. C'était sûrement un ancien commis, à en juger par sa joie de voir partir si vite sa marchandise, de la bonne marchandise, et pour pas cher, une bonne occasion, juste une couronne l'étoile, de la bonne camelote d'avant-guerre, voyons ! Braves gens, c'est donné !

Je suis retourné chez moi et j'ai cousu les branches de l'étoile. Il y en avait six et l'inscription en langue étrangère se détachait, toute recroquevillée et bossue. J'ai tâté avec la main pour repérer l'emplacement exact de mon cœur, que j'ai indiqué avec des épingles, ses battements étaient réguliers. J'ai regardé dans mon bout de miroir l'étoile noir et jaune, elle criait à l'aide ou lançait un signal d'alarme. Je me suis dit : « Il va falloir s'habituer à se promener avec ce truc, ça va être plutôt difficile. Je ne pourrai plus me faufiler aussi tranquille dans les rues. Les gens vont me montrer du doigt. »

Le lendemain, je suis sorti, il fallait bien que je fasse les courses. J'ai vu les gens me regarder, d'abord j'ai eu l'impression d'avoir perdu un bouton ou bien que quelque chose clochait dans ma tenue ordinaire, j'étais comme une tache étrangère et tout le monde le sentait. Et je me sentais seul au milieu des autres, complètement seul, parce que les gens gardaient leurs distances, ils s'arrêtaient et m'inspectaient, je n'étais plus des leurs.

Et puis je me suis redressé et la tête m'a tourné, j'éprouvais un sentiment bizarre. J'avais l'impression que je n'étais plus Josef Roubíček, cet humble fonctionnaire de banque que l'on rencontre dans tant de villes, je devenais un homme exceptionnel que tout le monde regardait, à qui les gens cédaient le passage. Maintenant, je tirais de l'orgueil de ce que les gens me regardaient, oui, c'est moi, regardez-moi donc, j'ai les mêmes pieds et les mêmes mains que vous, je suis habillé comme vous, et pourtant je suis différent.

« Salut, shérif ! » m'a crié un gamin. Et tout le monde a ri, et je savais qu'ils ne riaient pas de moi, j'ai ri moi aussi, c'était une chose divertissante de se promener avec un tel insigne, c'était une mascarade qui n'était pas dans l'ordre du monde où les gens travaillent, elle faisait partie d'un carnaval, d'une foire avec des marionnettes, des acrobates, des visages poudrés et des coups de pied.

Et cette nuit-là j'ai fait un rêve. Je voyais un navire qui voguait sur la mer, je voyageais avec Růžena, nous regardions au loin une île qui se profilait. Je savais que c'était là qu'on déportait les lépreux et que Růžena m'y accompagnait, et qu'elle me dirait adieu quand nous accosterions.

« Je ne te verrai plus jamais, Pepa, et je t'aime tant. Ne pleure pas, s'il te plaît, moi non plus, je ne pleure pas, souris, comme ça. » Elle a tiré avec deux doigts les commissures de sa bouche, mais je voyais qu'elle avait des larmes dans les yeux.

J'ai dit : « Ce n'est rien, Růžena, j'aime bien les îles. Nous nous disputions toujours quand tu disais que Kampa était une presqu'île, et moi, je déclarais que c'était une île. Et puis, tu sais bien, je ne suis pas de faible constitution, je suis en bonne santé, on m'a mis ici par erreur, ils le verront une fois que je serai sur l'île et ensuite ils me renverront par le premier bateau chez moi ou peut-être que c'est toi qui viendras me chercher.

— Oui, tu es en bonne santé, Pepa. »

Nous avons débarqué et aussitôt le bateau est reparti. Je regardais Růžena, elle était sur le pont et me faisait des signes avec son mouchoir. J'ai tiré le mien et je l'ai agité dans sa direction depuis la passerelle. Et le navire a vite disparu comme s'il se dissolvait, je me suis retrouvé d'un coup entouré par les habitants de l'île, ils étaient tous estropiés, à l'un manquait la main, à l'autre, la jambe, et le troisième, je ne voulais même pas le regarder mais je pensais qu'il lui manquait le nez.

Une fille s'est approchée de moi, je ne savais pas bien à quoi elle ressemblait parce que je ne regardais personne en face.

« Prenez-moi pour femme, ici tout le monde doit se marier, vous ferez bien, je suis riche, j'ai caché dans des rochers un pot de saindoux.

— Ne fais pas de bêtises, ne lui promets rien, a déclaré une voix derrière moi, j'ai reconnu celle de Wiener, il y a d'autres filles qui t'attendent, plus belles et plus riches ».

J'ai crié : « Je ne veux pas me marier, j'aime Růžena, je vais retourner près d'elle parce que je ne suis pas de faible constitution, je suis en bonne santé, je me suis retrouvé ici par erreur.

— Personne ne part d'ici, tu dois y rester jusqu'à ta mort et tu dois te marier, c'est la règle. »

J'ai crié : « Aide-moi, Růžena, aide-moi ! », mais les estropiés se sont mis à rire et m'ont entraîné vers l'intérieur de l'île. Je me débattais et je criais. Je criais encore quand je me suis réveillé et quand Thomas m'a rappelé par un miaulement qu'il aimerait quelque chose pour le petit déjeuner.

Je lui ai dit : « Je n'ai rien, je ne peux te donner qu'un bout de pain dur, du faux café et de toute façon tu n'en bois pas. Je vais t'ouvrir la fenêtre, file dehors chercher un oiseau ou bien une souris. Et si la chasse ne te réussit pas, tu devras manger ton pain sec. »

Thomas était parti sur le toit d'un pas lent, à contrecœur. Je me suis lavé, j'ai bu mon faux café, je suis allé au jardin biner un peu les radis. J'en ai croqué un et j'ai attendu Thomas. Pendant longtemps il n'est pas rentré. Enfin il est revenu, tout mouillé.

« La chance ne t'a pas souri, hein ? Je le savais bien, mais je pensais que tu devais essayer. Voici un morceau de pain, je l'ai gardé pour toi. »

Ce n'était pas vrai, j'en avais mordu un bout pour aller avec les radis, mais je voulais faire plaisir à Thomas.

J'ai dit : « Thomas, j'aimerais te raconter une histoire pour remplacer le petit déjeuner, mais mes histoires ne sont pas gaies. En fait, je ne me suis jamais plu chez mon oncle et ma tante, c'étaient des gens sinistres qui ne me supportaient que par charité. Ils ne voulaient pas me permettre de lire au lit, ils me reprochaient de dépenser l'électricité qui était chère. Je devais aller avec eux en vacances d'été dans une petite ville de cure où ils se soignaient, tout y était terriblement ennuyeux, je devais rester près de l'établissement thermal et je ne pouvais pas m'éloigner d'un pas vers la forêt. Il n'y avait même pas de garçons avec lesquels j'aurais pu m'amuser, rien que des vieux, des gens ennuyeux. Il y avait là-bas la petite-fille de la concierge et je jouais avec elle, puis ils me l'ont interdit et mon oncle m'a battu. Pourtant, une fois, pour les vacances, ils m'ont envoyé chez des parents éloignés, dans une ferme, et là tout était bien. Il y avait une grande basse-cour et dedans toutes sortes de bêtes – des poules, des oies, des canards et des dindes. Et parfois aussi des lapins, quand on les laissait sortir de leurs clapiers. J'ai fait la connaissance de certains d'entre eux, je leur ai donné des noms. Mais on les tuait toujours et je n'ai jamais pu obtenir grâce pour aucun. Il y avait deux canards qui allaient toujours ensemble, à l'écart des autres. Le fermier a pris la cane et l'a enfermée pour l'engraisser avant de l'abattre. Et le canard restait près d'elle, toute la journée il se dressait vers sa cage, et ils cancanaient ensemble. Jusqu'au jour où on a coupé la tête de son amie. Mais je n'ai pas pris ça trop à cœur, j'étais heureux alors, je me promenais où je voulais, je pêchais des poissons avec les gars du village, et je nageais dans l'étang, je courais dans les bois et le soir je revenais. Je ramassais des cailloux dans le ruisseau et je faisais des tableaux avec. Il y en avait de différentes couleurs, mais la plupart étaient gris. Il y avait aussi des tessons nettoyés et polis par l'eau, des tessons de bouteilles vertes, des débris que charriait le ruisseau jusqu'à les faire ressembler à des œufs de pigeon et leur donner l'éclat de pierres précieuses. J'allais tôt le matin au ruisseau, je traînais les pieds dans les champs humides de rosée, je ramassais mes cailloux et mes tessons. J'en ai rapporté un plein sac à la ville, mais mon oncle les a jetés. »

Thomas se vautrait paresseusement, il n'avait absolument pas l'air de m'écouter.

« Alors je vais te raconter quelque chose d'autre. Si tu faisais plus attention à moi, je n'aurais pas besoin de te le dire. On m'a donné une étoile, elle n'est pas belle du tout, et elle a quelque chose d'étrange. La nuit elle ne brille pas, elle ne brille que le jour. Un marin ne pourrait pas se fier à elle pour conduire son bateau, il ferait naufrage. Et elle est sur mon cœur. »

Le soir, je me suis assis et j'ai regardé par la fenêtre. Je scrutais la rue et j'attendais que les étoiles apparaissent. Le quartier était désert, personne n'était dehors à cette heure tardive. Par les fenêtres ouvertes, on entendait la musique des radios, des marches accompagnées de tambours et du sifflement des fifres annonçaient des bulletins spéciaux sur des navires qui faisaient naufrage dans des mers lointaines. C'était de la mauvaise musique, et les nouvelles elles aussi étaient mauvaises, je n'aimais pas les écouter. Je souhaitais qu'il n'y ait pas de naufrage, peut-être que le navire qui, un jour, aurait à me sauver était du nombre, un navire qui voguerait vers l'Amérique, quand je serais en train de me noyer. Peut-être venaient-ils de couler par le fond ce fier paquebot du nom d'*Esperanza* qui s'élançait majestueusement sur les vagues, peut-être qu'un baleinier viendrait me chercher. Non, rien de cela n'est vrai. Aucun bateau n'a été coulé par le fond. Ce sont juste de fausses nouvelles, inventées pour pouvoir faire rouler du tambour. J'ai vu que quelqu'un s'arrêtait près de la barrière, elle était ouverte, un homme s'est dirigé vers la porte de la maison, je ne pouvais pas distinguer quel air il avait, je n'aimais pas les visites du soir et cela ne pouvait être personne de la Communauté, parce que eux non plus ne se promenaient pas dans les rues le soir. Peut-être quelqu'un qui s'était trompé d'adresse. Peut-être. J'ai descendu l'escalier et j'ai ouvert la porte, c'était Josef Materna.

« Je passais par là et je me suis dit que j'allais venir vous voir. Ça fait longtemps que vous n'êtes pas venu chez nous.

— Je ne peux pas venir vous rendre visite. Je porte une étoile quand je sors.

— Sornettes ! Vous n'avez qu'à ne pas la mettre. »

J'ai fait entrer Materna dans ma chambre.

Il a dit : « Vous n'avez pas grand-chose, ici.

— Le pire, c'est que je suis seul.

— Moi, je ne supporterais pas de ne pas parler aux gens. Je préférerais plutôt être envoyé au trou.

— Je ne tiens pas à aller en prison. Je voudrais qu'on me laisse en paix, dormir le temps que tout cela se passe et me réveiller quand ce sera fini. Mais rien à faire. La radio crie Leurs nouvelles par la fenêtre. Des agents viennent jusqu'ici avec des convocations et des règlements.

— Ce n'est pas si terrible, le trou. On vous enferme et puis on vous laisse partir. J'y ai déjà été.

— Moi, on ne me laisserait pas sortir.

— Laissons cela. Je suis venu pour quelque chose d'autre. J'ai comme qui dirait des brouillons, et on voudrait afficher ça. J'aimerais que vous nous les corrigiez. »

J'ai lu des mots écrits d'une écriture peu lisible, c'étaient sûrement des mots courants mais je ne les avais jamais vus auparavant.

« On a écrit ce qu'on a pu, vous savez.

— C'est que… c'est ça, ce que vous allez afficher ?

— Ça oui, on va le faire. »

J'ai corrigé les fautes grossières, j'ai changé des mots pour que le sens soit plus clair. C'était une langue que j'aurais voulu parler mais je ne la savais pas, il ne me restait plus qu'à jouer avec.

Materna a pris le papier. « Tu devrais revenir nous voir, il faut que tu rencontres des gens. »

Je l'ai regardé par la fenêtre fermer la barrière, c'était dommage qu'il soit parti si vite. J'aurais bien parlé davantage avec lui, aujourd'hui j'avais envie de parler parce que j'étais content de l'avoir aidé dans son travail.

Les bateaux font naufrage, les gens se noient dans la mer déchaînée et il n'y a plus qu'un pavillon qui pointe et ensuite les vagues se referment, il n'y a plus que le silence au-dessus de la mer et dans les rues de la ville les gens marchent et collent des affiches sur lesquelles il y a mes mots.

L'homme qui a l'air d'un juge avec une tête de bouffon m'a dit :

« J'ai toujours joué des rôles comiques. J'ai été acteur, vous savez. On n'a jamais voulu que je joue quelque chose de sérieux. Ils disaient : "Qui a entendu parler d'un Hamlet chauve avec un ventre comme un tambour, d'un roi Lear comme un sac à vin bien en chair ?" Et maintenant que je dois jouer des rôles tragiques, ça ne m'amuse pas du tout. Je voudrais interpréter à nouveau Falstaff et me remplir le ventre de produits fins, même s'ils sont en carton-pâte. »

Nous étions assis sur le lit dans la pièce des urgences et nous nous laissions gagner par le sommeil. L'homme qui ressemblait à un juge était mon voisin.

« J'allais rarement au théâtre. J'étais employé de banque et je ne suis jamais allé voir une tragédie. Je préférais les comédies et les opérettes.

— Je voudrais jouer dans des opérettes, si seulement je pouvais. Avant, ils auraient bien voulu m'y attirer, ils me faisaient des ponts d'or, mais moi, je ne voulais pas. Je continuais à penser que je trouverais un rôle tragique au théâtre. Le pire, c'est que maintenant je dois jouer mon vrai rôle tragique sous mon propre nom. Et cela, personne ne le sait.

— Comment cela ?

— Quand je suis entré au théâtre et que j'ai dit mon nom, ils m'ont conseillé de vite m'en débarrasser. Est-ce qu'un acteur s'appelle Ludvik Porges ? Je me suis choisi un joli nom, tout à fait ordinaire, il m'a servi trente ans et maintenant je suis persécuté sous le nom de Porges, c'est Porges qui tremble de peur, qui expie mes crimes, qui crie à la vengeance. N'est-ce pas terrible ? »

J'ai dit : « Je ne sais pas, je m'appelle Roubíček. Bonne nuit ! »

Nous avons éteint la lumière et nous nous sommes endormis, mais dans la nuit le téléphone nous a réveillés. Nous pensions que c'était une erreur. Notre service des urgences n'était qu'une invention, un faux, où l'on se contenterait de vérifier des listes de noms. Or c'était la direction de la police qui appelait. Il fallait que nous nous rendions sans attendre au commissariat le plus proche.

Nous sommes sortis avec nos balais et nos seaux. Nous nous sommes faufilés dans les rues obscures, on ne voyait pas nos étoiles, nous formions un cortège de vieillards courbés. Dans l'ombre, la tête chauve de mon voisin Ludvik Porges dans l'emploi tragique du chef d'équipe brillait faiblement.

Nous avions attendu devant les bâtiments de police, la ville était silencieuse, et au bout d'un moment Porges est revenu avec un garde. À la lumière de nos torches à ampoules bleues, nous avons marché de coin de rue en coin de rue, nous trempions nos badigeons dans la peinture blanche et nous repeignions des bouts de papier griffonnés collés sur les palissades et sur les murs. Il y avait trop peu de lumière pour que nous puissions distinguer ce qui était écrit. Mais à la lumière de la torche du gardien j'ai saisi un mot à moi, je m'en souvenais bien, il a bientôt disparu sous la peinture blanche.

Nous sommes rentrés au matin épuisés, tombant de sommeil, nous traînions nos brosses et nos seaux, le cortège se courbait de plus en plus contre les murs des maisons parce qu'il faisait déjà jour et que nos étoiles se voyaient dans la lumière de l'aube, nous croisions des charrettes de porteurs de légumes et des gens qui se hâtaient vers le travail.

Ça ne valait plus le coup de se coucher et de dormir, nous nous sommes assis sur nos lits défaits, nous avons attendu l'heure où finissait notre service.

« Où est Solveig ? a dit Porges. Sûrement Peer Gynt est revenu chauve et ventru. Mais est-il revenu armé d'un seau et d'une brosse ? Là est la question. »

J'ai demandé : « Qu'est-ce qu'il y avait sur ces affiches ?

— Des bêtises. C'est une comédie dans laquelle nous ne faisons que jouer en coulisse. »

Je me suis tu. Mes paupières papillotaient de fatigue. Je ne pensais dans mon demi-sommeil qu'à ce mot, ce mot à moi qui m'était apparu à la lueur bleue de ma lampe.

11

Je ratissais les feuilles avec un râteau et elles bruissaient dans le silence, je les ratissais pour n'en faire qu'un seul tas. Nous ne nous pressions pas, nous marchions lentement dans le cimetière, nous contournions les tombes de marbre, il y en avait beaucoup avec des noms, des titres pleins d'orgueil, elles étaient en marbre noir à inscriptions dorées, alignées au bord des allées principales.

On m'avait envoyé au cimetière faire du travail de jardinage, mais ce n'était pas autre chose que ratisser les feuilles et regarder les tombes. Les plus belles, il n'y en avait que jusqu'au bout du champ, après se trouvaient de nouvelles tombes, fraîchement creusées. La terre retournée était détrempée, je n'arrivais pas à lire les noms écrits sur des petits écriteaux en caractères étrangers. Je ne reconnaissais que les années, c'étaient les nôtres, ces dernières années.

C'était un bon travail, d'être toute la journée au cimetière avec les morts, il était très apprécié et pour l'obtenir il fallait jouir d'une protection, on me l'avait pourtant donné par hasard, parce qu'il n'était pas possible de faire de moi un travailleur de force et que les emplois de bureau étaient pris d'assaut.

Je devais traverser la ville d'un bout à l'autre et rester tout ce temps-là sur la plate-forme. Ce n'était pas si terrible, le pire, c'était quand les trams étaient bondés et que je devais attendre qu'il en arrive un à peu près vide, ou quand je devais descendre en cours de route, parce que l'un d'entre Eux désirait qu'il en soit ainsi. Il y avait des gens qui prenaient plaisir à nous jeter du tram en marche à coups de pied et sous les injures, qui traquaient les porteurs d'étoile pour pouvoir montrer leur puissance. Je ne savais jamais si j'arriverais jusqu'au cimetière ou jusque chez moi, mais là-bas tout était en paix, il était impossible d'enjoindre aux morts de sortir de leurs tombeaux et de libérer la place. On pouvait certes renverser les pierres, ratisser les os et labourer le cimetière, mais il aurait fallu pour cela beaucoup de monde et de temps parce que c'était un grand cimetière.

Je ne parlais guère aux gens avec qui je travaillais, ils n'étaient pas intéressants, ils ne discutaient que des commerces qui leur avaient appartenu jadis, de familles que je ne connaissais pas. Ils désignaient des tombes et se vantaient d'être apparentés à ces défunts-là, ils ne voulaient pas discuter des misères qu'ils enduraient pendant leurs voyages en tram et lors de la chasse à la nourriture, ils aimaient leurs morts aux titres orgueilleux et dorés.

Mais je savais maintenant où j'amènerais Thomas s'il m'arrivait quelque chose, je savais que je l'emmènerais ici au cimetière parce que d'autres chats y vivaient déjà, qui étaient déclarés nuisibles. Ils habitaient entre les tombes et leur société ne dérangeait pas les morts, ils vagabondaient librement et aucun règlement ne les concernait. Thomas se trouverait certainement bien avec eux.

Je marchais lentement, je ratissais les feuilles et je pensais à Růžena. Je lui racontais une histoire de râteau merveilleux. Il était une fois un râteau appuyé au mur de la salle rituelle du cimetière. Il bayait aux corneilles. Mais de la fenêtre s'est élevée une prière pour les morts. Il y en avait des milliers, beaucoup d'entre eux ne seraient jamais enterrés, les vautours se disputeraient leurs corps et les corbeaux leur picoreraient les yeux. La prière concernait tous les morts, même ceux d'il y a mille ans, mais surtout les martyrs, les hommes justes qui avaient accueilli la mort comme une fiancée et dont le sang avait giclé sur le mur des temples et était resté éternellement frais en leur mémoire. Et la prière s'élevait jusqu'aux portes du Ciel, là où l'Ange de la Mort écrit le nom des Justes, puis elle redescendait en petits nuages sur les tombeaux. Les yeux du Seigneur de la vie et de la mort se remplissaient de larmes et l'une d'elles tombait sur le râteau appuyé au mur. Et c'était alors que se produisait le miracle. Une âme de Juste y entrait et le râteau allait traîner le long du champ des morts, il retournait les feuilles et les changeait en mots. Le vent d'automne soulevait les feuilles et les dispersait vers une contrée lointaine, les mots racontaient les douleurs secrètes de l'heure de la mort et les murs maculés d'un sang qui ne sèche jamais. Les mots se transformaient en chanson, une mélodie mélancolique montant aux portes du Ciel et redescendant en nuages légers. Chaque fois que le râteau touchait les feuilles, il les transformait en mots, et ces mots vivaient même si les noms des martyrs étaient balayés, même si leur corps se métamorphosait en poussière et en cendre.

« Je m'en fiche de tes papiers, cochon de Juif, qu'il m'a dit. Tu ne pourras sortir d'ici que les pieds devant. Et il a déchiré tous mes documents. Tout le mal qu'ils avaient valu à mon cousin Robert, toutes les fois où j'ai dû courir d'un bureau à l'autre, où tout le monde me criait après ! Et maintenant c'est cela, mon Amérique ! »

J'ai demandé à quelqu'un : « Pourquoi est-ce qu'on ramasse des feuilles ?

— On en fait du compost. C'est qu'on cultive des légumes, ici. Dans les cimetières, tout pousse bien.

— Et qu'est-ce qu'on fera quand la neige tombera et qu'il n'y aura plus de feuilles ?

— Nous pelletterons la neige et nous nous réchaufferons dans le bureau. Nous boirons du tilleul, parce qu'il y a des tilleuls dans le cimetière et que, nous, on a fait des réserves de feuilles de tilleul.

— Il n'y aura pas de tilleul, a dit l'homme qui ratissait de l'autre côté de l'allée, il n'y aura pas de tilleul tout comme il n'y a pas d'Amérique.

— Il y aura toujours le cimetière, a dit son voisin.

— Il n'y aura même plus le cimetière.

— Arrêtez ! a crié l'homme qui jadis vendait du café. Ne semez pas la panique ici ! Il y aura toujours le cimetière. Qu'est-ce que vous en pensez, monsieur Roubíček ? »

J'ai dit : « Je ne sais pas, ces tombes sont lourdes, elles sont en marbre et elles étouffent l'herbe, peut-être qu'il n'aurait pas fallu les renverser à terre, peut-être qu'elles auraient dû rester dressées.

Tout devrait rester à sa place, quand tout sera changé, alors personne ne peut savoir ce qui arrivera. Le tilleul, ça se fume ?

— Oui, mais ce n'est pas bon. Il vaut mieux prendre les feuilles et les mélanger à de la décoction de mégots.

— En été, c'est bien, dommage que vous ne soyez pas arrivé plus tôt. En été, il y a des gens ici, les mères viennent avec leurs poussettes, et le dimanche, certains se couchent dans l'herbe. Ils se mettent derrière les tombes et ils jouent aux cartes. Une fois, un dimanche, il y a eu une patrouille de police et les gens ont jeté toutes les cigarettes qu'ils avaient sur eux. On les a fumées, hein, Robert ? »

J'ai demandé : « Qu'est-ce qu'ils cherchaient dans le cimetière ?

— Un trésor. Quelqu'un avait mouchardé qu'on avait enterré quelque chose. Ils ont pris des gens musclés parmi ceux qu'Ils avaient arrêtés et les ont forcés à creuser. Ils restaient près d'eux avec Leurs revolvers et les harcelaient comme des fous. À la fin, Ils ont trouvé ce qu'ils cherchaient. C'étaient des rouleaux de la Torah déchirés. Ils étaient furieux et giflaient tous ceux qui Leur tombaient sous la main.

— Pourquoi les rouleaux étaient-ils enterrés ?

— Mais c'est la coutume, vous ne le savez pas ? Les rouleaux déchirés ne doivent pas être brûlés ni détruits d'aucune manière, ils doivent être enterrés dans une terre consacrée, comme des êtres humains. La Parole de Dieu est égale à l'homme.

— L'homme n'a pas de prix du tout, a dit Robert, et quand on l'a enterré il n'en a pas davantage. Les mots non plus n'ont pas de prix.

— Vous avez vu ces affiches rouges ? Il y a des mots dessus, et entre ces mots il y a un mort.

— Quel rapport ? La Mort est partout. La Mort non plus ne vaut pas cher. »

J'ai dit : « Rien n'est cher selon vous, et tout est donné. Mais ce n'est pas mon impression. Il y a d'autres mots, que l'on n'a pas besoin d'ensevelir dans la terre.

— Ne vous fiez pas aux rumeurs ni aux faux bruits de la propagande. Nous sommes fichus, comme on dit. Vous savez qu'Ils ont fusillé deux hauts fonctionnaires de la Communauté ?

— Pourquoi ? a demandé Robert.

— Parce qu'ils en savaient trop. Ils savaient ce qui va se passer et ils en ont parlé quelque part. Ou bien c'est quelqu'un d'autre qui l'a dit et Ils se sont précipités au hasard sur ces deux-là. »

J'ai dit : « J'ai un oncle, nous nous sommes brouillés à cause de mon chat. Il a peur que le chat ne soit la cause de sa mort.

— Tout est possible. Nous en sommes arrivés à un point où tout peut causer la mort. Même une pomme ou une cigarette ou quelque chose de tout à fait ordinaire comme un balai ou un tram. Savoir, ça signifie la mort, et ne pas savoir aussi.

— Qu'est-ce qu'ils savaient exactement, ces deux-là ? a demandé Robert.

— Je ne sais pas, peut-être rien du tout. On raconte n'importe quoi. »

C'était bien de se promener avec un râteau, de ratisser les feuilles et d'en faire des petits tas, j'étais bien, je chargeais ma brouette et la poussais autour des tombes. La roue laissait sa trace dans l'allée sablonneuse, je marchais en la suivant, la roue était légère, elle grinçait un peu. J'entendais parler autour de moi et, moi aussi, je parlais, je savais que cela ne servait à rien, que les gens ne parlaient comme ça que pour tuer le temps, pour se chamailler sans but ou parce qu'ils avaient peur ou pour se réconforter. Tout m'était égal en ce jour d'automne, il y avait beaucoup de feuilles et elles n'arrêtaient pas de tomber. C'était bien de s'asseoir sur un tas de feuilles sèches, de manger du pain sec avec du fromage maigre, c'était bien de prendre un peu d'eau dans le bureau et de se faire de la tisane.

J'ai dit : « Růžena, je ne t'ai pas raconté jusqu'au bout le conte du râteau. D'abord, il y avait les paroles mélancoliques de la chanson, puis les mots sublimes sur le sang des martyrs. Mais ensuite les mots s'envolaient loin avec les feuilles, qui tombaient dans la boue et, trempées, étaient de nouveau soulevées par le vent. Et les mots tombaient sur les champs labourés, ils tourbillonnaient sur les décharges, ils se transformaient en rengaine, jouée à l'accordéon dans les cabarets, les ivrognes pleuraient en les entendant, et ensuite la rengaine descendait encore plus bas, dans les foires et les voitures des comédiens ambulants où l'écoutaient des petits singes au poil rare et un vieux lion efflanqué. Mais quelqu'un s'approchait de la charrette des comédiens, l'entendait et la notait. Puis elle était jouée dans des grandes salles. Il y avait toujours en elle les larmes de l'Ange de la Mort qui retombaient en petits nuages, toujours il y avait un râteau qui ratissait les feuilles, elle volait sans fin, loin dans le paysage, marquée du sang des martyrs. »

« Vous connaissez Wiener ? a demandé Robert.

Il est en prison, Ils l'ont arrêté à Lípa, on lui envoyait de chez lui des paquets et c'est défendu.

— J'ai parlé avec lui avant qu'il parte, il disait que Lípa, c'était bien.

— C'était bien mais un des gardes a eu une rage de dents, il ne supportait pas les rages de dents, et ça, Wiener ne le savait pas.

— Personne ne sait rien, il n'y a rien que les faux bruits de la propagande. Quelque chose se prépare. »

J'ai dit : « Ils vont perdre cette guerre, et Leurs cimetières seront loin de chez eux. Il n'y aura pas de tilleuls dans Leurs cimetières, il n'y aura même pas de feuilles pour tomber sur Leurs allées.

— Vous connaissez Ludvik Porges, l'acteur ? a demandé Robert. Ils l'ont arrêté à huit heures passées. Il avait bien un laissez-passer, mais valable pour une autre rue. Il rendait visite à des gens qui lui donnaient du thé et pour qui il jouait Hamlet.

— Jouer Hamlet ne vaut pas qu'on en meure, a dit un ancien mercier, je le sais, les meilleures actrices venaient chez moi acheter leur lingerie fine, elles me proposaient des billets pour le théâtre, moi, je n'y suis jamais allé. S'il était allé là-bas pour manger un bon rôti de porc, j'aurais compris.

— Il paraît que le vieux Bondy en a reçu, de la viande, du porc, très, très cher, mais ça vaut le coup, c'est du bon, tout couvert de gras.

— Alors il faut que je passe chez lui.

— Vous connaissiez le Dr Bloch ? a demandé Robert. Ils l'ont arrêté alors qu'il portait dans sa serviette un petit paquet de margarine. »

J'ai dit : « Ça suffit ! Ne nous racontez plus qu'on arrête les gens à cause de Beethoven, de Hamlet, d'un rôti de porc et d'une rage de dents. Nous sommes ici au cimetière, entre nous, au milieu des morts, nous ratissons des feuilles et nous voudrions avoir un moment de calme. Nous ferions mieux de nous raconter des histoires du bon vieux temps, quand personne n'arrêtait personne, quand nous allions au match de foot et que nous nous commandions au café un petit café viennois. Et si on disait qu'il n'y a rien d'autre que ce cimetière, que nous traversons avec nos râteaux ? »

Mais les autres ne voulaient pas en entendre parler. Ils voulaient savoir qui on avait arrêté, où, comment, peut-être que cela leur donnait un sentiment de plus grande sécurité, parce que leurs pieds marchaient encore sur terre et que leurs mains étaient accrochées au râteau, pendant que d'autres étaient arrêtés et tourmentés dans des cachots. Peut-être que parler des présages de la mort donnait du prix à leur vie qui en avait si peu.

J'ai dit : « Je ne veux pas jouer à ce jeu-là, c'est comme jouer à colin-maillard, où on n'a aucune chance. C'est une interminable course d'obstacles où même le vainqueur ne gagnera rien.

— Alors qu'est-ce que vous comptez faire ? a demandé Robert. Ce jeu-là, ce n'est pas nous qui l'avons inventé !

— On va perdre, a grogné le mercier.

— C'est ce que je n'arrête pas d'entendre. Mais j'aimerais bien me retirer de ce jeu pour qu'Ils y jouent sans moi. Avant, j'essayais de m'enfermer dans une maison en ruine, entre des murs délabrés, dans une chambre vide. Mais Ils m'ont tiré de là comme on tire un lapin de son clapier, par les oreilles.

Ils m'ont fait sortir pour avoir plus de place pour Leur chasse démente. Et si nous disions que nous ne jouons plus ?

— Il y a des gens qui survivront, a dit Robert.

— Je sais. L'espoir. Mais vous dites vous-mêmes qu'il n'y en a plus. Vous vous faites peur, vous reprenez espoir et, en même temps, vous perdez l'espoir et ainsi de suite.

— Vous n'avez pas à nous faire de reproches, vous êtes sur le même bateau.

— Je ne vous reproche rien, j'en suis au même point, mais j'aimerais trouver une solution. Une solution, comme ça, où l'on se servirait de sa volonté propre.

— Alors il ne nous reste plus que la mort. Et encore, ce ne sera pas de notre volonté, mais de la Leur. »

Je savais qu'ils ne me comprenaient pas ou qu'ils ne voulaient pas me comprendre, je savais que cette discussion leur était pénible, parce qu'ils étaient humiliés par le fait que je leur rappelle leur impuissance. Ils se sentaient mieux en se considérant comme des victimes qui fuyaient quotidiennement le danger, en décidant qu'ils n'avaient pas le choix, en pensant qu'ils ne pouvaient rien décider. Mais j'ai continué à parler parce que, ce jour-là, j'avais envie de parler, je savais que j'indisposais tout le monde et qu'on ne voudrait plus me prêter ne serait-ce qu'un morceau de sucre pour sucrer mon tilleul quand j'aurais oublié d'en apporter de chez moi.

J'ai dit : « Ce n'est pas une solution, j'ai réfléchi là-dessus aussi. Il doit y avoir un autre moyen. »

Ils se sont moqués de moi. Il leur semblait que

je me rengorgeais devant eux, que moi, Roubíček, employé de banque, je jouais les fortes têtes, que je ne voulais pas marcher à leur pas. J'ai continué à ratisser mes feuilles en silence.

J'ai dit : « Růžena, je t'ai raconté des histoires de râteau, mais avec la chanson, il y a quelque chose qui cloche. Il reste toujours un tas de gens qui ne l'ont pas entendue, et les autres se sont bouché les oreilles quand le joueur d'orgue de Barbarie la leur a chantée. J'aimerais ne plus être seul, mais je n'aimerais pas être emmené avec tous les autres à l'abattoir. J'ai regardé la ville qui se convulsait et ployait devant ses ennemis, elle conservait pourtant l'espoir de garder quelque chose d'intact qui la sauverait et la maintiendrait en vie. Même cette ville qui était tellement embourbée aurait pu prendre une décision. Quelle chanson est-ce qu'on peut chanter quand on est pourchassé, les bretelles déboutonnées, qu'on doit en fuyant tenir son pantalon ? Quelle chanson est-ce qu'on peut chanter quand on sent son cercueil flotter dans l'air, sachant qu'il n'atteindra jamais une terre bénie ? Nous étions couchés et le plaisir était entre nous. Il s'est recroquevillé, il a été humilié. Je ne voulais pas me décider, je ne voulais pas partir, mais je pouvais choisir. Il était alors possible de choisir, je te le dis, Růžena, il faudrait qu'il soit toujours possible de choisir. Seulement je n'ai pas voulu le faire, tout comme ceux qui sont ici. »

J'ai posé mon râteau, je l'ai appuyé contre le mur de la salle rituelle et j'ai attendu le tram. Je suis parti plus tôt que les autres, j'en avais assez de leur compagnie. Je me suis dit : « De quoi est-ce que tu te plains, en fait ? Tu vis, et c'est le principal. Tu as un bon travail, silencieux, parmi les morts, tu as un peu à manger et tu peux regretter et pleurer les temps anciens et écouter les malheurs des autres, de ceux qui sont déjà morts, alors que toi, tu es encore en vie, regarde comme tes mains t'obéissent quand tu leur donnes un ordre, comme elles manient habilement le râteau, comme elles tiennent nerveusement le manche. Tu peux aller en tram, c'est une grande chose d'aller en tram et de ne pas avoir à traîner les pieds quand il fait chaud, ou quand il pleut à verse ou quand la neige tourbillonne. » Et je me suis encore souvenu que j'avais à la maison des livres, des nouveaux livres, enfin pas tout à fait nouveaux, mais des livres que je n'avais pas lus. Je les avais trouvés dans le cimetière, bien emballés, quelqu'un les avait déposés là, c'étaient de bons livres brochés, mais c'étaient des livres interdits et celui qui s'en était débarrassé avait certainement eu peur. Je les ai rapportés chez moi, je les lisais chaque soir, je les économisais afin de pouvoir lire longtemps, je me réjouissais chaque jour, dès le matin, de revenir chez moi, de me coucher et de lire quelques pages, des pages nouvelles. Je me souvenais que jadis je lisais jusqu'à une heure avancée de la nuit, jusqu'à ce que les yeux me fassent mal, et que j'avais eu de la conjonctivite. Je me suis rappelé que mon oncle m'interdisait de lire le soir parce que ça usait de l'électricité ; je me souvenais qu'il allait tous les matins regarder le compteur et calculer ce que j'avais dépensé, qu'il me privait des livres que j'empruntais à la bibliothèque municipale, les enfermait pour la nuit et me les rendait le matin, que j'avais toujours un livre caché sous mon matelas, j'éteignais et je rallumais quand mon oncle et ma tante dormaient dans la chambre à côté, que je tirais doucement le livre de sous le matelas et que je continuais ma lecture. À l'époque, je n'économisais pas mon livre, je tournais les pages à toute vitesse, je lisais si longtemps que mes yeux larmoyaient.

« Dehors, cochon de salaud ! » m'a crié un homme avec un insigne étranger sur son revers de veste, et il m'a poussé si brutalement que j'ai trébuché. J'ai regardé autour de moi, le tram était assez plein, le visage des gens était figé, ils regardaient par terre comme s'ils cherchaient de l'argent, une pièce qui aurait roulé sous les lattes de bois. Personne ne parlait, on n'entendait que la voix grinçante : « Dehors, cochon ! Sinon… »

Le tram cliquetait dans la rue vide qui traversait le quartier du cimetière, l'arrêt était encore trop loin, l'homme m'a de nouveau secoué violemment, alors que j'étais sur le marchepied, j'ai sauté, j'ai fait un vol plané, puis je me suis écroulé sur le pavé. J'ai encore vu mes lunettes sauter de mon nez et valser loin de là, je me suis relevé lentement, j'étais tout sale, la peau de ma main était éraflée, mais je sentais que je n'avais rien de grave. J'ai tâtonné pour retrouver mes lunettes et alors j'ai vu que quelqu'un me les tendait.

« Belle bêtise, de sauter du tram en marche, par ici, près du cimetière ! Qu'est-ce que c'est que cette folie ? Vous auriez pu vous tuer. »

Je n'avais pas envie de parler, je lui ai montré mon étoile. Elle était sale mais sa couleur jaune brillait encore dans le jour qui tombait. « Ah ah, a dit l'homme, c'est l'ordre du mérite. Est-ce qu'Ils ont le droit de faire ça ? »

J'ai dit : « Je ne sais pas ce qu'Ils n'ont pas le droit de faire.

— Attendez, je vous accompagne au moins jusqu'à l'arrêt, je vous enlèverai un peu de votre poussière en chemin. Je vous aurais bien conduit chez moi pour que vous vous laviez, mais j'habite loin. »

J'ai dit : « Vous n'en auriez pas le droit, de toute façon. Je porte l'étoile.

— Je n'irai pas Leur demander ce que j'ai le droit ou pas le droit de faire. Je suis cheminot.

— Je pense que ça ne compte pas à Leurs yeux. Ils n'ont pas d'amour particulier pour les cheminots.

— Alors arrachez ça ! »

J'ai demandé : « Vous avez un couteau ? » Il m'a tendu un couteau, j'ai décousu mon étoile. J'avais l'impression que la trace était restée sur mon manteau, mais c'était absurde.

Il a dit : « Il y a un bistro au coin, venez prendre une bière, on va boire, ne vous en faites pas, c'est moi qui paye. Et vous irez vous laver aux toilettes, pour n'effrayer personne dans le tram. Vous n'êtes pas de ces anciens richards qui se donnaient des airs, j'espère. »

J'ai dit : « On va boire. » Maintenant, tout m'était égal, sans doute je continuais à avoir peur, mais j'étais en colère et j'avais la main égratignée, j'avais envie de boire. Les fenêtres du bistro portaient elles aussi une inscription, mais des inscriptions, il y en avait partout, c'étaient de longues bandes de papier collant, avec des lettres imprimées en noir.

Il n'y avait pas grand monde dans l'auberge, nous avons commandé de la bière, de la salade de pommes de terre et des harengs en saumure, c'étaient les seuls plats qu'on servait. La poussière suintait du plafond, il régnait une odeur de bière éventée, c'était le bistro des fossoyeurs, ils venaient s'asseoir là après avoir creusé des tombes, et peut-être que des gens en deuil venaient aussi pour s'en jeter un, boire une bière de seigle à la mémoire de leur défunt et à sa gloire éternelle.

Il n'y avait plus de bière de seigle dans ce bistro, nous avons bu de la mauvaise bière, je ne me sentais pas bien dans la proximité des fossoyeurs, je devais me forcer à ne pas les regarder, c'était comme si je me retrouvais nu près de gens habillés. J'ai fumé une cigarette de faux tabac et je contemplais la porte, des gardes auraient pu entrer ou bien des gens du service du travail et contrôler les laissez-passer. Je ne voulais pas être pris dans le bistro du cimetière devant un demi de mauvaise bière à une heure qui m'était interdite. Enfin, le nombre d'infractions n'avait plus d'importance, puisque j'avais déjà commis la première. Et je devais aussi penser à mon retour sans étoile en tram où deux personnes auraient pu fermer les entrées et demander que tout le monde présente sa carte d'identité ; je n'avais aucune intention de traverser à pied toute la ville.

« On peut dire que vous ne parlez pas beaucoup, a dit mon compagnon.

— Il y a longtemps que je n'ai fréquenté personne, j'ai perdu l'habitude de parler, sinon avec ceux avec qui je travaille, et qui portent l'étoile. Et ils ne parlent que de la mort.

— Mais lâchez-nous avec la mort, on a bien le temps pour ça. Chez nous non plus elle ne manque pas, la mort ; vous savez, maintenant que c'est la guerre, tout marche de travers, mais à quoi bon parler de cela ?

— Eux, Ils disent : la Mort est notre meilleure amie. Peut-être que c'est vraiment Leur meilleure amie, et peut-être la seule, mais pour sûr ce n'est pas la mienne. »

À côté de nous, il y avait des gens qui jouaient aux cartes. Ils les jetaient brutalement sur la table, criaient des mots dans le jargon des joueurs. L'aubergiste sommeillait derrière le comptoir. Je devais penser à rentrer chez moi, je n'écoutais plus ce que me racontait le cheminot :

« Ça l'a coupé en deux, ses boyaux lui sortaient du corps et il avait la tête en bouillie, je vous dis, ce n'était pas beau à voir. Mais ce n'est rien, ça fait partie du métier. Où est-ce que vous travaillez, au fait ? »

J'ai dit : « Au cimetière ; je ratisse les feuilles.

— C'est un bon travail, silencieux, tranquille.

— Je ne peux pas dire le contraire, mais il ne s'agit pas que de la mort. J'aimerais bien être aussi fort que la mort, mais c'est impossible.

— Ça, je ne comprends pas, quand elle tombe sans prévenir sur quelqu'un, eh bien, elle tombe ! »

Nous avons commandé un deuxième demi.

« Ils voyagent, Ils n'arrêtent pas de voyager, c'est une nation agitée, c'est la peur qui Les pousse ou quoi ? a dit lentement le cheminot. Ils voyagent d'un pays à l'autre, partout Ils pillent et partout Ils assassinent. Ils traînent derrière Eux Leurs fripes, toutes sortes de frusques, des photos, Ils sont assis dans le train et pleurnichent sur la photo de Leurs enfants, Ils caressent sur les quais des gosses qu'Ils ne connaissent pas, mais ceux-ci Les regardent comme si un serpent Les avait mordus. Ça ne va pas de faire marcher des trains pour des gens comme ça, Ils ne savent même pas à quoi ça sert. En train, on va en visite chez sa tante, ou en week-end, en train, les enfants vont en classe et les ouvriers au travail. Écoutez, à quoi ça Leur sert, les trains, en fait ? Est-ce que ça ne Leur suffit pas, ces gros camions bâchés où les gens écrivent à la craie “Marchandises volées à l'étranger” ? Des choses comme ça, on ne peut pas en écrire sur des wagons, même si, Eux, Ils écrivent sur les nôtres des tas de bêtises.

— J'ai un papier, c'est écrit que, d'abord, je n'ai presque pas le droit de voyager en train, et ensuite que, si je le fais, je dois aller dans la dernière voiture. Je n'avais jamais fait attention au dernier wagon, je me suis toujours assis là où il y avait de la place, je ne sais pas ce qu'Ils ont avec Leurs trains.

— Ils n'y connaissent rien aux chemins de fer, c'est ça ! Les chemins de fer ont besoin de gens responsables et compétents, ils transportent des gens qui leur confient leur vie, c'est ça, mon cher monsieur, la responsabilité, les chemins de fer sont interdits aux fous et aux forcenés. Tout wagon doit avoir ses freins en ordre, s'Ils ont inventé des bêtises grosses comme l'obligation de monter dans le dernier wagon, c'est parce qu'Ils n'y connaissent rien, rien que Leurs gros camions bâchés.

— De toute façon, je ne vais nulle part, je ne fais que regarder les trains qui sortent de la gare, j'attends près d'un passage à niveau, je vois des gens qui regardent dehors, je vois à leurs yeux comme ils sont contents d'aller dans les bois ou près d'une rivière, d'aller s'asseoir pour une petite heure dans un pré en s'empiffrant de fraises. Et le train passe, et moi, j'attends près du passage à niveau de pouvoir traverser.

— Un jour, vous pourrez voyager à nouveau en train, parce que si on l'a inventé, c'était bien pour que tout le monde puisse le prendre, vous savez, Leur politique ne tient pas debout, avec le chemin de fer, ça ne marche pas. »

Je suis arrivé chez moi sans mon étoile, j'avais voyagé confortablement et je regardais par terre, le tram filait dans les rues obscurcies pour le couvre-feu, les gens étaient affalés dans la lumière bleue et dehors une pluie légère tombait.

12

J'ai rêvé cette nuit-là que je me retrouvais devant un tribunal. Le président était coiffé d'une casquette ornée d'une tête de mort. Dans le rôle du procureur, la Mort s'avançait comme sur les chromos d'autrefois, en manteau troué, une faux sur l'épaule. Chez mon grand-père, il y avait au mur une image de ce genre. Elle représentait un escalier, sur la première marche se tenait un petit garçon, sur la deuxième un jeune homme, tout en haut un homme dans la force de l'âge, avec une barbe, ensuite les marches redescendaient jusqu'à l'endroit où la Mort brandissait sa faux au-dessus d'un vieillard tout courbé. Ainsi était la Mort.

« Vous avez offensé mon pouvoir, a crié la Mort, vous avez blasphémé et vous avez souri, vous étiez assis dans une auberge où vous n'avez pas le droit d'entrer et vous vous êtes vanté de vous être débarrassé de moi. Je requiers pour vous une condamnation sévère. »

Tout à coup apparaissaient devant la cour mon oncle et ma tante.

« Monsieur le président, nous n'y sommes pour rien,

disaient-ils en se coupant la parole, il n'est pas des nôtres, il n'habite même pas chez nous, nous ne l'avons élevé que par pitié, il ne nous a causé que des soucis, c'est vraiment un mauvais garçon qui n'a pas le sens de la famille, et c'est lui qui nous a parlé de son chat, nous lui avons interdit de revenir chez nous quand il nous a raconté ça.

— Mais s'il est accusé, ce n'est pas à cause d'un chat ! s'est écrié le président. Ceci est un procès contre la Mort. A-t-il blasphémé contre la Mort devant vous ?

— Je ne sais pas, monsieur le président, il n'en a jamais parlé devant nous, nous sommes des gens ordinaires, pourquoi nous aurait-il parlé de la Mort ?

— Ces gens-là ne sont pas des témoins, s'exclama le président, ce sont des menteurs et des charlatans qui veulent semer la confusion dans l'accusation. Évacuez-les et enfermez-les pour atteinte au bon déroulement de la procédure judiciaire.

— Monsieur le président, pleuraient mon oncle et ma tante, ayez pitié de nous, nous sommes innocents, nous ne savions rien de ce chat !

— Évacuez-les ! a ordonné le président. Et faites entrer le témoin suivant. »

Tout à coup devant le tribunal est apparue Růžena. Elle était habillée comme si on venait de l'arrêter quelque part dans la rue, elle tenait à la main son sac à provisions.

« Pardonnez-lui, monsieur le président, disait-elle d'une voix douce qui montrait en même temps qu'elle n'avait absolument pas peur. C'est juste un propre à rien qui ne fait que se vanter, c'est sans doute la bière qui lui est montée à la tête, il n'a pas l'habitude, il n'avait jamais bu, il a seulement bavardé sans penser à ce qu'il disait.

— Ce tribunal n'est pas là pour pardonner ! a crié le président. Ce tribunal est fait pour punir ! Évacuez-la ! »

L'huissier a fait sortir Růžena, elle m'a regardé d'un air mélancolique, comme si elle prenait congé de moi.

« Le tribunal se rapporte maintenant à l'ordre du jour », a déclaré le président. J'ai regardé la porte, non pas celle par laquelle était entrée la cour, mais l'autre, par où ils avaient emmené Růžena. J'espérais peut-être qu'elle reviendrait me chercher et me délivrerait. Mais, à la place de Růžena, c'était la Mort qui surgissait soudain à la porte, comme si elle la gardait afin que nul ne puisse entrer.

« Écoutez le verdict, a articulé le président d'une voix lente et lasse. L'accusé est condamné, en punition de ses blasphèmes, à être livré à la Mort. Il dépend maintenant d'elle de le traiter comme bon lui semble. »

J'ai vu que la Mort me tendait la main.

J'ai crié : « Je ne suis pas sur la dernière marche, je ne suis même pas arrivé jusqu'au sommet. À l'aide ! À l'aide ! » J'ai essayé de crier, mais ma voix s'étranglait et je ne pouvais pas bouger.

Je me suis réveillé et j'ai vu que Thomas le chat était assis sur ma poitrine. Je n'avais pas envie de me lever, je tremblais, j'avais froid, même si j'étais bien enveloppé dans mon sac de couchage. J'ai fini par me lever, mais la tête me tournait et tout me tombait des mains, ça m'a pris longtemps de préparer mon petit déjeuner.

Je me suis dit : « J'ai de la fièvre, ça ne me va pas d'être malade. Si je reste couché sur mon matelas, personne ne viendra prendre soin de moi ni ne m'apportera à manger, je ne peux quand même pas envoyer Thomas m'acheter du pain durant les heures autorisées. »

Je me suis forcé à m'habiller et je suis allé dans la rue, tout me paraissait différent, j'ai regardé des choses qui ne m'avaient jamais gêné – les panneaux indicateurs en deux langues, par exemple, des avis sur la collecte d'œufs et les grilles d'égout. Je ne remarquais pas les gens, je ne les évitais pas sur le trottoir et j'ai attendu le tram sans impatience.

Le dispensaire n'était pas loin de la station, mais j'ai marché pendant longtemps, je confondais les ruelles, je regardais d'un air hébété devant moi, je me suis trompé de chemin, alors que je le connaissais bien.

Dans le couloir du dispensaire, des enfants jouaient, ils s'interpellaient joyeusement dans l'odeur de phénol. La salle d'attente du médecin était pleine de monde, je me suis assis sur un banc et j'ai regardé par terre, des mots absurdes ne cessaient de se mélanger dans ma tête, *cocoric traîne-à-la-douzaine*. J'ai essayé de les chasser, j'ai pris un livre mais les lettres dansaient devant mes yeux. J'ai aussi voulu écouter ce que les gens disaient entre eux, mais leurs mots eux-mêmes n'avaient aucun sens.

« Cire à parquet », a dit l'un d'entre eux, et il s'est lancé dans une longue histoire, mais je n'avais réussi à saisir que ces mots-là, qui ne cessaient de resurgir, accompagnés d'un ou deux autres aussi absurdes.

« Vous avez de la fièvre, a dit le médecin quand ç'a enfin été mon tour. C'est la grippe, vous auriez dû rester chez vous. On vous donnera des médicaments en bas, demandez à quelqu'un de téléphoner à votre travail pour expliquer que vous êtes malade. »

J'ai dit : « Je n'ai personne, si je mourais, personne ne le saurait pendant longtemps ; je n'ai pas d'amis, dans la banlieue où j'habite, il n'y a que les messagers qui viennent avec leurs convocations.

— Je ne peux pas vous aider, a dit le médecin, je ne peux aider personne. Et vous pouvez téléphoner du bureau. »

Les gens du bureau étaient rogues et maussades, ils ne voulaient pas me laisser téléphoner mais j'ai écouté leurs cris avec indifférence et j'ai attendu humblement qu'ils finissent par accepter. Une demoiselle travaillait là, elle avait les ongles vernis de rouge, je me souviens que je ne regardais que ses ongles mais elle ne me voyait même pas, elle n'intervenait en aucune façon dans notre querelle, elle regardait devant elle la table sur laquelle était posé un vase avec des fleurs. Des fonctionnaires en blouse blanche s'adressaient aux gens qui se tenaient derrière le guichet en agitant des papiers, ils avaient l'air satisfaits et prospères. C'est l'un d'entre eux qui a condescendu à ce que je puisse téléphoner au cimetière. J'étais devant le guichet avec ceux qui venaient pour une requête, derrière il y avait les fonctionnaires écrivant avec ardeur et s'imaginant qu'ils étaient des médecins puisqu'ils portaient des blouses blanches.

J'ai dit doucement : « Je suis malade », je rassemblais nerveusement mes mots mais ils me fuyaient toujours, j'avais envie de dire *cire à parquet* et *traîne-à-la-douzaine*.

« Nous sommes tous malades », a dit un fonctionnaire

et il a pris un air morose, comme si la maladie était une chose qui allait de soi et dont on ne parlait pas entre gens bien élevés.

« À la queue », criaient les enfants dans le couloir. C'était un jeu.

Je n'avais pas envie de me fâcher avec le fonctionnaire, je n'en aurais même pas été capable, je préférais regarder les ongles rouges de la jeune fille et les fleurs sur la table.

Je suis descendu dans une salle du sous-sol, j'ai pris la file, et j'ai attendu qu'on me donne mes médicaments. Par moments, je ne savais absolument plus qui j'étais ni ce que j'attendais, je devais toujours me tirer de ma somnolence.

J'ai réussi à rentrer chez moi, je ne me souviens même pas comment, et je me suis glissé dans mon sac.

J'étais couché et je regardais le plafond, le rond s'était encore agrandi, maintenant ses contours n'étaient plus aussi réguliers, ils s'élargissaient en pointes, j'essayais encore de lire mais cela n'était pas possible.

Samson était couché à Gaza, ligoté à une colonne, et il a ébranlé l'édifice qui était sa prison – et moi, je ne peux même pas me soulever ni toucher le rond d'humidité pour me rafraîchir le front… Où les garçons allaient-ils donc les chercher, ces filles qui dormaient avec eux dans les chalets et leur préparaient leur déjeuner pendant qu'ils fainéantaient sur leurs chaises longues ? Quels mots leur avaient-ils dits pour qu'elles se couchent nues sur leurs paillasses dures et qu'elles se lèvent tôt le matin pour allumer le feu ? Je n'avais jamais rencontré de fille comme cela.

« Et moi alors ? » a dit Růžena, elle était assise sur le bord du matelas.

J'ai dit : « Mais toi, tu n'es qu'un rêve. Tu es sortie d'un livre de contes de fées, *Les Sept Montagnes et les Sept Rivières*, tu ramassais les feuilles des bois et tu apportais un sac de ducats, tu as délivré le Lapin du collet où il s'était pris et il t'a ensuite montré le chemin du Château, il t'a dit le mot de passe qui te permettrait de traverser le Pont d'Argent. Tu as vaincu ton horrible marâtre et ses filles, et l'Écureuil t'a apporté de l'eau magique, et quand l'écureuil t'a apporté l'eau vive, tes membres qu'elles avaient découpés se sont reconstitués en un seul corps. Retourne dans ton conte, tu n'as rien à faire entre ces murs délabrés, ta place est dans le château, où le bruit de tes pas est étouffé par les tapis.

— Dors, a dit Růžena, dors et ne pense à rien. Personne ne peut te faire de mal, et personne ne peut te faire peur, j'ai posté ma garde de bêtes merveilleuses, un Chat botté qui sait dire les mots magiques *cocoric* et *cire à parquet*. Il restera près de toi et jamais il ne t'abandonnera.

— Růžena, je n'aime pas les bottes, ai-je répondu.

— Alors il n'aura pas de bottes, mais simplement des pattes de soie avec lesquelles il te caressera. Ça fait longtemps que personne ne t'a caressé, hein ? Dors, tu entends comme les feuilles tombent ?

— Ce serait mieux si c'était toi qui montais la garde, Růžena, même si tu n'es qu'un rêve, je suis bien avec toi, tu te souviens comme on est restés longtemps sous la pluie en attendant l'autobus ? L'eau nous tombait sur les joues et on riait.

— Je ne peux pas rester, a dit Růžena. Je dois aller

faire les courses et préparer le déjeuner. Et puis il y a longtemps que nous sommes séparés. »

Je savais que Růžena partirait parce que c'était de nouveau l'automne, dans les rues il y avait des giboulées et bientôt la neige arriverait et il ferait froid dans ma chambre, je n'aurais pas de charbon ni de bois, je devrais à nouveau me geler près de mon poêle cassé. Il n'y aurait plus ni rires ni larmes, quand les temps viendraient…

« Qu'est-ce que vous avez ? Je crie, je tambourine, personne ne vient m'ouvrir. Mais les gens me disent que vous êtes chez vous, alors j'ai donné un coup de pied dans la porte et je vois que vous êtes couché et que vous regardez le plafond. »

J'ai mis longtemps à revenir de mes adieux avec Růžena et à reconnaître Materna.

J'ai dit : « Je suis malade. Je suis couché, je regarde le plafond. Ce rond ne cesse de s'agrandir, c'est sans doute à cause de l'automne. Les feuilles tombent et les gens chuchotent que quelque chose de terrible va arriver. Je suis malade, j'ai pris froid parce que j'ai marché sous la pluie.

— Qu'est-ce que c'est que toutes ces salades ? Qui vous fait à manger ? »

J'ai dit : « Personne. Je n'ai personne. Je vais très bien.

— Attendez. Ça ne va pas, cela. Je vais vous envoyer ma mère, pour qu'elle vous fasse le ménage et qu'elle vous apporte de la soupe. »

Je voulais lui dire que ce n'était pas possible, que quelqu'un pourrait le dénoncer, mais j'étais trop abattu et je n'avais pas envie de parler, je voulais retourner à ma somnolence et parler avec Růžena.

Mais la soupe était bonne, épaisse, faite avec du bœuf. Je savais qu'elle était chaude, qu'elle brûlait.

Le lendemain, Materna est revenu. Ma tête n'était plus lourde, maintenant tout était revenu à sa place, le réchaud et le tuyau tordu du poêle.

J'ai dit : « Je m'en suis tiré, mais ça ne me fait pas plaisir. Ils m'ont jeté du tram en pleine course. Un cheminot m'a conduit à l'auberge du cimetière. Ensuite je suis allé longtemps en tram, sur la plate-forme, sous la pluie. Le lendemain, la tête me tournait et je me suis rendu au dispensaire. Là-bas, des enfants jouaient en criant : “À la queue !”

— Laissez tomber. Ça ne vous mènera nulle part de jouer à l'idiot. Un jour, Ils vous trancheront le cou.

— Bien sûr. Mais vous savez bien que je ne suis pas seul à penser ça. Les autres sont pires, ils disent que notre compte est bon, qu'Ils nous arrêteront pour nous mettre un linceul et nous déposer dans un cercueil. Je leur ai dit qu'ailleurs il y avait d'autres gens qui vivaient. Mais ça n'a servi à rien. Ils ne me comprenaient pas.

— C'est pas des paroles pour moi. Je vais vous dire franchement : je m'étonne moi-même d'avoir la patience de vous écouter. Je n'aime pas les pleurnichards. Des gifles, j'en ai reçu moi aussi quand j'étais apprenti. Et alors ? Une baffe par-ci, une baffe par-là. Bon, d'accord, c'est vrai que personne ne m'a jamais jeté du tram. »

J'ai dit : « Mais ce n'est pas de cela qu'il s'agit ! Regardez, ma place est parmi eux. Cela signifie que je devrais marcher du même pas qu'eux. C'est comme si un mouton voulait prétendre qu'il a des griffes. S'ils marchaient avec moi, ils verraient les choses différemment. Mais ils ne veulent pas. Ils disent que ce n'est pas leur rôle, que dans cette pièce il y a simplement des machinistes. Ils en ont tué un parce qu'il jouait Hamlet en cachette.

— Écoute, Pepa, tout ça ne nous mène à rien. Je sais que mes affiches, c'était pas important, juste une façon de montrer que nous sommes là. Allez, viens avec nous un de ces jours, reviens, on te mettra un peu de plomb dans la cervelle. »

J'ai dit : « Je viendrai, j'ai arraché mon étoile, j'ai déjà traîné à l'auberge, où j'ai bu de la mauvaise bière, et j'ai pris le tram après huit heures. »

Mais Materna ne m'a pas compris.

13

Le temps de ratisser les feuilles était passé. On marchait dessus, dans la boue. Je ne sais pas ce que nous étions censés faire.

Sans doute faisions-nous quand même quelque chose parce que, au bureau, les employés recopiaient des comptes rendus et les envoyaient à la Communauté. Nous arrivions au travail à l'heure et nous nous asseyions près du poêle en essayant de nous réchauffer. Dans la salle rituelle, il faisait froid, nous buvions du tilleul pour nous réchauffer, quelquefois aussi de la tisane d'églantier ou bien de pelures de pommes.

On s'entretenait des nouvelles du front, des noms de villes inconnues se succédaient, mais personne ne se souciait sérieusement de la guerre, et tout ce qui se passait au front semblait appartenir à un autre monde. On ne parlait que d'une chose, de soi, on se racontait des histoires d'arrestations, de nouvelles persécutions, d'interdictions, d'expulsions hors du tram. Il y avait toujours quelqu'un pour effrayer les autres et il y avait toujours quelqu'un pour vous contredire ou raconter quelque chose de pire que vous. Et on s'échangeait les rôles jour après jour.

Peut-être qu'avant c'était bien de se promener sous la pluie et de regarder les boutiques illuminées, d'aller au cinéma voir un film dans lequel le soleil brillait. Peut-être que c'était bien de s'étendre sur un divan et d'écouter dans l'obscurité une comédie idiote à la radio pendant que la pluie frappait les fenêtres. Je n'en savais plus rien. Ce monde m'avait échappé. Maintenant, je n'en voyais plus les couleurs bariolées et le soleil n'y brillait plus. Il s'était cassé en petits morceaux, j'essayais en vain de les recoller.

Des fenêtres de la salle rituelle, j'ai regardé le cimetière. La pluie dégoulinait sur le marbre noir et il y avait des flaques le long des sentiers. La mort inutile, imbécile, surgissait des tombes, la mort de tous les jours, absurde comme ces tombes.

Ce jour-là, je suis arrivé au cimetière le matin, un clair jour d'automne, relativement chaud. J'étais de bonne humeur parce que la veille j'étais resté jusqu'à la nuit chez Materna et ensuite je m'étais faufilé jusque chez moi, c'était comme quand on faisait l'école buissonnière et que je pensais aux autres, assis sur leurs bancs et tremblants à l'idée d'être interrogés. Nous allions jouer à des jeux de hasard, vers la baignade désertée, nous tapions le carton sur la table de bois comme si le monde nous appartenait, nous ne faisions que jouer à la jeunesse libérée, nous savions que si on nous prenait ou si quelqu'un nous dénonçait, nous serions renvoyés de l'école.

J'ai allumé une cigarette, c'était une bonne cigarette française, au tabac noir, c'était une cigarette épaisse.

Je ne suis arrivé ni le premier ni le dernier, près du poêle il y en avait déjà quelques-uns qui étaient assis, les autres sont arrivés petit à petit. Mais personne ne parlait ni même ne répondait à mon salut. Ils se contentaient de s'affaler sur les chaises et de regarder dans le vide. Certains baissaient la tête vers le plancher.

Je ne les avais jamais vus ainsi, je ne pensais pas que quelqu'un de leurs proches était mort et qu'ils étaient là pour veiller un défunt, ils étaient de différentes familles et les gens ne cessaient de mourir comme des mouches, c'était d'ailleurs dans notre cimetière qu'on les enterrait. Toujours ils étaient affligés et toujours ils racontaient des histoires pleines de pressentiments funestes, mais ils lançaient leurs mots vers un mur invisible, ils les lançaient avec passion pour les voir rebondir au loin.

Je me suis tu, moi aussi. Mais c'était pénible d'être assis aussi longtemps à fixer le sol. Si j'avais été chez moi, je l'aurais sûrement supporté, mais il aurait fallu être seul.

Alors, j'ai dit : « Dehors, il fait beau », sans que personne me réponde, « on dirait que l'été voudrait revenir ».

Ils se taisaient toujours. Avant, il y aurait sûrement eu quelqu'un pour me répondre qu'il ne faisait pas beau du tout dehors et que si aujourd'hui le soleil brillait un peu, ce n'était que parce que l'après-midi il y aurait des giboulées, que d'ailleurs c'était pareil s'il faisait beau ou s'il pleuvait, que de toute façon on n'y pouvait rien, parce qu'on était perdus, parce qu'on avait perdu la guerre et que le Honduras ne voulait pas nous accueillir sur son territoire, bien que le Honduras fût britannique et que sur ses timbres il y eût le roi d'Angleterre.

Quelqu'un d'autre aurait protesté au sujet du Honduras et démontré que même si le Honduras avait pu nous accueillir, nous n'y serions jamais parvenus, parce qu'Ils allaient bientôt nous sacrifier.

Un troisième aurait dit que la guerre allait finir dans deux mois (c'était toujours deux mois, pas plus, pas moins), que c'était sa belle-sœur qui le lui avait dit, qui le tenait de sa concierge, qui Les avait vus faire Leurs valises avant de s'enfuir.

Et un quatrième aurait répliqué que tout cela était absurde parce que c'était la planète entière qui allait périr, oiseaux et poissons compris, que seuls les insectes resteraient en vie, que le jour du Jugement dernier se rapprochait et que personne n'en réchapperait.

« Ça ne nous avance guère, gémirait un cinquième, même si tout le monde doit mourir, nous serons les premiers. »

Et un sixième décréterait qu'on en avait assez de toutes ces phrases, parlons de quelque chose d'autre, par exemple du goût d'un caneton aux pommes.

Et les gens parleraient longtemps de cuisine, ils organiseraient des banquets et composeraient les menus, jusqu'à ce qu'à nouveau la conversation tourne à l'angoisse, jusqu'à ce que la peur les reprenne et qu'ils pleurent près du fleuve de Babylone.

Mais ils se taisaient, aucun ne faisait le moindre mouvement. Et enfin Robert a éclaté. Il était très en colère.

« Tu n'es pas au courant ? Tu ne sais pas ce qui se passe ? Les convois commencent. »

Je n'étais au courant de rien. Je ne savais pas ce que c'était que des convois, mais certainement quelque chose de pénible, puisque ça ôtait aux gens le pouvoir de parler.

« Ces deux-là, qui ont été tués, a dit Robert, ils savaient ce qui se préparait. » Il était sûrement content de pouvoir terrifier quelqu'un, à l'idée que dans un instant quelqu'un d'autre serait associé au cercle des veilleurs de morts. « Comme du bétail, Ils les collent dans des wagons et les emmènent à l'est. Ils disent qu'on les évacue pour aller travailler. Mais Ils prennent les vieux, les femmes, les enfants. Ceux qui ne peuvent pas marcher, Ils les emmènent sur des charrettes à bras. Le premier convoi part demain. C'est tous des pauvres, qui touchaient l'assistance. Ils ne peuvent emporter que cinquante kilos de bagages. »

J'ai dit : « Je ne les aurais pas, mes cinquante kilos de bagages.

— Vous n'êtes pas forcé de les avoir, m'a répondu à la place de Robert un homme qui était assis à côté de lui. Vous marcheriez plus légèrement en allant à la mort. »

J'ai dit : « L'homme ne peut pas marcher légèrement quand il va à la mort, parce qu'il sait ce que c'est que la mort. Les animaux ne le savent pas, et donc ils peuvent y aller légers.

— Peut-être que ce n'est pas encore la mort, peut-être qu'Ils ont vraiment besoin de main-d'œuvre à l'est, Ils veulent y construire des fortifications.

— Ils ont assez de gens là-bas. Ils ont des prisonniers et des gens du travail obligatoire qui viennent de toute l'Europe. Ils diffusent des émissions à la radio pour eux dans toutes les langues. Des émissions de variétés avec des rengaines. Des chanteuses d'opérette qui chantent l'amour et une petite maison sur le coteau.

— Ceux qu'Ils ont expédiés avec le premier convoi, ils ne chantaient pas. Ils les ont évacués de nuit, Ils les ont arrêtés dans leurs appartements. Ils allaient, lourdement courbés, parce qu'ils étaient vieux et malades, ils avaient des sacs sur le dos et tenaient des valises à la main. On les harcelait, on leur criait d'aller plus vite, ils marchaient dans la nuit. Ils étaient muets parce qu'ils n'avaient pas le droit de parler entre eux. Il n'y avait que les bottes qui claquaient régulièrement sur le trottoir, mais on a l'habitude. »

J'ai demandé : « Personne ne s'est enfui ?

— Personne, a dit Robert. Il y en avait qui étaient malades, d'autres prétendaient l'être, personne n'y a rien gagné, Ils les ont tous chargés dans les wagons.

— Mais cela ne Leur suffit pas, a dit l'homme qui était assis près de Robert. Ils aiment l'or et les bijoux, Ils ont envie de lustres en cristal et de lingerie de soie, Ils voudraient se promener sur des tapis épais et boire du thé dans de la porcelaine de Meissen. Ces pauvres-là n'avaient pas d'or, pas plus que des appartements bien installés. Ils n'y ont rien gagné. Ils sont déçus et Ils fulminent. Il faudra maintenant qu'Ils organisent un convoi de riches.

— J'ai parlé avec Fischel, Ils vont s'y prendre différemment maintenant, Ils vont tout enregistrer, pour que rien ne Leur échappe. »

J'ai demandé : « Qu'est-ce qui nous reste ?

— Rien que du temps, a dit Robert. Mais même du temps, il n'y en a pas beaucoup. »

Je ne pouvais faire confiance au temps, il avait

toujours passé vite, quand j'étais avec Růžena, ou bien il se traînait péniblement et laborieusement quand je regardais le rond d'humidité au plafond. Je n'avais jamais été l'ami du temps et je ne voulais pas avoir à y penser.

J'ai dit : « Je ne fais pas confiance au temps, personne n'a encore jamais réussi à l'attraper.

— Les riches croyaient qu'ils sauveraient leur peau avec leur argent, a continué Robert, mais ils ont été déçus, ils n'ont pas pu se racheter. Les autres sont trop avides, Ils veulent tout – les maisons, les commerces, les meubles, les bagues, les voitures et les jouets. Ils aiment les belles choses, Ils n'ont pas peur de voler et de tuer par amour des choses. Ils aiment tout, même ce que possèdent les pauvres, les armoires minables et les chaussures éculées. Ils veulent organiser de grands dépôts à la Communauté, Ils ont déjà vidé les synagogues et Ils veulent y déposer tout, Ils veulent regarder les choses, palper les tissus, plonger les mains dans l'or, sentir les savons de toilette et écouter le frou-frou de la soie. Et beaucoup de monde mourra à cause de cette envie qu'Ils ont des belles choses. »

J'ai dit : « Les riches aussi, ils aiment bien les choses, mais cela ne leur a servi à rien. Les choses sont muettes et il est inutile de les appeler à l'aide. Ils sont fous s'Ils font confiance aux choses, elles ne Leur serviront jamais à rien, et un jour Ils devront les abandonner dans Leur fuite.

— Ils ne fuiront pas », a dit quelqu'un.

J'ai dit : « Ils fuiront, ceux qui s'accrochent aux choses doivent perdre. Nous avons perdu aussi au moment où nous avons voulu sauver nos meubles.

— Tout cela n'aura servi à rien, a déclaré Robert. Le conseil que je vous donne, c'est de préparer vaisselle et sac à dos, et de faire coudre des sacs à viande. »

Le voyage avec cinquante kilos de bagages vers la terre inconnue se rapprochait donc. Personne ne voulait deviner comment il finirait, on préférait parler de préparatifs – de l'argent cousu dans la doublure des vêtements, des pots de saindoux masqués en pots de confiture, des faux tubes de dentifrice avec de l'argent caché dedans. Il y avait des choses qui seraient désormais plus utiles que les gramophones, les tapis et les frigidaires. On se battrait pour elles, on essaierait de les cacher, on accorderait un grand prix à un crayon ou à une gousse d'ail. Les gens s'accrocheraient à cela de la même façon qu'ils aimaient et défendaient leurs pianos et leurs boucles d'oreilles en or autrefois.

J'ai dit : « Moi, je ne me soucierai de rien, je n'irai pas traîner cinquante kilos par monts et par vaux pour les jeter après dans le fossé. Je ne préparerai pas mes valises pour ces gens-là, parce que vous ne savez jamais s'Ils vous les laisseront, Ils sont trop cupides et Ils se précipiteront sur une poêle à frire de la même façon que sur une machine à écrire.

— Faites ce que vous voulez, a dit quelqu'un, mais rappelez-vous : personne ne vous prêtera rien ni ne vous donnera rien, même pas un peigne de poche ou une croûte de pain.

— Jusqu'au moment où le convoi des riches prendra le départ, on aura quelques semaines de répit, pendant qu'Ils mettront au point Leur nouvelle méthode – d'abord commencera l'enregistrement, puis les convois reprendront. Il faudra pour cela beaucoup de gens et ceux qui y travailleront partiront les derniers. »

J'ai dit : « Les pilleurs de cadavres et de tombes.

— Vous n'en ferez pas partie, ne les enviez pas, a remarqué tristement Robert, ce sont des gens qui ont des relations, des cousins et des parents, nous n'en ferons jamais partie. J'ai déjà essayé, toutes les places sont prises, même les places de cireurs de parquet dans les appartements confisqués. »

Et j'ai aussi pris place moi-même dans le cercle des affligés, je n'avais pas besoin de déchirer mes vêtements, ni de me répandre de la cendre sur la tête, nous étions tous déjà de la cendre grise. Comme tout le monde, je regardais fixement le plancher poussiéreux de la salle rituelle. Je voyais la file de gens qu'on conduisait vers le train dans la boue, je les voyais marcher pesamment courbés dans le claquement des bottes ferrées, j'entendais le grincement des charrettes à bras et les sanglots et les pleurs. Ils marchaient dans la poussière, sous mes pieds, je regardais. Pavel faisait partie de ceux qui s'en iraient par le convoi des riches. Il avait été très riche, il avait possédé de belles choses, Ils voudraient qu'il meure bientôt.

Je voyais un trait qui s'étendait dans la poussière, qui allait en zigzag, je savais que le chemin ne conduirait pas directement à la mort, qu'il était semé de stations pleines de douleurs et d'humiliations, le cortège remuait le long de ce chemin, piétinait à chacune de ces stations.

Je désirais que quelqu'un me caresse la tête, j'imaginais une main de femme, la main de Růžena, rendue rugueuse par le travail, et pourtant légère et fine. J'ai cessé de contempler la poussière et je me suis redressé, j'ai regardé autour de moi et j'ai souri aux arbres en deuil le long desquels l'eau tombait jusque sur les pierres tombales et leurs lettres dorées.

J'ai dit : « J'ai entendu il y a quelque temps qu'Ils voulaient faire couler des bateaux, peut-être que ce serait une meilleure mort que celle qui nous attend après une longue route en train à travers des plaines étrangères. J'ai entendu dire qu'Ils n'y connaissaient rien en chemins de fer, que ce serait un voyage horrible. En bateaux non plus, Ils ne s'y connaissent pas. »

L'homme qui était assis près de Robert s'est dressé sur ses pieds et s'est mis à crier :

« J'en ai assez ! Arrêtez de parler de la mort, je ne supporte pas ça ! Je vais me tuer. » Nous nous sommes tus et nous avons regardé la poussière à nouveau.

Le jour déclinait doucement, personne n'aurait eu l'idée de partir avant l'heure, je voyais qu'ils avaient tous encore plus peur, maintenant que les convois commençaient.

Puis je me suis mis en route vers la maison de Pavel, c'était mon chemin. Il habitait maintenant dans la Vieille Ville, je connaissais sa nouvelle adresse, mais je n'étais jamais allé chez lui, j'avais peur qu'il me le reproche.

Sa nouvelle maison était vieille, obscure, elle était pleine de niches et de recoins, j'ai monté lentement et péniblement l'escalier usé jusqu'au troisième étage et je me suis arrêté près d'une porte à laquelle était accroché un papier couvert de noms avec le nombre de coups de sonnette pour appeler chacun. J'ai cherché le nom de Pavel.

J'ai sonné le nombre de coups prescrit et quelqu'un est venu m'ouvrir, c'était sûrement Pavel, parce que le nombre de coups était correct, mais je ne voyais pas son visage. C'est plutôt sa voix que j'ai d'abord entendue. Je me suis laissé conduire parce que c'était difficile, on devait se faufiler entre des armoires, des sacs, des valises et toutes sortes de vieilleries, l'entrée était pleine, on n'y avait ménagé qu'un passage étroit.

Nous sommes entrés dans une grande pièce obscure, pleine de meubles anciens, sculptés à la main, qui nous regardaient d'un air menaçant. En plus de meubles, il y avait là un autre tas de valises, de sacs et de boîtes. Nous nous sommes assis sur des chaises inconfortables à dossiers hauts, recouverts de cuir repoussé à motifs de fleurs de nénuphar, devant une table de chêne.

Pavel a dit : « Je pars, Ils nous ont convoqués. Ma femme et ma fille vont chercher chez des amis ce dont nous aurons besoin pour le convoi. Tu es sûrement fatigué, mais je ne peux même pas te proposer du thé. Ce n'est pas notre heure de cuisine. »

J'ai répondu : « Je n'en ai pas besoin. J'ai fait un saut jusque chez toi pour te dire adieu, tu sais bien que je dois être chez moi à huit heures.

— Je suis content de partir, a dit Pavel comme s'il ne m'avait pas entendu. Ils nous punissent et nous font nous torturer les uns les autres. Il y a ici cinq familles qui se disputent et se battent pour le gaz, pour la place dans le garde-manger, pour le nettoyage des cabinets. Les gens crient et se chamaillent toute la journée, ils pleurent et se plaignent. C'est difficile de vivre au milieu de tant de monde. »

J'ai dit : « Tu ne seras pas seul là-bas non plus,

on ne peut jamais être seul, Pavel. Tu n'as jamais pensé à disparaître, à ne tout simplement pas y aller ?

— Je ne peux pas me cacher dans les bois avec ma famille, d'ailleurs, il n'y a même plus de bois, il n'y a que des appartements, des convocations à la police, des attestations d'origine, des livrets de travail, des attestations d'identité, des actes de baptême. Il ne me reste rien qu'à me laisser devenir un numéro.

— Comment ça ?

— Un numéro, accroché à mon cou, fixé à ma valise, collé à mon sac. Et puis je me mettrai cinquante kilos sur le dos et je m'en irai. Tu ne veux pas prendre quelque chose ?

— Je n'aime pas les choses, je suis content de ne rien avoir chez moi.

— Je ne peux pas te donner de l'argent, mais tu pourrais vendre deux ou trois trucs.

— Je ne veux rien vendre. On me donne quelque chose pour mon travail au cimetière et ça me suffit.

— J'ai dit à Andrée que nous partions en train, elle est toute contente, je lui ai dit que nous verrions des arbres, le ciel et des bêtes.

— C'est bien. J'étais toujours content de prendre le train lorsque j'étais petit.

— Regarde ces papiers peints. Dessus il y a des fleurs, des tulipes, des roses et des fleurs de fraisier. Ils avaient mis des fleurs partout, sur les assiettes, les chaises et sur la cuvette des cabinets, dans les vases il y avait des fleurs de papier et des feuilles de toile cirée. Ils n'avaient jamais touché de fleurs réelles, ils ne s'étaient jamais couchés dans un pré, ils n'avaient jamais couru sous la pluie le long des chemins. Nous, Pepa, on allait à moto et on faisait du ski. Andrée est contente d'aller voir de vraies fleurs.

— Adieu, Pavel. Je dois y aller. Peut-être qu'il y a quelqu'un qui m'attend chez moi, un émissaire à la porte, avec une lettre jaune. Peut-être que nous nous reverrons bientôt.

— Personne ne reverra plus personne, mais cela ne fait rien. »

Je suis redescendu lentement, la cage d'escalier était mal éclairée. Je devais avancer les pieds avec précaution dans l'obscurité. Mais en bas, près de la porte, il y avait de la lumière. La concierge était là, postée de façon à me voir, elle a ouvert son rez-de-chaussée pour que la lumière m'atteigne en plein visage. Elle m'a examiné longtemps et attentivement, jusqu'à ce que j'aie refermé la porte derrière moi.

Je me suis dit : « On n'a pas le droit d'emporter la moindre chose de l'appartement d'un défunt, les corbeaux croassent et les vautours se précipitent. Et derrière le tigre, la hyène arrive toujours. Seulement quelquefois la hyène est plus rapide que le tigre. »

« Ma petite Máňa, tu ne veux pas aller au cinéma ? » a demandé un jeune garçon à une fille. J'étais debout devant eux dans le tram, le tram n'était pas complètement plein, j'aurais pu m'asseoir mais j'ai préféré rester debout parce que j'aurais dû céder ma place si quelqu'un était monté, ça m'était toujours pénible de me lever quand tout le monde regardait.

« Ils donnent un film génial, Lojza y est allé et a dit que c'est sensass.

— Eh bien, allons-y.

— Après, on pourrait aller dans une taverne,

ils donnent deux verres de vin, sans tickets, c'est-à-dire… aux amis seulement. »

Ils ont ri et ils ont parlé de films et de bons repas et ensuite Máňa a dit :

« Et quand est-ce qu'on se marie ? Moi, j'en ai assez de t'écouter, toute ma promotion est déjà mariée, je suis seule à rester sur le carreau. Tu veux quoi, qu'ils m'envoient au travail obligatoire ? Si tu ne m'épouses pas, des garçons, il y en a d'autres.

— On n'a pas d'appartement. Moi, je sous-loue une piaule, et toi, tu vis chez tes parents.

— Des appartements, il va y en avoir, tu as entendu parler de ces convois ?

— Mais ces appartements, Ils seront les seuls à en profiter ? Même si je m'enrôlais dans la Milice, Ils ne me donneraient pas d'appartement, ou alors, peut-être, un trou à rats.

— Je te l'ai déjà dit, tu m'épouses, ou bien ce sera quelqu'un d'autre, mais moi, je n'irai pas travailler », a crié Máňa.

Je n'avais pas envie d'écouter leur dispute et je suis allé sur la plate-forme.

Je me suis dit : « Les gens sont au courant, pour les convois, peut-être qu'ils en croisent, peut-être qu'ils voient parfois la lumière des lampes de poche, quand ils sortent de leurs tavernes, ils entendent les cris et le bruit des bottes ferrées et celui des pas lourds, des gens qui se traînent sous leur fardeau. »

J'ai dit en arrivant à la maison : « On va manger, Thomas, on va se faire du pain frit dans de la margarine, c'est toujours ça. Il y a des gens qui mourront pour de la margarine et d'autres qui iront à la mort dans l'obscurité. Et là-bas, il y a la ville, les gens vont au cinéma regarder des destins humains qui se croisent et se séparent drôlement, bizarrement, ils se chamaillent aussi parce qu'ils ne peuvent pas obtenir un appartement et qu'ils devraient aller travailler à l'étranger. »

Nous avons déjeuné, Thomas et moi, et je lui ai dit :

« Attends-moi, je vais seulement me réchauffer, tout à l'heure, je te rapporterai des os, c'est un jeu assez amusant, j'arrache mon étoile et je vais rendre visite à Materna, c'est un jeu bon et juste parce qu'on n'a qu'une vie, elle ne se répétera pas, alors que toi, tu en as neuf. Même si je n'y crois pas. D'ailleurs, qu'est-ce que tu ferais de ces neuf vies ? »

Chez Materna, il y avait du monde. Il faisait chaud et sa mère m'a donné du thé avec une brioche. J'ai bu le thé brûlant et j'ai entamé ma brioche. On parlait de la guerre. La guerre, c'était loin. J'avais l'impression d'être dans le noir et de regarder un film. Là-bas, des gens se tiraient les uns sur les autres et s'enfuyaient à travers champs, ils s'entassaient derrière des barricades, il y avait des mitrailleuses qui crépitaient et des canons qui tonnaient. Des villes brûlaient et sur les bâtiments en ruine des drapeaux flottaient. Il y avait beaucoup de villes, il y avait beaucoup de drapeaux, il y en avait beaucoup, jusque dans notre ville qui pourtant n'avait pas été détruite, on entendait des flots de musique. Je voyais les aiguilles de l'horloge se déplacer lentement, j'entendais leur tic-tac régulier, incessant.

« Qu'est-ce que tu as, Pepa ? a dit Materna. Tu recommences à regarder par terre ?

— Écoute, Franta, les gens sont de mauvaise humeur,

mais reconnais que personne ne cherche la corde qui le pendra… »

Et ils recommençaient à parler d'usines, de sabotages, de gardiens d'usine et de mouchards.

« Qu'est-ce que tu as encore ? » a répété Materna.

J'ai dit : « Rien, les convois ont commencé.

— Qu'est-ce que c'est ?

— Ils appellent des gens, Ils leur prennent leurs papiers, Ils leur accrochent un numéro autour du cou. Et puis Ils les envoient quelque part vers l'est.

— Ah ah, c'est ça, je suis allé du côté de Radio expo et alors, comme je m'approche, je tombe sur un garde. Il me dit : “Allez sur l'autre trottoir. C'est interdit de marcher sur celui-ci.” Moi, je réponds : “Alors on n'a plus le droit de marcher sur le trottoir quand on revient chez soi du boulot ?” Mais j'ai fichu le camp, parce qu'il me criait qu'il allait me montrer ce qu'on a le droit et ce qu'on n'a pas le droit de faire. Alors je comprends maintenant, c'est sûrement à Radio expo qu'Ils font Leurs préparatifs pour les convois. »

J'ai dit : « Oui, il y a des baraques de bois, juste des planches clouées comme ça, sans chauffage parce que sinon ça flamberait. De la Communauté, Ils ont apporté de la paille. Ils disent qu'Ils préparent un spectacle de cirque.

— Et toi, t'as pas envie d'aller au cirque.

— Non. »

J'ai imaginé ce que ce serait, nous tous couchés les uns sur les autres dans la paille, tremblant de froid et encore plus de peur parce que nous serions complètement en Leur pouvoir. J'étais assis près du poêle, je buvais du thé chaud et je mordais dans ma brioche à la confiture, c'était bien d'avoir chaud au milieu de gens qui parlaient de la guerre et du travail à l'usine. C'était bien, même si je ne cessais d'entendre le tic-tac de l'horloge, régulier et incessant.

« Alors ça veut dire que tu prends tes cliques et tes claques et que tu pars vers l'est ?

— Quand ce sera mon tour.

— T'as de la chance d'être loin dans l'ordre alphabétique.

— Ils ne le suivent pas. Ils ont Leur alphabet à Eux. Je ne sais pas comment Ils l'ont inventé. Ou bien Ils veulent jouer au pêcheur et jeter Leur filet au hasard dans l'eau. Je ne peux même pas prévoir quand viendra mon tour. Je dois attendre qu'Ils m'appellent, ça peut être demain ou bien dans un an. Il y a assez de gens encore.

— Et quand Ils t'appelleront, tu iras ?

— J'irai. Je ne peux pas m'imaginer en train de faire autre chose.

— Alors, attends, on verra bien. »

Materna a recommencé à parler avec ses copains. C'était bon, cette phrase, « on verra bien », elle me réchauffait agréablement, je savais pourtant que c'était absurde, que personne ne pourrait m'aider, mais c'était une petite branche d'espoir, rien qu'une petite branche à laquelle il était possible de se raccrocher. Je savais, parce que j'avais lu jadis dans un livre que j'avais dévoré à toute vitesse pour que mon oncle ne me surprenne pas, qu'un homme était descendu dans une grotte, il était tombé sur une pieuvre, et il avait lutté avec elle si longtemps qu'il en était venu à bout. C'était un bon roman et j'avais tremblé pour le héros, même si je n'avais jamais vu de pieuvre, seulement sur l'image qui représentait cette scène. Je savais que l'homme devait vaincre, je le lui souhaitais, et j'espérais qu'il viendrait à bout du monstre, c'était très réconfortant de lire un livre en croyant à la victoire. Je me suis répété : « On verra bien », peut-être que ça va durer longtemps avant qu'Ils m'appellent et pendant ce temps je mangerai, je lirai, je dormirai, je fumerai, et je me raccrocherai à cette branche d'espoir.

On m'a donné des restes pour Thomas, il n'y avait rien de bien bon mais personne ne pouvait reprocher à Thomas de faire la fine bouche.

14

Je connaissais bien le cirque. Mon oncle et ma tante m'y emmenaient quelquefois. Ils pensaient peut-être que ça faisait partie de leurs obligations, ou bien c'était un prétexte pour pouvoir y aller eux-mêmes. J'admirais les uniformes des présentateurs et je suivais avec passion les cavaliers et les funambules, j'allais aussi regarder les animaux exotiques de la ménagerie pendant l'entracte, c'étaient des animaux que je ne connaissais pas, et ils avaient un regard mélancolique et désespéré. Je n'avais jamais pensé à cela, parce qu'ils étaient toujours jetés sur la piste (moi, je pensais qu'ils y venaient d'eux-mêmes), c'était complètement différent, ils jouaient pour moi seul, parce qu'ils dansaient, ils sautaient et ils faisaient les pitres sous la lumière artificielle, dans une musique étourdissante et sous les cris des dompteurs. Je n'avais jamais pensé comme c'était dur d'être une bête de cirque parce que j'étais assis sur un banc de bois et qu'au-dessus de moi il y avait un chapiteau, je regardais la sciure semée par terre et les braseros pleins de charbon incandescent. Je ne savais pas que c'était dur d'être un animal de cirque quand je contemplais les phoques en train de faire sauter des ballons sur leur nez, je n'avais jamais pensé que ce n'était pas une occupation coutumière des phoques. Je n'avais jamais vu non plus auparavant un chien marcher sur deux pattes, avec un chapeau de chasseur sur la tête et un fusil sur l'épaule. Mais c'était drôle à regarder au cirque. C'était beau, sublime, un cirque comme ça, quand s'y déroulaient des choses que je n'avais jamais vues. C'était si excitant d'être assis confortablement en bas sur le banc en bois et de regarder les funambules là-haut.

Mais maintenant que je devais entrer moi-même sur une piste, je n'avais pas envie de me rappeler les claquements de fouet et le cri des dompteurs. Je n'avais pas envie de me rappeler les chevaux trottant toujours en rond ni le chien qui sautait dans le cerceau de papier. Car je ne pouvais plus lever la tête et regarder en l'air la corde des funambules puisque je devais moi-même y marcher et regarder en bas des visages captivés.

Je n'avais pas envie d'entrer dans un cirque avec la tête rasée d'un bouffon ni de me laisser copieusement assommer de coups de pied. Je comprenais maintenant beaucoup de choses sur le cirque, puisque j'étais de l'autre côté de la barrière.

Je ne pensais pas qu'Ils obligeraient Thomas ou Materna à y aller aussi, à moins qu'ils n'en manifestent le désir, mais je savais que moi, Ils me forceraient en m'accrochant mon numéro autour du cou.

Mon trajet passait près de Radio expo et je voyais toutes sortes de choses quand j'étais debout dans le tram, j'arrivais à distinguer par-dessus la barricade l'espace vide au milieu, je voyais aussi le guichet par où les gens passaient, leur numéro accroché autour du cou, courbés sous le poids de leurs sacs à dos, je voyais les gardes plantés devant la porte. Et j'entendais aussi le silence quand le tram passait près de Radio expo, oui, j'entendais le silence, même si le tram grinçait et si les roues cahotaient sur le pavé, une expression de terreur se figeait sur la figure des gens, comme quand ils regardaient, tendus, le saut périlleux des funambules, je me souvenais de ce silence, de ces regards.

Il commençait à manquer des gens au cimetière. Parfois, ils disaient adieu et parfois ils disparaissaient tout bonnement. Cela ne changeait rien. Et il a fait de plus en plus froid.

Nous étions assis près du poêle chauffé à blanc, au cimetière il y avait toujours assez de bois. Nous brûlions aussi les bancs d'église quand nous étions trop paresseux pour ramasser des branches, les bancs étaient vieux et ils brûlaient bien. J'ai vu à quel point les choses changeaient de prix quand Robert a échangé un tapis persan contre deux tresses d'ail. On nous racontait qu'en route, vers l'est, les gens donnaient des bijoux contre des citrons. C'était bien d'avoir un sac de couchage, de la vaisselle, un pull à manches longues, des chaussures de ski, des tablettes de vitamines, un canif à plusieurs lames, un rasoir et une provision de lames. Il fallait que les valises soient prêtes à toute heure parce qu'un jour viendrait où les convois seraient annoncés à la dernière minute, pour que les gens n'aient pas le temps de se préparer convenablement et soient obligés de laisser beaucoup de choses dans leurs appartements.

J'étais devant la barrière de la villa et la neige a

recommencé à tomber, je connaissais déjà toute la cérémonie et je n'avais plus besoin qu'on me renseigne. La villa était silencieuse, même si cette fois-ci il y avait des enfants, on enregistrait des familles entières. Elles étaient groupées en blocs compacts, on voyait aussi des vieux qui s'appuyaient les uns contre les autres. Entassés, tous ces gens devaient attendre anxieusement, interminablement. Ils tenaient à la main des papiers sans rien comprendre à ce qu'il y avait écrit dessus. Leurs « biens » y étaient consignés, mais personne ne se souciait plus de ses « biens », qui étaient d'ailleurs passés dans des mains étrangères. Les « biens » de chacun, maintenant, c'étaient plutôt une couverture, des gousses d'ail, ou du saindoux introduit dans des tubes de dentifrice. J'étais là, au milieu de ces familles, et j'avais aussi des papiers dans les mains. Il fallait que chacun ait un papier même s'il ne possédait absolument rien. Moi, en tout et pour tout, j'avais un sac de couchage et une gamelle, je les avais depuis longtemps, et je n'étais pas obligé de me battre pour les trouver. Oui, en un sens, j'étais mieux loti que les autres, parce que j'étais seul et qu'en plus j'avais gardé une branche d'espoir.

Je suis resté devant la villa toute la matinée, j'ai dû en repartir à midi et errer quelques heures parce qu'ils nous renvoyaient à l'heure du déjeuner. Il ne neigeait plus, mais il pleuvait un peu, les rues étaient pleines de boue détrempée. Je suis parti en même temps qu'un homme qui était devant moi dans la file, c'était un homme assez vieux, fort, le visage buriné par le vent.

Il m'a demandé : « Vous aussi, vous êtes de la

campagne et vous n'avez pas le temps de rentrer chez vous ? »

J'ai dit : « J'habite loin, de l'autre côté de la ville, mais je ne sais même pas ce que je ferais chez moi, il y fait froid et je n'ai pas le temps de chauffer.

— Venez avec moi, nous trouverons un endroit où nous pourrons manger. »

Mais dans ce quartier tous les restaurants étaient interdits d'accès. Nous ne pouvions pas non plus pénétrer dans une maison, parce qu'il n'y avait que des villas soigneusement fermées et placées sous étroite surveillance. Et si nous étions allés un peu plus loin, dans un quartier avec des immeubles, on aurait appelé un garde pour nous chasser.

Nous avons aperçu au loin la tuilerie.

« Est-ce qu'on peut aller dans une tuilerie ? » a demandé l'homme.

J'ai dit : « Peut-être. Je n'ai encore jamais rien lu dans aucun avis au sujet des tuileries. Mais je n'ai pas lu non plus tous les avis, je ne peux rien garantir.

— Dans les tuileries, il n'y a que des mendiants et des vagabonds, pourquoi nous dénonceraient-ils ?

— Les patrouilles rôdent jusque-là, mais je pense que les gardes, eux aussi, ont envie de déjeuner. »

Nous avions froid et il continuait de pleuvoir, mais nous n'avons vu personne, et nous sommes entrés. Il y avait de vieux vêtements dans un coin, nous avons pu nous asseoir dessus et l'homme de la campagne m'a proposé du pain au saindoux. Nous avons mangé en silence. Alors il m'a dit :

« Vous êtes mieux, vous, à la ville. »

J'ai dit : « Pourquoi ? » Il était absurde de discuter pour savoir qui était mieux, mais cela valait quand même mieux que de parler de la villa et de l'attente du convoi. « Vous, vous trouvez de quoi manger. Et puis, là-bas, l'air est plus sain. Ça, au moins, Ils ne peuvent pas vous l'enlever.

— Pourquoi est-ce qu'Ils nous le prendraient ? Ils s'en fichent, Ils ne viennent que pour nos affaires. Ils viennent et regardent mes livres de comptes. “Ça, c'est rien, c'est de la cochonnerie, vous pouvez tout garder.” Qu'est-ce que je ferais de mes livres de comptes aujourd'hui ? Mais quand Ils m'ont pris Bruna, alors j'ai pleuré. Vous savez, je l'ai élevée à la force de mes mains, quand on me l'a donnée, ce n'était qu'une pouliche. Et quand je pense qu'il y a des gens qui la fouetteront…

— N'ayez crainte ; Ils ne sont pas cruels envers les animaux, Ils ont assez de lois qui le leur interdisent. Ils ne peuvent pas être cruels en même temps envers les gens et envers les animaux. Ce serait trop compliqué.

— Pour en revenir à Bruna, croyez-moi, sur mon âme, elle pleurait. Vous ne me croyez pas ?

— Je crois tout ce que vous me dites. Si vous me disiez que les pierres de votre porte pleurent, je le croirais aussi.

— Ce pain que vous mangez, c'est encore de la farine de mon moulin. Vous savez, j'avais un moulin. Chez nous, c'était un métier qu'on se transmettait de père en fils. Et j'avais des champs aussi, j'avais une bonne paire d'arpents. Et maintenant ils ont emmené tous ceux qui habitaient le pays dans un château abandonné. Il y a des tas de familles là-bas et ça se chamaille. On y vit comme en prison, Ils sont après nous au moindre pas. Et ce n'est pas le pire, on s'habitue à ça. Mais tout ce temps-là, tout le temps que j'y ai passé, je n'ai pas fermé l'œil. Vous savez ce que c'est qu'un moulin, toute la nuit il y a quelque chose qui cogne, mais ce n'est rien encore, ce qui me manque le plus, c'est la roue et l'eau qui gicle quand elle coule du chenal. Vous, à la ville, vous pouvez encore vous promener dans les rues.

— Ça ne va pas durer longtemps, ensuite on n'aura plus le choix. »

L'envie de me chamailler m'était passée. Je voyais un moulin de campagne. C'était bien de regarder l'eau couler du chenal. C'était bien d'entendre les bruits du moulin.

Nous avions encore assez de temps, nous sommes restés assis en silence. Puis nous nous sommes levés et nous sommes retournés à la villa.

Nous avons à nouveau attendu dans la longue file sous la surveillance d'un garde. Nous ne parlions pas, nous avions reçu l'ordre de nous taire et même nous devions marcher sur la pointe des pieds. Une fois dans la grande salle, nous avons dû cette fois encore répondre à des questions sur nos bijoux, notre or, nos hypothèques et nos titres en Bourse. Les questions étaient prononcées à voix basse et les réponses aussi. Quand la cérémonie a pris fin et que je me suis retrouvé dans la petite cour, je savais que l'enfer devait être silencieux. Sûrement la pouliche Bruna avait pleuré en quittant son maître, elle ne voulait pas porter un joug étranger. Peut-être que Bruna avait rué, quand ils l'avaient piquée à l'aine, même si son maître ne me l'a pas raconté.

Je ne sais pas ce qu'elle aurait fait si elle avait dû rester tant d'heures debout silencieuse. Nous avancions au milieu d'un frou-frou de papiers froissés, on nous changeait nos numéros et nous n'avions pas le droit de pleurer, ni d'avoir des convulsions, ni de nous taper la tête contre le mur, nous n'avions même pas le droit de chanter des psaumes ou d'entonner une marche funèbre.

Et voilà que j'étais de nouveau assis dans le cimetière près du poêle brûlant. Des gens s'en allaient ou disparaissaient. Certains s'empoisonnaient ou se jetaient de hauts immeubles. Ils se pendaient aussi à des cordes ou se noyaient dans la rivière. Cela ne troublait personne, simplement certains numéros étaient remplacés par d'autres. Les gens avaient des numéros et les convois avaient des numéros, dans les baraquements des numéros gelaient sur la paille. La seule chose bizarre, c'était que les numéros mangeaient, on leur apportait de la nourriture depuis la Communauté. Les porteurs de repas allaient à Radio expo, ils avaient peur car il arrivait parfois qu'ils se transforment en numéros, eux aussi, quand le nombre prescrit dans le livre de comptes n'était pas atteint ce jour-là. Mais on trouvait quand même assez de volontaires, on avait même trouvé des gardes pour surveiller les numéros, des hommes de ménage qui mettaient de côté les déchets et changeaient la paille sur laquelle dormaient les numéros. Il y avait des gens qui transportaient des malades sur des charrettes, il y avait des gens qui jouaient le rôle de chiens de chasse, ils recherchaient les disparus et contribuaient à faire peur à ceux qui voulaient se révolter.

D'un pas lourd et sans saluer, les gladiateurs entraient dans l'arène. Ce titre leur avait été donné par voie administrative, ils avaient leurs lieux de rassemblement et leurs officiers, c'étaient les seuls à recevoir des rations supplémentaires et même de la viande. Car ils devaient être forts pour pouvoir jouer au cirque le rôle de gladiateurs. C'était bien d'être gladiateur, mais c'était aussi un métier difficile, qui requérait de grandes forces. Il fallait avoir des jambes solides et le cœur bien accroché, pour pouvoir rester dans le cirque jusqu'à la dernière représentation.

J'ai aidé mon oncle et ma tante à faire leurs valises quand ils ont reçu leur convocation. Ils m'avaient fait demander de venir chez eux, mais mon oncle m'a dit quand je suis arrivé :

« Mon sang retombera sur ta tête, ingrat, c'est toi qui nous as amenés là. Tu n'as donc pas pitié des personnes âgées ? Tu n'aurais pas pu nous tirer de là et envoyer quelqu'un d'autre à notre place ?

— Tu as toujours été méchant, un enfant gâté et jaloux. Si tante Klara avait vu ça… », a dit ma tante.

J'ai répondu : « Je travaille au cimetière, l'été nous plantons des légumes et à l'automne nous ramassons les feuilles. En hiver nous nous asseyons dans la chapelle près du poêle et nous buvons du tilleul.

— Tu vois, tu t'es trouvé ce travail, et tu n'as rien pu dénicher pour ton oncle ? Tu n'as sauvé que ta peau, et l'oncle qui t'a fait vivre et qui t'a sauvé de la maladie, il peut bien crever, hein ? » pleurait ma tante.

J'ai baissé la tête et j'ai regardé la pièce. Des affaires étaient dispersées partout. Je voyais aussi quelque chose qui ressemblait à un sac de couchage, des chiffons mal assemblés. Je voyais des vieilleries ébréchées, abîmées, usées, cassées qu'ils avaient tirées de leur capharnaüm, prêtes à être mises dans des sacs à dos et des bagages. C'étaient des choses absurdes – il y avait entre autres des moules à biscuits rouillés, un vieil encrier au couvercle cassé, un couteau sans manche, des boutons de cuivre et des baguettes en bois. Tout était inutile et sans valeur, c'étaient des choses qui s'amoncelaient dans les coins et que mon oncle et ma tante avaient toujours gardées. J'en connaissais un bon nombre depuis mon enfance, déjà à l'époque elles étaient abîmées, ébréchées et inutiles, c'était drôle de les retrouver après tant d'années, au moment du grand départ vers l'est.

J'ai dit : « Qu'est-ce que vous allez traîner avec vous, ça ne vous servira à rien, où sont les provisions, le linge chaud, les gamelles, les chaussures de travail et les grosses chaussettes ?

— De quoi tu te mêles, voyou, assassin ! m'a dit mon oncle brusquement. Comme si ça ne suffisait pas de nous avoir envoyés au convoi, tu voudrais encore nous dépouiller de nos biens ?

— Je m'en fiche, de vos affaires, je vous dis seulement que vous devez prendre comme vêtements et comme linge ce que vous avez de meilleur, pour que ça vous fasse de l'usage. Mais ça revient au même que vous emportiez tout ça, de toute façon, d'autres vous les prendront.

— Une fois de plus, tu te trompes, a crié mon oncle. Ils n'auront rien, j'ai caché tout ce qui a de la valeur chez des gens honnêtes, mais je ne te dirai pas l'adresse, pour que tu n'ailles pas t'en emparer.

— Je vous ai déjà dit que je m'en fichais, de vos affaires. Je me fiche de tout. De toute façon, moi aussi, il faudra que j'aille au convoi, alors à quoi ça me servirait, ces vieilleries ? »

Mon oncle et ma tante se sont regardés d'un air moqueur. Il était évident pour eux que je voulais les déposséder de leurs biens, que je faisais semblant d'avoir peur comme eux, parce que j'avais tout calculé, j'avais une place à l'abri. Inutile de les dissuader de cacher leurs affaires chez des voisins. Je savais bien que, dans le désert, les chacals vagabondent et versent des larmes amères. « Quelle misère, ces gens qui tombent de soif et d'épuisement au bord de la piste de la caravane ! Maudit soit le soleil qui a desséché leurs gorges, maudits soient les brigands qui guettent derrière les dunes et tuent les retardataires. Nous sommes la miséricordieuse confrérie des fossoyeurs, mais nous n'avons pas de pattes pour creuser votre tombe. Nous n'avons même pas d'eau pour nettoyer les défunts, nous ne pouvons que pourvoir au dernier office, le grand office du malheur – dénuder les os pour qu'ils soient bien blancs et que le soleil puisse les dessécher. » Les chacals sont doux et aimables, ils savent s'apitoyer et pleurer, ils connaissent de jolis mots. Ils promettent aussi un prompt retour et un heureux rétablissement. Non, je n'étais pas l'ami des chacals, j'étais content qu'ils ne recherchent pas ma compagnie.

« Pourquoi tu ne viens pas avec nous, toi ? a rugi mon oncle. Comment se fait-il que tu t'en sois tiré, puisque les gens partent par familles entières ?

— Vous m'avez dit que je n'avais pas le droit de me faire enregistrer chez vous et que je n'avais pas le droit de faire connaître notre parenté, parce que j'abritais Thomas, le chat, le hors-la-loi. Vous aviez peur que je déclare être sous votre responsabilité.

— De toute façon, c'est toi et ton chat qui nous avez envoyés là-bas ! »

Je n'ai pas répondu. Cela n'avait pas de sens de répondre à des reproches auxquels peut-être mon oncle lui-même ne croyait pas, simplement il devait toujours y avoir quelqu'un à qui reprocher quelque chose et sur qui faire reposer la faute.

« Pour que tu le saches, je reviens dans deux mois. La dame chez qui j'ai déposé nos édredons nous a dit que ce serait certainement fini dans deux mois. Elle est toujours bien renseignée, elle ne nous a jamais effrayés comme tu le fais.

— Bon, puisque vous y croyez... Pourquoi est-ce que vous ne prenez pas au moins de la nourriture ?

— Eh ben, ce serait beau, il faudrait qu'on partage avec les autres ; et comme ça les autres devraient aussi partager avec nous. »

J'ai dit : « Je dois retourner chez moi. Il va bientôt être huit heures, je viendrai vous aider quand vous devrez partir, je vous accompagnerai jusqu'au bâtiment de Radio expo. »

Ils devaient partir le dimanche, et c'était bête parce que le dimanche aucun d'entre nous n'avait le droit de prendre le tram. Les gens devaient se traîner à pied à travers tous les quartiers de la ville avec des sacs à dos et de lourdes valises.

Mais quand je suis allé chez mon oncle, au lieu de faire tout le tour de la ville, j'ai en fait simplement descendu la colline et là j'ai attendu le tram, en cachant mon étoile sous ma serviette. J'ai aidé mon oncle et ma tante à faire leurs sacs et j'ai pris sur mon dos le plus lourd. Ils avaient leurs numéros accrochés autour du cou, ils marchaient lourdement courbés sous le poids de leurs valises. Ma tante avait attaché à son sac son moule à kougelhof, je connaissais bien ce moule, je mangeais toujours la pâte qui y restait accrochée quand elle avait démoulé son gâteau. Je me souvenais de l'odeur du zeste de citron, j'aurais voulu être à nouveau assis sur un tabouret de la cuisine et attendre que ma tante démoule son gâteau sur la planche. Le moule se balançait contre le sac, il était mal accroché, il battait sans cesse le dos de ma tante. Mon oncle et elle me faisaient pitié, à pleurnicher dans les rues avec leurs numéros attachés autour du cou, leurs chaussures trouées et leurs habits misérables.

« Nous reviendrons dans deux mois, la dame nous l'a redit aujourd'hui. »

Ils ne me reprochaient plus rien, ils se contentaient de gémir et de pleurer sur leur sort. Moi aussi, je leur ai dit qu'ils allaient sûrement revenir dans deux mois, qu'est-ce que je pouvais leur dire d'autre ? Je ne leur racontai rien du cirque malgré mes remords, à certains instants, de ne pas assez les préparer à ce qui les attendait, mais ils ne m'auraient pas cru. Peut-être que c'était bien de les laisser ignorer quel rôle ils étaient condamnés à jouer au cirque, peut-être que c'était bien qu'ils ne sachent rien de la paille et du froid dans les baraques de planches mal clouées.

Quand nous avons atteint les bâtiments de Radio expo, nous avons rencontré des colonnes de gens, nous avons vu aussi des malades portés sur des chariots et des enfants attachés aux valises. Eux aussi avaient leur étoile cousue sur leurs vêtements et leur numéro se balançait à leur cou. Nous marchions sur la chaussée parce que nous étions nombreux, et les passants nous regardaient depuis le trottoir. Nous ne faisions pas attention aux passants, nous ne savions pas s'ils se moquaient ou s'ils avaient pitié de nous. Mais sans doute que nous n'existions déjà plus pour eux parce qu'ils désiraient que nous n'existions plus, pour ne plus être forcés de nous regarder, parce qu'ils se dépêchaient de nous éviter et de détourner le visage, il valait mieux tout oublier, ne plus rien savoir.

J'ai vu dans le cortège quelques visages que je connaissais, mais je ne voulais pas aller parler aux gens. Ils auraient été forcés de s'apercevoir que je n'avais pas de numéro et donc que je ne passerais pas la porte avec eux. Peut-être qu'ils m'auraient envié, je n'aurais pas pu me justifier et je n'aurais pas trouvé de parole de consolation. Ils n'auraient de toute façon pas entendu un seul de mes mots d'excuse, peut-être même qu'ils ne m'auraient pas reconnu parce que leur œil était déjà vitreux, ils ne voyaient que la porte ouverte et le gardien planté devant.

J'ai dit « Au revoir » à mon oncle et à ma tante quand nous avons été près de la porte, et je leur ai tendu leur sac. Je ne pouvais pas aller plus loin parce qu'il était souvent arrivé que le gardien empoigne celui qui servait d'accompagnateur et le jette au milieu des autres, même s'il n'avait pas de numéro.

« Revenez vite en bonne santé.

— Adieu, Pepa, a dit mon oncle. Hein, tu ne m'en veux pas de tout ce que je t'ai dit ?

— Adieu, Pepa, a dit ma tante en m'embrassant, peut-être que toi, au moins, tu survivras. »

J'ai dit : « On survivra tous et on se reverra tous,

tout sera beau à nouveau quand on sera à nouveau réunis. »

Sur le trottoir, je les ai regardés s'éloigner, s'approcher péniblement de la porte, mais je n'ai pas pu rester là longtemps parce que, sur les trottoirs, il y avait des gardes qui surveillaient.

Je suis rentré lentement à la maison et je n'ai pas cessé de rencontrer en chemin des gens chargés de sacs à dos, avec leur numéro accroché autour du cou. J'entendais le son strident des fifres et le sombre roulement des tambours, je pensais que c'était la Mort qui marchait devant eux, accompagnée de musiciens, comme c'était son habitude. Du verger tout proche surgissait un régiment, à la tête duquel marchait un homme, brandissant une queue-de-cheval au bout d'un bâton.

15

L'hiver a été doux cette année-là mais ça n'a pas servi à grand-chose pour les gens du cirque, ils se gelaient quand même sur la paille dans les baraques de planches. Certains convois étaient envoyés vers l'est, d'autres dans la ville fortifiée où l'on avait monté une ménagerie. C'était une grande chance de devenir animal et de partir pour la ménagerie, mais peu de gens étaient maintenus dans la ville fortifiée. Beaucoup étaient envoyés plus tard aussi vers l'est. Et, même dans cette ville, le cirque donnait ses représentations, même dans cette ville, il fallait marcher sur la corde sans filet de sécurité et sauter par-dessus de hauts obstacles.

C'était une ville qui se trouvait au cœur du pays natal. Il y avait une rivière qui passait tout près et des prés autour. Le vent apportait des odeurs de fleurs d'abricotier et des oiseaux se posaient sur les poteaux télégraphiques. C'était une bonne chose de vivre dans cette ville, même si c'était une ménagerie, derrière des fils barbelés. C'était une bonne chose d'entrer dans le cirque plein d'espoir, car il était possible que quelqu'un y reste après les autres pour laver les cadavres. Des nouvelles parvenaient de cette ville, elles passaient les fils de fer barbelés surveillés par des gardes, elles voyageaient dans les sacoches des cheminots et dans les gamelles des marchands forains. On disait que l'argent n'avait pas perdu son pouvoir là-bas et que même il réussissait parfois à vaincre la faim et la mort. Mais c'étaient de fortes sommes d'argent, que nul d'entre nous n'avait jamais possédées. On disait aussi que certaines choses avaient dans cette ville de la valeur, il était possible d'affronter grâce à elles le froid et les maladies. On disait que les parents et les amis pouvaient être d'une grande aide, on racontait des histoires de lettres de recommandation, de fils qui protégeaient leur père, leurs cousins, qui occupaient des places de porteurs de repas. Pour ceux qui n'avaient pas d'argent, de biens ou de parents, c'était malgré tout une grande chance de rester là comme bêtes de trait. Il y avait beaucoup de bêtes de trait, elles recevaient peu de nourriture, elles tiraient de lourdes voitures, des batteuses, des moissonneuses et des charrettes. Car dans cette ménagerie on n'avait pas le droit d'être un autre animal qu'un homme.

Près du poêle nous parlions de cette ville fortifiée. Elle avait son timbre à elle, sur lequel était peint un tilleul, elle avait sa monnaie sur laquelle était représenté l'auteur du Décalogue. Le Décalogue ne valait maintenant que pour les bêtes, mais il n'était pas donné aux bêtes pour qu'elles s'y conforment en esprit. Il ne leur était donné que comme une image où figurait un homme à longue barbe, qui jadis avait conduit sa nation à travers le désert.

Maintenant, au cimetière, la plupart des gens étaient nouveaux. Ceux qui étaient partis avec les convois avaient été remplacés par d'autres. Cela ne faisait pas de différence, le poêle était toujours le même, on ne voyait pas le visage des gens quand ils regardaient la poussière, dans laquelle serpentait toujours le même chemin. Cela ne gênait pas trop que Robert ait disparu, lui qui vivait, disait-on, dans la ville forte, il se trouvait toujours quelqu'un d'autre, qui apportait plein de nouvelles. Il y avait là un mercier qui parlait de miracles. Maintenant, des miracles pouvaient se produire puisque des hommes étaient devenus des animaux, et donc des fauves bibliques pouvaient sortir de leurs trous et les meules pouvaient avoir des sueurs de sang. Les comètes pouvaient annoncer la peste noire et des prophéties pouvaient être lues comme une règle pour les mois à venir. Un jour, à Radio expo, on amena un vieil homme paralysé qui depuis vingt ans vivait le jour sur un fauteuil roulant et la nuit couché sur son lit. C'était difficile de le déplacer pour lui faire jouer le rôle qui lui était prescrit. Surtout, il fallait qu'il ait le crâne proprement rasé, sinon il ne pouvait pas entrer au cirque. Personne n'était autorisé à être rasé chez lui, tout le monde devait aller chez le barbier, qui avait sa baraque à lui. Et donc le vieillard devait se faire traîner, ramper, se donner en spectacle. Mais il ne voulait pas sauter de son siège, il ne voulait pas danser et agiter les mains. Il restait assis comme il l'avait été depuis vingt ans. Le barbier a été forcé de rapporter cette désobéissance au garde. Le garde a pris le chemin de la cage où était assis le paralytique (il n'avait plus de fauteuil roulant, il était assis sur un tabouret). Il lui a conseillé de se lever et de marcher mais son ordre n'a pas été entendu. Il lui a tiré dans l'oreille et a répété son ordre. C'est alors qu'un vrai miracle s'est produit. Le paralytique, pour la première fois depuis vingt ans, s'est dressé, puis il a culbuté dans la paille et il est mort. Aucun autre coup de revolver n'aurait pu le ramener à la vie.

Nous n'avions pas de raison de ne pas croire à ce miracle, parce que le mercier était précisément le barbier qui avait dû appeler le garde. En guise de punition, on avait rasé la tête du barbier et il avait été forcé de participer à quelques numéros au cirque, mais il avait de la chance parce que cette fois-ci les numéros étaient assez nombreux et il n'avait donc pas été obligé de partir vers l'est. Bien sûr, ce n'était pas agréable de marcher dans le froid la tête rasée, mais ça lui avait permis de se débarrasser de son métier de barbier.

Nous étions assis sur nos tabourets près du poêle et nous pensions à ce miracle. Jadis nous rêvions tous de miracles, mais maintenant il ne nous était pas agréable de savoir qu'il s'en produirait. Ça nous aurait été plus doux de pouvoir vivre dans le calme, sans bruit, sans avoir à nous précipiter sur une meilleure chaise. Alors nous ne parlions plus du miracle, mais de choses ordinaires et proches de nous, de graisse contre les poux et de tablettes de vitamines. Certains parlaient aussi de suicides et d'arrestations, mais même cela, c'étaient des choses ordinaires. Et puis nous nous chamaillions pour savoir si tout cela finirait bien.

Je suis allé à la station de tram en regardant par terre. Cela n'avait pas de sens de marcher la tête haute, il fallait ployer la tête comme sous un poids.

Une vieille dame m'a arrêté.

Elle a demandé : « Vous ne connaissez pas Mme Bejkovská ? »

J'ai répondu : « Non.

— C'était une gentille dame. Maintenant, elle est dans cette ville où sont les gens comme vous. »

J'ai dit : « Oui. Adieu, madame, sinon ils vont vous arrêter.

— Jésus-Christ est là-bas aussi, vous savez, c'était quand même un des vôtres. »

J'ai dit : « Oui, peut-être qu'il y est.

— Je savais bien qu'il était là-bas. Je vous remercie beaucoup pour la nouvelle.

— Il n'y a pas de quoi.

— Quand vous y serez aussi, dites-lui que je lui adresse des prières, s'il vous plaît, dites-le-lui, je m'appelle Maňaková et mon mari travaille à la poste. »

J'ai dit : « Je le lui dirai, mais j'ai bien peur de ne pas le trouver là-bas.

— Vous le trouverez certainement, peut-être qu'il y sera en secret, je vais prier pour vous, quel est votre prénom ? »

J'ai dit : « Josef. »

Je n'avais pas envie de rentrer chez moi, je suis allé chez Materna. Maintenant, j'étais souvent chez lui, depuis qu'il faisait froid. Je n'étais pas obligé d'arracher mon étoile parce que les nuits étaient sombres et que je me glissais à travers champs, les amis de Materna s'étaient habitués à moi, ils s'étaient aussi habitués à ce que je ne parle pas. J'étais bien, quand j'étais assis là-bas et que j'écoutais les autres, j'étais bien parce que chez Materna il faisait chaud et que je n'étais pas obligé d'allumer le feu chez moi. Cette fois, je lui ai raconté le miracle.

« Un revolver – ça, c'est une bonne chose, a dit Materna, tu ne sais pas ce que c'était comme marque ? » J'ai dit : « Je ne sais pas, sans doute que c'était un pistolet de l'armée. Ils en portent toujours sur eux.

— Ils ont de bons pistolets dans l'armée, a dit Franta. Ça ferait bien notre affaire d'en avoir quelques-uns. »

Ils ont commencé à parler d'armes. Je me taisais. Je ne m'y connaissais pas, en armes.

« Ils ne t'ont pas encore convoqué ? » a demandé un peu après Materna.

J'ai dit : « Pas encore. Peut-être qu'Ils jettent les numéros dans un chapeau et qu'Ils les tirent au hasard. Ou bien Ils mesurent la longueur du nez, Ils comptent les lettres des noms. Ou bien Ils regardent dans les étoiles et consultent les horoscopes. Je ne sais pas, Ils sont peut-être fous. Maintenant, Ils vont assassiner les animaux.

— Quels animaux ?

— Les nôtres. Tous les animaux domestiques doivent être liquidés. C'est bien qu'Ils ne soient pas au courant pour Thomas, je ne l'ai pas déclaré.

— Quel crime a commis Thomas ?

— Ils lui trouveraient bien quelque chose. C'est sûr qu'il a enfreint des lois et des décrets. Il est souvent sorti après huit heures et il est passé dans des rues interdites. C'est sûr aussi qu'il a troublé les lois économiques : d'une part, parce qu'il a mangé mon pain et vos restes ; d'autre part, parce qu'il s'est lui-même fourni en souris et en oiseaux, alors qu'il n'avait pas droit à la viande.

— On peut dire qu'Ils en ont, des soucis, depuis le début de Leur guerre ! » s'est exclamé Franta.

J'ai dit : « Ils sont très inventifs, la guerre ne Les dérange pas. »

Et puis ils ont tous longtemps parlé de la guerre et des points sur la carte. Je me suis faufilé jusque chez moi et je me suis glissé dans mon sac de couchage. Thomas n'était pas là. Je ne sais pas ce qu'il pouvait bien chasser par cette nuit d'hiver, alors que les souris se terraient et que les oiseaux s'étaient envolés vers le sud.

Le lendemain, je suis allé au cimetière. C'était encore l'hiver mais le printemps se rapprochait. Le cirque continuait avec des pauses, parfois plus longues, les gens disaient qu'il n'y aurait plus de représentations, que tous ceux qui en avaient réchappé ne seraient plus convoqués.

Mais c'était un vain espoir. Les convois reprirent à nouveau. De grands camions de déménagement emportaient des objets et des meubles dans des dépôts. Tous les matins, des équipes partaient de la Communauté avec des missions diverses. Les unes dressaient des inventaires de meubles, d'autres les emportaient, d'autres encore nettoyaient les appartements, lavaient les planchers et ciraient les parquets pour les nouveaux occupants.

Des équipes partaient dans la nuit et dans la nuit rentraient chez elles, rien ne pouvait arrêter leur travail, même pas les mains gelées et l'eau glacée, même pas le poids des grandes armoires. Les objets aussi recevaient un numéro, un poêle cassé recevait un numéro tout comme un grand tapis. Les gens allaient vers l'est et dans la ville fortifiée et à leur suite les choses passaient de leurs appartements vers des entrepôts et des entrepôts vers d'autres appartements.

Il semblait que personne ne pouvait faire cesser ce mouvement, ce grouillement, cette agitation perpétuelle dans les rues, le grincement des roues, les cris et les prières. Quelque part, de très loin, des ordres venaient, secrets, qui se croisaient entre eux. Parfois ils paraissaient absurdes, les gens y cherchaient un sens caché et parfois le trouvaient. Et ils étaient exécutés même s'il semblait que ce serait impossible. Il arrivait que la tâche d'une semaine fût accomplie en un seul jour, et celle d'un jour en une seule heure. Les gens travaillaient jour et nuit sans s'arrêter, parfois sans manger, parce que la peur rôdait autour de leurs tables et que la Mort avançait, accompagnée de tambours et de fifres. C'était sa musique, au rythme de laquelle les gens réglaient leurs pas.

J'étais assis sur mon tabouret et soudain le mercier a dit :

« Tous les Roubíček vont partir. »

J'ai demandé : « Comment cela ?

— Il y a trois semaines, ce sont tous les Kohl qui sont partis, maintenant ce sont tous les Roubíček, ils l'ont dit à la Communauté. Quelle plaisanterie ! Le garde va crier "Roubíček" et il y aura peut-être cinquante Roubíček à se presser. Ils en ont de bonnes. »

Je savais que oui, Ils s'y connaissaient, en bonnes plaisanteries, pour que chaque fois la représentation du cirque soit différente, j'ai eu une sensation pénible, comme si j'allais m'évanouir, et je n'avais pas envie de parler à qui que ce soit. Je suis resté planté sur mon tabouret toute la journée et je regardais la poussière où zigzaguait mon chemin. Maintenant, le temps était venu où je devrais m'accrocher un numéro et attendre la convocation jaune où mon tour serait précisé.

J'avais toujours su que cette heure viendrait, mais je l'avais toujours rejetée, elle revenait, elle remontait et rôdait comme un loup. C'était comme une baguette de bois de diabolo, c'était bien de jouer comme ça, sinon comment aurais-je supporté d'attendre, d'aller au cimetière, de manger, de dormir et de parler avec les gens ? J'aurais dû crier, pleurer et me frapper la tête contre le mur, me rouler par terre. J'aurais dû mille fois par jour appeler la Mort afin qu'elle se presse parce que je ne pouvais plus supporter une si longue incertitude. J'aurais dû souffler sur l'espoir d'être envoyé à la ville fortifiée et qu'on m'y donne un bon emploi de balayeur ou au moins de bête de trait. J'aurais dû des jours entiers courir et conjurer les gens d'avoir pitié de moi et en même temps j'aurais su que cela ne valait pas la peine parce que je n'aurais jamais trouvé celui qui décidait de mon destin. J'aurais couru dans des dizaines de bureaux et sur le seuil de chacun j'aurais supplié, partout on m'aurait chassé, et je n'aurais jamais réussi à savoir quel était le bon bureau. Et si un message ou bien une conversation secrète que j'aurais surprise me l'avait fait savoir, cela non plus ne m'aurait été d'aucune utilité, parce que je n'aurais jamais osé entrer dans ce bureau-là sans lettre de recommandation.

Bien sûr, j'avais ma branche d'espoir. Materna avait dit qu'« on verrait bien ». Materna et ses amis marchaient la tête haute sur les trottoirs et regardaient les gardes droit dans les yeux. Ils buvaient du thé et se racontaient des anecdotes, ils riaient et ils parlaient de marques de pistolets. Ils ne tremblaient pas, ils ne se glissaient pas le long des rues, ils ne restaient pas debout dans le tram, ils ne s'appuyaient pas à la vitre de la plate-forme avant. J'aurais pu aller les voir et leur demander leur aide, alors qu'ils n'avaient rien à faire de moi, alors que je n'étais leur égal ni dans ma démarche ni dans mon maintien. Non, jamais je ne devais compter sur leur aide, je m'étais seulement réjoui de cet espoir, je m'étais réchauffé à lui, rien que pour moi, pour mon plaisir.

J'ai attendu l'envoyé de la Communauté. Je savais que c'était d'abord lui qui viendrait m'annoncer la nouvelle comme un héraut, et qu'après d'autres arriveraient, dont la mission serait de dresser l'inventaire de mes meubles et de me donner les consignes. Après en surgiraient d'autres encore pour contrôler mes valises, afin qu'elles soient bien ficelées et bouclées. Mais l'envoyé de la Communauté n'arrivait pas. Or j'avais appris que le nom de ceux qui devaient partir était annoncé dans la salle rituelle. Et j'y suis allé au jour fixé pour tous les Roubíček.

C'était une salle obscure où des lumières brûlaient toute la journée, elle se trouvait en contrebas, en sous-sol en fait, parce que c'est des profondeurs qu'il faut appeler le Seigneur. Il y avait des murs nus et des bancs, la place de l'Arche était vide. C'était de cet endroit que les noms, inscrits sur de longues listes, étaient annoncés. Un homme habillé comme tous les autres les lisait, debout devant le lutrin. Les gens étaient assis sur les bancs et écoutaient les noms, prononcés lentement pour que chacun puisse les entendre.

Ils tombaient comme des gouttes, lentement. Des profondeurs nous crions vers Toi, Seigneur, du fond de la souffrance et du désespoir. Les Abeles, les Askenaz, les Benda allaient partir, lentement avançaient les Anne, les Marie, les Hedvika, les Alžběta et les Josefina, marchaient les Josef, les Robert, les Egon, les Jan et les Pavel. Des profondeurs nous crions vers Toi, Seigneur, parce qu'ils sont partis, qu'ils sont tombés dans les ténèbres et que maintenant d'autres noms surgissent. Il n'était pas possible de savoir si ceux qu'on appelait étaient présents, il y avait trop de monde dans ce sanctuaire. Mais pas d'enfants, même si des noms d'enfants étaient lus aussi. Des femmes se glissaient entre les hommes alors qu'une galerie spéciale leur était réservée. Aux murs, il y avait des taches de sang, on n'avait pas le droit de les nettoyer. Le sang n'avait jamais vraiment séché sur ces murs, parfois seulement il avait noirci, mais il arrivait, aux temps mauvais, qu'il redevienne rouge. Dans les ténèbres et les ombres, les noms grondaient, le mur était un peu caché derrière le dos des gens, personne ne pouvait s'apercevoir s'il suintait ou non. Je me tenais près du mur, parce que je n'avais pas trouvé de place sur les bancs, c'était bien de pouvoir s'appuyer à quelque chose, c'était bien que le mur taché de sang soit derrière moi parce que je ne le voyais pas, je ne regardais que l'homme qui lisait. La liste était longue encore jusqu'à Roubíček, il y avait encore bien des noms – des Kohn, des Kraus, des Kopecký, des Langer et des Lederer. Il fallait qu'ils soient lus lentement pour ne pas provoquer d'erreur, il fallait donner soigneusement les adresses. Dans la salle, il y avait beaucoup de gens qui avaient les mêmes noms et les mêmes prénoms, plus des noms inhabituels pour lesquels on n'avait pas besoin de lire les adresses. J'entendais cette énumération se transformer en paroles d'une prière pour les martyrs, ce n'étaient que des noms et des adresses dans des quartiers ordinaires qui tombaient de la bouche de celui qui les lisait en chaire et remontaient jusqu'à la rosace noircie du plafond. J'attendais mon nom, j'ai attendu longtemps, parce qu'il était presque à la fin de l'alphabet. Des profondeurs nous crions vers Toi, Seigneur, les feuillets bruissaient dans la main de celui qui lisait, et cela se transformait en bruissement de feuilles qui s'envolaient au vent, avant le printemps, s'élevaient jusqu'au ciel et retombaient quelque part en bas sur terre, où elles étaient foulées dans la boue, mêlées à la glaise et à la cendre. Les Popper, les Porges et les Prazak s'en allaient, bientôt ce serait le tour des Roubíček. Le premier à venir a été Roubíček, Abraham. Je me le représentais comme un vieux avec une longue barbe grise, appuyé sur ses béquilles. Je le voyais, boitant derrière les autres, harcelé de coups de pied, je voyais une figure baignée de sueur, un dos courbé, je le voyais ravaler les injures, tomber, je voyais les larmes couler le long de sa barbe. Roubíček Abraham tombait dans les ténèbres avec son adresse et derrière lui marchaient d'autres Roubíček, dont les adresses étaient lues par ordre de quartier, il y avait beaucoup de Roubíček, et beaucoup de Josef, et puis on a sauté aux Salus, Stamitz, Stein et Steiner, plus aucun Roubíček n'apparaîtrait dans le bruissement des feuillets. Je ne pouvais plus écouter les noms tomber doucement, l'un après l'autre. Je me suis répété ces mots absurdes, *cocoric*, *traîne-à-la-douzaine* et *cire à parquet*. J'ai gagné la rue par le couloir sombre, j'ai été aveuglé tout à coup par la lumière du jour, j'étais comme un noyé, peut-être que je serais tombé si quelqu'un ne m'avait pas retenu. C'était un fonctionnaire assez haut placé de la Communauté, que je connaissais un peu parce que l'administration du cimetière lui incombait et qu'il venait quelquefois faire une visite de contrôle.

Il a dit : « Je suis sorti avec vous, j'étais là, moi aussi, le nom de mon beau-frère est tombé. Il s'appelle František Roubíček. »

J'ai bredouillé : « Oui… Moi, je n'y suis pas, hein ?

— Non, vous avez beaucoup de chance. Une chance inouïe, incroyable. C'est un hasard, un sur mille. J'avais déjà vu les listes à la Communauté. Il y a dessus tous les Josef Roubíček, vous êtes le seul à ne pas y être, vous serez le seul Josef Roubíček de la ville à ne pas partir maintenant. Croyez-moi, vous avez beaucoup de chance, vous ne pouvez même pas savoir. Maintenant, vous avez un sursis d'au moins six mois, peut-être même un an. »

J'ai demandé : « Comment ça ? Je n'y comprends rien.

— C'est comme ça. Ils ont sorti tous les Roubíček de Leur fichier, Ils pensent qu'Ils les ont tous fait partir, mais Ils ont oublié votre fiche à vous. Pendant longtemps Ils ne chercheront plus aucun Roubíček, vous resterez tranquillement dans le fichier jusqu'au jour où Ils feront une vérification. Mais ça n'arrivera pas de sitôt. »

Je suis sorti dans la rue. Je ne faisais pas attention et à tout moment je trébuchais dans la boue. Parce que tout le monde savait que les Roubíček allaient partir, je pouvais, moi, désormais, faire ce que je voulais, mais je ne savais pas ce que je voulais. C'était comme si une réserve d'autres jours m'était donnée, si le fonctionnaire de la Communauté avait dit vrai. Sans doute avait-il raison, parce que les fonctionnaires en savaient long, mais ils n'osaient pas le dire aux gens ordinaires, ils gardaient leurs secrets, parce qu'ils avaient peur d'être dénoncés et de devoir partir, eux aussi, avec les convois. Je n'avais pas le droit de dire quoi que ce soit à personne à propos de ma chance miraculeuse, parce qu'il y avait beaucoup d'envieux, ils m'en auraient voulu. Tous les autres Roubíček seraient mécontents s'ils savaient que je ne faisais pas partie du prochain convoi et cela par pur hasard. Ils voudraient sûrement que j'aille donner moi-même mon nom, que je prenne la forme et l'apparence d'un numéro. Les Roubíček ne sauront jamais que l'un d'eux s'est perdu, il a été abandonné par erreur dans un tiroir, peut-être que ce Roubíček a glissé quand une main a voulu prendre sa fiche, peut-être qu'il s'est caché sous les autres Roubíček, de sorte qu'on ne pouvait plus le voir. C'était bien d'émerger du fond du désespoir, de m'éloigner des murs noircis, jamais reblanchis, qui portaient encore des traces de sang, c'était bien de sortir dans la rue, dans ce jour maussade du début du printemps, de respirer l'air tiède loin de la fumée lourde des cierges. C'était bien de sortir des portes de la Mort, d'être debout au jour de la résurrection, de sortir des profondeurs, de grimper sur une haute montagne et de crier dans le vent : « *Alléluia !* »

Mais je n'ai pas crié *Alléluia !* parce que je sortais d'une salle rituelle où on avait lu des noms d'hommes, de femmes et d'enfants – tous ceux-là, en cet instant, avaient reçu leur linceul et se préparaient à la mort, ils me regardaient les yeux vides et me faisaient signe pour que je vienne les rejoindre. Je ne suis pas venu, c'était une chance incroyable de ne pas être obligé de les rejoindre, je suis tout simplement ressorti de la salle de prière, vallée de larmes, éclairée à la lueur des cierges bibliques, dans la rue boueuse. Il n'y aura plus de Roubíček, avait dit l'employé de la Communauté, il n'y aura plus de Roubíček pour marcher, manger, dormir et aimer leur femme, s'ils en ont une, juste moi, Josef Roubíček, je vivrai encore quelque temps, peut-être six mois, peut-être un an, parce que quelqu'un s'est trompé quand il a tiré les fiches du tiroir. Je ne saurai jamais pourquoi mon nom n'a pas été lu parmi les autres et pourtant cette erreur absurde, incroyable, impossible me faisait cadeau du jour d'aujourd'hui.

« Růžena », je parlais à nouveau avec elle pour la première fois depuis longtemps, « je dois te dire que la vie m'a été donnée, alors que j'étais déjà descendu au fond de l'abîme. Une main m'a saisi et m'a tiré jusqu'au sommet d'une haute montagne, maintenant je suis là-haut et je te raconte cela, parce que je sais que tu en seras contente, je veux que maintenant tu sois avec moi, tandis que je marche dans la rue et que je trébuche à chaque pas, quand je regarde les blocs de glace flotter sur la rivière, quand je respire l'air tiède et que je crispe mes mains dans mes gants troués au fond de mes poches. Ces mains m'appartiennent encore, beaucoup m'appartient encore parce qu'il y a eu un miracle, alors que tous les Roubíček sont partis, enveloppés de leur linceul dans les ténèbres à la lueur des cierges et que, moi, je suis dans la rue, par ce mauvais temps. »

Je me réveillais d'une longue maladie et Růžena était là, elle m'avait apporté un bouquet de violettes et elle était assise sur mon lit. « Růžena, les médecins avaient dit que je ne supporterais pas l'opération, c'est une opération difficile au cours de laquelle presque tout le monde meurt, les médecins avaient dit que je n'avais qu'une chance sur cent, c'est bien, Růžena, de pouvoir te regarder. – Tu es pâle, a dit Růžena, tu dois te ménager, tu n'as pas encore gagné. – Je ne mourrai pas, Růžena, nous irons quelque part loin de la ville et nous nous allongerons dans l'herbe, nous irons quelque part en haut d'une colline pour pouvoir regarder la ville et je te montrerai l'hôpital où ils m'ont opéré, où je suis mort… – Tu n'as pas le droit de parler trop longtemps et tu dois beaucoup manger pour reprendre des forces. – Je vais dormir, Růžena, je vais rêver de toi et d'une promenade à travers les herbes hautes et de l'ascension d'une haute montagne, je verrai se dresser les cheminées de la ville, nous verrons la fumée monter jusqu'au ciel, je ne suis pas mort. – Je m'en vais, a dit Růžena, il ne faut pas que tu parles autant, tu dois garder le silence, puisque tu es revenu de la mort. »

Je marchais dans la rue sans savoir où j'allais, je parlais avec Růžena et je tombais dans la boue. J'avais les mains gelées dans mes gants troués, et comme je voulais les enfoncer profondément dans mes poches, de la droite j'ai senti quelque chose de froid, c'était un oignon, quelqu'un me l'avait donné la veille au cimetière, l'homme qui disait que les Roubíček allaient partir. Je me disais que, maintenant, je n'avais plus le droit de le manger puisque je ne partais pas avec le convoi. J'ai essayé de me rappeler si je n'avais pas entendu un nom connu dans le sanctuaire, finalement je me suis souvenu de celui d'un homme avec lequel j'avais jadis passé la nuit au service des urgences. Et j'ai su que j'avais maintenant un but, j'irais lui rendre l'oignon.

16

J'ai continué à tenir l'oignon au creux de ma main, si bien qu'il était chaud quand je suis entré dans la maison obscure et que j'ai appuyé sur les boutons de quelques sonnettes.

« C'est gentil d'être venu me dire au revoir, a dit l'homme que je connaissais. Des tas de gens sont passés, ils voulaient tous que je leur laisse quelque chose en souvenir. Il y en a eu aussi qui se sont servis tout seuls. »

J'ai dit : « Moi, je ne veux rien, je vous ai apporté quelque chose, oh, une toute petite chose, mais qui vous sera bien utile. C'est un oignon.

— Ça ne me servira à rien, je ne partirai pas avec le convoi. »

Je ne savais pas ce que je devais dire. Peut-être qu'il ne voulait pas partir, peut-être qu'il voulait s'enfuir, vivre sous un faux nom, se cacher. Mais il ne m'avait rien confié. De toute façon, il ne me connaissait pas assez bien pour le faire, il se doutait sûrement que je ne le dénoncerais pas, mais il ne pouvait pas savoir si je n'irais pas bavarder. Il fallait toujours agir en secret et très prudemment.

« Ah ! Ah ! Vous, vous n'êtes finalement pas

obligé de partir ! Ils vous ont réquisitionné comme élément indispensable. »

Des cas de ce genre se produisaient, mais il fallait avoir beaucoup de relations dans les hautes instances de la Communauté. Je ne pensais pas que cet homme fût si important, puisqu'il avait été affecté là-bas comme chauffagiste dans les bureaux et qu'il n'avait jamais eu personne sous ses ordres. Ç'aurait été difficile de prouver que ce travail était indispensable.

« Mais non, a-t-il dit. Je vais me tuer. Ce qui est idiot, c'est que je n'arrive pas à trouver du poison. Au marché noir la demande est forte et je n'ai pas assez d'argent pour me le permettre. J'essaierais bien avec le gaz, mais c'est difficile parce que maintenant il y a souvent des coupures. J'ai peur d'avoir à me pendre ou me jeter dans le fleuve ou me couper les veines. Sans compter que ça ne marche pas toujours. Il se peut qu'on coupe ma corde ou qu'on me repêche ou bien que je ne trouve pas la bonne veine et que les médecins me remettent sur pied. Qu'est-ce que vous me conseilleriez ? »

J'ai dit : « Je n'ai pas encore essayé, mais prenez l'oignon, c'est une chose rare, dans la ville fortifiée tout comme à l'est. Les médecins disent que c'est bon pour la santé.

— Vous ne me croyez pas, mais moi, je suis sérieux, je n'en ai rien à faire, de votre oignon.

— Ne vous mettez pas en colère, mais j'ai déjà entendu beaucoup de gens parler de suicide. Moi aussi, j'y pense, mais même si les choses empiraient encore, je ne le ferais sans doute pas. Si j'avais du poison, peut-être. Quelqu'un m'a dit qu'avec le cyanure, la mort était douce.

— Ne croyez pas ça, ce n'est pas vrai, c'est une mort sale, atroce. »

J'ai dit : « Écoutez, peut-être qu'il y a encore de l'espoir, tout le monde ne va quand même pas y passer. Il paraît qu'il y a des gens qui s'en tirent assez bien dans la ville fortifiée.

— Je ne pensais pas que vous tenteriez de me dissuader, de toute façon, c'est inutile, je ne sais pas si on vous a déjà raconté, il y a beaucoup de gens qui sont au courant. Ma femme m'a quitté, elle a pris Leur parti, mais ça la gêne que je sois toujours en vie. Ils le lui reprochent. Elle m'a fait savoir que le mieux serait que je me tue. Ce n'est pas ça qui me gêne. Mais c'est que ma fille, elle aussi, le veut. Elles m'ont écrit que je suis un sale égoïste, que je ne pense pas à ma famille. Mais, vous voyez bien, elles ne m'ont pas envoyé de poison.

— Peut-être qu'elles ne veulent pas que vous ayez une mort facile, pour vous punir de votre égoïsme.

— Oui, ça doit être ça. Les gens maintenant veulent tous jouer au juge. Vraiment je vous donnerais bien quelque chose. Vous n'avez pas envie d'une bonne cigarette Zuban ?

— Vous aurez besoin de toutes vos cigarettes quand vous déciderez ce que vous allez faire.

— J'en ai suffisamment, prenez-en au moins trois.

— Je ne peux pas accepter de cadeau de vous, à moins que vous ne preniez cet oignon. Ça vous ferait, disons, votre dernier repas. Je gagnerais au change.

— Je ne ferai plus de troc, reconnaissez-moi au moins ce droit-là. Votre oignon ne me sera d'aucun secours quand je mourrai, mangez-le vous-même puisque vous allez rester en vie.

— Vous savez, je ne pourrai pas, on me l'a donné parce qu'on croyait que je partirais avec le convoi. Mais on ne m'a pas convoqué, je ne suis pas sur la liste.

— Mettez-le de côté, vous partirez bien un jour. »

J'ai allumé une cigarette Zuban. Elle était manifestement fabriquée à base d'herbe, mais elle était bien épaisse, et moi, j'avais très envie de fumer. Nous nous sommes tus un moment.

« Avant, on vivait assez heureux, a-t-il dit, je travaillais dans une entreprise d'expédition internationale, et nous avions assez d'argent. On allait à l'étranger et aussi à la mer. J'ai ici un tas d'albums de photos. On est sur les photos en train de se baigner dans la mer. Et puis, là, on est dans un grand groupe dans l'eau, à jouer au ballon. Je ne savais pas que tout cela finirait ainsi. Et je ne m'étonne pas du tout de ce qu'a fait ma femme. On avait une vie agréable et elle veut continuer à avoir une vie agréable. Quand on s'est séparés, elle a dit qu'elle voulait sauver l'argent et les meubles. Et puis elle a pris Leur parti et Ils lui ont tout laissé. Nous avions également une villa à la campagne, la villa aussi, Ils la lui ont laissée. Ça ne m'étonne pas du tout qu'elle ait fait cela, qu'elle ait eu peur de perdre ce qu'elle avait. Elle a toujours été pratique, et si elle pense maintenant que je dois me tuer, c'est qu'elle a de bonnes raisons. Elle ne le désirerait pas si c'était inutile, n'allez pas croire, ce serait mal la connaître. Mais ce que je ne peux pas comprendre, c'est que ma fille aussi le veuille. Je l'ai toujours aimée, et jamais je ne l'ai punie. Petite, elle a eu tout ce qu'elle désirait. »

J'ai dit : « Peut-être qu'elle a honte de vous.

— Oui, c'est sans doute ça, elle a honte de moi, elle va dans des milieux où on se moque d'elle.

Je crois qu'elle a toujours eu honte de moi, elle n'aimait pas non plus mon nom, Robitschek.

— Et pourtant vous ne devriez pas vous tuer. Elles n'ont pas les moyens de vous y obliger.

— Non, c'est décidé, je me tuerai. Seulement je pense que tout ça est absurde. Je vivais comme vivent les autres, j'avais ma maison, on allait au théâtre, au cinéma, on allait à l'étranger, on rencontrait des gens qui nous photographiaient sur la plage, et puis, tout à coup, je suis seul et je dois me tuer. Et les autres continuent à vivre comme avant, bien sûr un peu moins bien puisque c'est la guerre, mais pour eux, ça s'arrangera, et moi seul, je dois mourir. Dites-moi, est-ce que tout ça a un sens ? »

J'ai dit : « Je ne sais pas, je n'arrête pas d'y penser, peut-être que je trouverai la réponse un jour. Une fois, j'ai pensé que c'était parce que nous avions trop aimé posséder des choses. Mais les autres aiment ça encore plus que nous. En vérité, je ne peux rien dire. »

Je suis reparti avec l'oignon et j'ai recommencé à le chauffer dans ma main. Le plaisir que j'avais eu à me retrouver dans la rue avait disparu. Maintenant, je marchais comme avant, le dos courbé, je regardais à nouveau de tous côtés pour voir si par hasard le danger ne rôdait pas.

J'ai décidé d'aller au cimetière, il y faisait chaud et je n'avais le droit d'aller nulle part ailleurs.

Mais, avant, je devais manger quelque part. Je n'avais pas trop envie d'aller à l'auberge que connaissait Wiener, je n'y étais pas retourné. Mais au moins il y avait là-bas un buffet où on pouvait déjeuner, même s'il fallait pour cela remplir un tas de questionnaires et demander une autorisation dans un bureau. J'espérais pourtant qu'on m'autoriserait à y manger si je donnais au chef une cigarette Zuban.

La pièce était remplie de fonctionnaires de la Communauté, ils mangeaient une soupe très claire, des légumes et des pommes de terre. C'étaient les seuls plats que le buffet proposait, les légumes venaient de notre cimetière. Chacun devait prendre son plat lui-même à un guichet, les tables étaient en bois grossier recouvert de linoléum qui, selon toute apparence, n'était jamais lavé, mais les plats étaient chauds, c'était agréable d'être assis sur une chaise, en sécurité et au calme.

Les fonctionnaires assis à ma table parlaient des convois et des colis envoyés aux parents dans la ville fortifiée, cette discussion ne m'intéressait pas, je ne connaissais personne là-bas. J'ai lu le seul journal que j'avais le droit de lire, c'était un bulletin administratif où se trouvaient, d'un côté, les avis et, de l'autre, les faire-part de décès. Ce n'était pas une lecture agréable, je ne savais pas par quoi commencer – les avis n'étaient que des listes de nouvelles interdictions et de menaces contre ceux qui ne restitueraient pas leurs biens conformément aux consignes. Il y en avait aussi un menaçant de mort quiconque aiderait les personnes qui se cachaient pour échapper aux recherches, et encore un autre promettant la mort à ceux qui ne se présenteraient pas aux convocations. Le troisième avis était pacifique, il précisait la façon de faire usage du gaz et les punitions en cas de dépassement des quotas. Dans les faire-part de décès, on n'indiquait pas de quoi les gens étaient morts, mais ce n'était pas la peine, pas plus que les noms de ceux qui étaient partis avec les convois, ils n'avaient d'ailleurs plus de nom. Mourir avec son nom, seuls le pouvaient ceux qui continuaient à vivre dans des appartements. Finalement, c'était bien de mourir dans un appartement parce que, après, on avait son nom signalé dans le bulletin et son corps enterré au cimetière.

Je n'ai pas pu rester longtemps, il y avait toujours de nouveaux clients attendant qu'une place se libère. D'ailleurs, j'avais lu le bulletin en entier.

Je suis sorti et j'ai regardé les gens avec une étoile emporter chez eux de vieux vêtements soigneusement pliés et ficelés, je voyais que rien ne se perdait des biens des morts, que chaque guenille était réutilisée. Je savais que tous veillaient à être économes, qu'ils surveillaient attentivement leurs affaires, qui peu de temps avant avaient réchauffé le corps des défunts.

Je suis monté dans le tram, j'ai appuyé mon front contre la vitre de la plate-forme avant, et je me suis demandé comment je pouvais répondre à la question de Robitschek, dont le nom serait bientôt publié dans le bulletin.

Décidément, rien n'avait de sens, même si les guenilles pliées et ficelées étaient emportées à l'entrepôt pour être réutilisées par l'armée. La mort était au bout de la route, même si avoir raflé une part du butin réchauffait le cœur des gens et réjouissait leur âme. Il était possible de piller sans tuer, même si le désir des choses était si fort.

J'ai ensuite pensé aux victimes qui, avec leur numéro au cou, pénétraient dans le cirque pour y subir tant de tortures, qui devaient sauter, s'accroupir et écouter le fouet qui claque. Quelles sortes de martyrs étaient-ils tous ?

Ils ne voulaient pas se résigner à la souffrance et n'avaient jamais eu l'idée qu'ils devraient se battre pour une couronne de martyr. Ils allaient devoir se contenter de pommes de terre écrasées, d'habits reprisés et de chaussures éculées, de vieux bancs à brûler et même de l'Arche d'alliance, s'ils l'avaient sous la main, pour se chauffer. Ils marcheraient sur la tête si on leur en donnait l'ordre et changeraient de confession trois fois par semaine. J'étais l'un d'entre eux et, moi non plus, je ne savais pas bien pourquoi il fallait que je meure. Ç'aurait été plus simple si je l'avais su, je me serais enorgueilli de ma mort. Je l'aurais revêtue d'une robe de pourpre, je l'aurais accompagnée en chantant ou en lui lançant des cris d'adieu. Je ne m'étonnais plus de constater que les gens du cimetière ne voulaient pas m'écouter.

Je ne m'étonnais plus qu'ils ne cherchent pas par quel chemin ils auraient pu s'enfuir. Ils contemplaient un tremblement de terre, ils voyaient leurs maisons détruites et leurs biens dévorés par des incendies, ils regardaient le déluge recouvrir le petit lopin qui leur restait encore, ils étaient hébétés à force d'attendre, ils tremblaient jour après jour à l'idée qu'on allait les convoquer. À quoi bon faire appel aux morts, leur demander de se dresser hors de leur tombeau ? Ils ne répondraient pas.

Pourtant, leur sacrifice, et le mien aussi, devait bien avoir un sens. C'était difficile d'imaginer qu'on puisse transformer des gens en animaux simplement du fait d'enregistrer leurs biens et de les priver de leurs papiers d'identité. Ludvik Porges était mort parce qu'il avait joué Hamlet, et non parce qu'il avait trouvé de la bonne viande, d'autres mouraient à cause de Beethoven, et pas parce qu'ils avaient un bon manteau de fourrure. Certains priaient couchés sur la paille, d'autres répétaient des poèmes qu'ils avaient appris durant leurs années d'école, d'autres se remettaient à l'anglais et quelques-uns se fourraient du coton dans les oreilles. C'était absurde même s'ils étaient tous ravalés à l'état animal.

Je suis enfin parvenu au cimetière et je me suis assis sur mon tabouret avec les autres. Personne ne m'a posé de question. Personne ne m'a parlé. Après un moment, le mercier m'a dit :

« Vous en avez, de la chance. Vous n'êtes pas dans le convoi. »

J'ai dit : « Oui. Je suis allé aujourd'hui au sanctuaire.

— Ne vous en faites pas, a dit l'homme qui était assis à côté de moi. Ce sera chacun son tour. »

J'ai demandé : « Mais qu'est-ce qui se passe, à la fin ? Parce que, après tout, c'est nous qui nous chargeons du travail à leur place. Nous envoyons les convocations, nous imprimons les numéros, nous apportons nos affaires au dépôt. Et c'est pourtant évident que tous ceux qui font cela finiront eux aussi par partir avec les convois.

— Vous savez, a dit le mercier, quand j'étais encore à l'école, j'ai lu un livre. Ça parlait d'un tyran ou d'un chef de guerre qui capturait des gens, qui leur donnait l'ordre de creuser leur tombe et les faisait ensuite tous massacrer. Je me suis toujours demandé pourquoi ces gens trimaient, alors qu'ils savaient que de toute façon ils seraient tués. Maintenant, je comprends. »

J'ai dit : « S'il n'y avait pas d'espoir, sans doute qu'on se battrait.

— Les gens croient toujours qu'il reste un espoir, même quand ils ont un pied dans la tombe.

— Arrêtez de parler de ça, a dit l'homme assis à côté de moi, cela ne mène à rien. »

Nous avons recommencé à parler de choses ordinaires et de nourriture. Nous nous sommes mis à jouer, nous pouvions ce jour-là jouer aux cartes, parce que nous savions qu'il ne venait personne quand des convois partaient. Nous avons baissé les stores installés pour le couvre-feu et jeté violemment nos cartes sur la table. C'était bien d'être là, il faisait chaud et nous n'avions pas à craindre que quelqu'un surgisse pour nous contrôler. J'avais toujours mon oignon dans la poche de mon pardessus, je m'en suis souvenu en faisant une levée. J'avais décidé que je le couperais en petites lamelles et que je le mangerais sur du pain. C'était bien, cet oignon, même si Thomas n'en voudrait sans doute pas.

Mais je n'avais pas pu l'utiliser pour sauver Robitschek. Je ne pouvais même pas me sauver moi-même. J'étais assis près de mon petit poêle rond et j'essayais de me réchauffer les mains. Thomas était couché dessous. Maintenant, il aimait la chaleur, il avait cessé de vagabonder et il était toujours là à m'attendre quand je revenais du cimetière. Il avait même grossi et son poil avait embelli. Ce n'était pas que sa nourriture se fût enrichie, je n'avais que les restes des Materna et du pain à lui donner, je ne pouvais même pas lui offrir du sang, car je n'étais pas chez moi quand c'était l'heure des achats. Mais on aurait dit que nous n'avions plus faim, ni l'un ni l'autre, sans doute que nous nous étions habitués, et puis nous passions beaucoup, beaucoup de temps à ne rien faire, pour économiser le charbon et pour essayer de ne penser à rien.

Je n'avais pas envie de manger l'oignon, je ne pouvais pas m'empêcher de me rappeler Robitschek assis sur sa chaise, la tête appuyée sur une main et l'autre main allongée sur la table recouverte d'un tapis vert. Mais c'était absurde de penser à ce Robitschek-là quand tous les autres Robitschek partaient de leur plein gré vers le cirque et vers l'est.

Tout à coup, j'ai pensé qu'il allait manquer un Robitschek dans le convoi. C'est-à-dire pas un Robitschek, mais un numéro. Et puisqu'il doit toujours y avoir le compte, quelqu'un d'autre partirait à sa place, un autre numéro. Dès que Robitschek se serait tué, un autre numéro devrait partir. Parce que, mort, il cesserait d'être un numéro, qu'il se transformerait en homme du fait de sa mort et aurait le droit d'avoir son nom dans le bulletin.

Ça pourrait aussi bien être moi qui cesserais alors d'être Josef Roubíček si Robitschek se tuait. En un instant la peur m'a envahi à nouveau, non, ça ne serait pas moi qui partirais. Ils m'avaient oublié une fois, et en plus mon remplaçant était sûrement déjà désigné, parce qu'on comptait toujours sur des suicides, on les gratifiait même d'un avis de décès.

Il devenait alors clair que celui qui se tuait ou ne partait pas prenait sur lui la responsabilité de condamner quelqu'un d'autre. Il était évident que cet autre avait, lui aussi, envie de vivre, ce n'était pas bien de prendre la vie de quelqu'un, même s'il devait de toute façon partir un jour… Si seulement un certain mot n'existait pas.

Et ce mot, c'était « espoir »… Les gens creusaient leur tombe et ils comptaient chaque minute qui les séparait de la mort. Tant que leur main tenait le manche de leur pioche, tant que leurs doigts se crispaient dessus, tant qu'il y avait de la crasse sous leurs ongles, tous ils vivaient. J'ai éteint la lumière et j'ai levé le store du couvre-feu, j'ai ouvert la fenêtre et j'ai regardé dehors. Tout autour c'était la nuit, nulle part ne perçait un seul rayon de lumière, même si des gens veillaient encore. Le cortège avance dans l'ombre et le claquement des bottes ferrées accompagne le pas traînant des marcheurs courbés. Il y a des fenêtres le long des rues où passe le cortège, des fenêtres aveugles et obscures. Et il y a des gens assis derrière ces fenêtres, ils lisent des livres, ils couchent leurs enfants, jouent aux cartes, boivent et rient, se racontent des histoires drôles et écoutent de la musique légère sur leur gramophone ou à la TSF.

Je regardais l'obscurité, je savais que dans ma rue, dans ce quartier de banlieue, aucun cortège ne passerait jamais. Il n'y avait pas d'étoiles au ciel, une petite pluie tombait, je l'entendais comme un chuchotement silencieux, comme les feuilles d'un livre qu'on tourne. Peut-être que c'était une main caressant le plateau d'une table, recouverte d'un tapis vert à motifs de feuilles, et peut-être que ces feuilles bruissaient quand elle les touchait. Peut-être que la Mort avait une voix douce et secourable et peut-être qu'elle saurait vous caresser les cheveux de sa main dure et calleuse.

On n'avait pas lu mon nom dans le sanctuaire, alors que tous les autres noms tombaient dans les ténèbres et que les taches rouges apparaissaient sur les murs blancs. Des profondeurs j'étais monté sur une haute falaise, pour voir dans la pluie et la boue la beauté de la ville.

J'ai redescendu mon store et j'ai allumé la lampe. Sur le lavabo qui me servait de table, l'oignon resplendissait.

17

J'ai sonné à la porte d'une maison ordinaire, délabrée, vieille, qu'on n'avait pas recrépie depuis longtemps, mais dans cette rue toutes les maisons étaient délabrées. Celle-là ressemblait à toutes les autres, on pouvait s'imaginer que des locataires étaient à l'intérieur en train de regarder depuis leurs fenêtres la rue triste. Le bâtiment ne portait pas d'inscription, mais moi, je savais que c'était un hôpital et que Robitschek s'y trouvait.

J'avais appris qu'il avait raté son suicide. Il aurait peut-être réussi à mourir s'il avait inhalé assez de gaz, mais les rationnements étaient trop draconiens pour cela. Peut-être qu'il aurait fini par y arriver quand même, malgré des conditions aussi défavorables, mais les fonctionnaires de la Communauté, chargés de dresser l'inventaire de ses meubles et de ses affaires, avaient fait irruption dans son appartement au moment crucial. Ils avaient les clefs et c'était la seconde cause de l'échec de Robitschek, parce qu'il aurait peut-être pu réussir à mourir quand même pendant qu'ils cherchaient un serrurier.

Le concierge est venu m'ouvrir. Il a d'abord

regardé mon étoile, il a dit avec le laconisme de tous les concierges :

« Vous cherchez ?

— Est-ce que Robitschek est ici ?

— Quel Roubíček ?

— Non, Robitschek, ça s'écrit comme ça se prononce.

— Je regarde dans mon registre, a dit le concierge.

— Vous n'êtes pas obligé de regarder dans votre registre, c'est celui qui s'est empoisonné au gaz.

— Des gens qui s'empoisonnent au gaz, il y en a des quantités. »

J'ai dit : « Ils l'ont amené ici avant-hier, ce sont les fonctionnaires de la Communauté qui l'ont trouvé.

— Hmm, a grogné le concierge, mais ça remonte alors à avant le convoi, tout le monde s'empoisonne avant les convois. On prépare toujours des lits nouveaux, c'est chaque fois un jour chargé. »

Je savais qu'il savait bien de quel Robitschek je parlais, il savait même dans quel lit il était couché.

Mais il fallait qu'il se livre à une certaine activité administrative, il fallait qu'il examine attentivement tous les noms de son registre et qu'après il dise d'un ton sec :

« Chambre numéro 35, au troisième. »

Le troisième étage était aussi le dernier, sûrement ça n'était pas facile de porter jusque-là les suicidés, puisqu'il n'y avait pas d'ascenseur et que la morgue se trouvait dans la cave. Mais peut-être qu'il convenait de les installer sous le toit, peut-être qu'on mourait mieux à l'étage le plus élevé ou alors il ne fallait pas que les malades ordinaires les voient mourir. Mais Robitschek était en vie, il était tiré d'affaire, il n'y avait plus de danger qu'on doive le redescendre le long de l'escalier raide jusqu'à la morgue.

J'ai frappé et je suis entré. Ce n'était pas une grande chambre, c'était une pièce, peut-être un cagibi ou bien une salle de bains, qui avait fait partie d'un appartement qui s'était dilué dans les odeurs d'hôpital et les murs peints en blanc. Les lits étaient serrés, les uns près des autres, il n'y avait même pas la place pour une chaise entre eux. Robitschek était pâle, mais il parlait tout à fait normalement.

Il a dit : « J'ai pas de veine, ils m'ont sauvé, j'ai vraiment pas de veine, j'ai sacrément pas de veine. Je n'aurais pas dû essayer au gaz, je savais pourtant comment ça risquait de tourner puisqu'ils font des économies. Mais je n'avais pas envie de me jeter à l'eau parce qu'il fait froid, pas envie non plus de me pendre, j'ai lu une fois quelque part que les pendus ont la langue qui sort et le visage qui bleuit.

— Vous êtes en vie, c'est bien d'être en vie, non ?

— Mais non, vous vous trompez complètement, ce n'est pas bien. Vous savez, ma faute, c'était d'avoir cru à la vie. Selon eux, le gaz devait marcher à l'heure du déjeuner pour que les maîtresses de maison puissent faire la cuisine et, vous voyez bien, il n'a pas fonctionné. Et en plus j'ai eu peur qu'ils me fassent des ennuis parce que j'avais dépassé le quota. Ça figurait aussi dans le procès-verbal.

— Ils ne peuvent pas vous faire des ennuis puisque maintenant vous êtes un numéro. Qu'est-ce qu'ils prendraient à un numéro qui n'a plus ni papiers ni maison ?

— Ça me fait plaisir, ce que vous venez de me dire là. Mais ce n'est pas ma seule déveine. Le pire, c'est que maintenant je ne peux plus me tuer. Ils me tiennent sous bonne garde, ici, ils sont responsables de ma santé, pour m'expédier au prochain convoi, je ne peux pas aller chez moi ou dans la rue, ils me garderont jusqu'à ce que le prochain convoi parte, ils m'ont pris aussi mes habits et je ne peux pas sortir. »

J'ai dit : « Écoutez, de toute façon, vous n'êtes pas forcé de vous tuer. Je vous le dis encore une fois : il y a quand même de l'espoir.

— Je ne veux ni de votre oignon ni de votre espoir, hier, il y avait ici ma femme, ils ne voulaient pas la laisser entrer parce qu'ils m'ont récupéré vraiment dans un très sale état, et j'étais encore tout groggy, mais elle a crié et elle a menacé, alors ils ont dû finir par l'écouter. Elle était absolument furieuse, elle m'a dit que je l'avais fait exprès, que je n'avais pas du tout l'intention de me tuer. Elle m'accusait de lui avoir causé les pires embêtements, parce qu'elle avait eu beaucoup de mal à trouver des habits noirs, et elle avait fait teindre ses bas les meilleurs. Elle m'aurait peut-être pardonné les habits noirs parce qu'on peut toujours les porter en d'autres circonstances, mais elle ne voulait pas me pardonner les bas.

— Elle pourrait toujours prétendre être veuve jusqu'à ce que vous partiez avec le convoi.

— Je le lui ai dit aussi, mais elle ne s'est pas laissé convaincre. Il paraît qu'elle a besoin de voir écrit noir sur blanc que je suis mort – un acte de décès certifié par le médecin de secteur, et cætera.

— Je préfère vous parler de mon chat, oubliez tout ça. J'entretiens secrètement un chat, Thomas, cette fois-ci, il a rapporté une souris et très sérieusement il me l'a proposée. Mais je n'ai pas encore appris à manger les souris. Alors j'ai repoussé son cadeau.

Il l'a donc dévorée seul, mais il était sûrement très déçu. Il faut aussi dire que Thomas est d'un tempérament à ne pas garder rancune très longtemps. Il a un bon caractère que je lui envie.

— Moi aussi, j'aime bien les animaux. Une fois, j'ai ramené à la maison un chien, un balai-brosse comme on dit, un yorkshire noir. Mais ma femme m'a dit : "Débarrasse-toi de cette horreur, ça bouffe et ça n'apporte que des ennuis !", et j'ai dû le laisser partir. Vous savez, ma femme, elle était à cheval sur l'ordre, ça, je dois le reconnaître, chez nous, tout brillait comme dans une vitrine. Mais peut-être que vous pourriez me conseiller pour mon suicide. Ici, ils me tiennent sous bonne garde, et ça ne servirait à rien que je ne réussisse qu'une fois arrivé à Radio expo, parce que alors ma femme n'aurait pas son acte de décès attesté par le médecin du secteur.

— Je n'ai pas de conseils à vous donner, je ne connais pas la maison, je ne suis jamais venu ici. Je ne vais que dans les dispensaires et ensuite aux visites médicales où ils mesurent ma force de travail. Ils me convoquent tous les trois mois, ils ont l'air de penser qu'en trois mois je deviendrai costaud.

— Ne vous étonnez pas, ils sont bien obligés de faire preuve d'un peu d'activité. Si on les mettait à la porte de leur bureau, ils devraient peut-être partir creuser des tranchées, ou bien tout simplement rejoindre un convoi. »

J'ai demandé doucement : « Qui sont tous ces gens couchés autour de vous ? Ce sont tous des suicidés ?

— Il n'y en a qu'un, a dit Robitschek, il a avalé à peu près vingt tablettes de Luminal, mais il ne pensait pas sérieusement au suicide, il voulait seulement retarder son départ de quelques semaines. Il y a d'autres suicidés dans la salle à côté. Mais je vais vous dire, ce ne sont pas des suicidés respectables. Vous ne sauriez croire comme on trouve partout des charlatans de nos jours, des gens qui font exprès de se casser la jambe, ou bien de s'écraser le doigt, ils inventent n'importe quoi pour gagner quelques jours. Ils pensent que leur convoi est le dernier, qu'ils pourraient s'en tirer s'ils ne partaient pas avec. Il arrive parfois qu'ils se trompent dans leurs calculs et qu'ils meurent vraiment. Et moi, justement moi, qui le faisais pour de vrai, il a fallu que je reste en vie. Mais je vais vous dire : ils n'arriveront pas à me surveiller assez. De toute façon, je me tuerai.

— Fin de la visite », a dit l'infirmière.

J'ai dit : « Je reviendrai, c'est sur mon chemin.

— Dépêchez-vous, si vous voulez encore me voir ! » a crié Robitschek.

Je ne me sentais pas bien dans l'hôpital, même s'il y faisait chaud, l'air était trop lourd. Selon toute apparence, ceux qui se trouvaient là étaient contents d'être malades et ne voulaient pas guérir. Il valait mieux être couché dans cette atmosphère confinée et manger de la bouillie de millet plutôt que marcher dans la rue avec une étoile ou se produire dans le cirque.

Pourtant, je le savais, même les malades comprenaient que leur fuite ne les mènerait nulle part. On conduisait aux convois des malades agonisants sur des charrettes à bras. Il y avait des gens qui feignaient la folie ou qui étaient vraiment fous, même eux devaient partir, dans des camisoles de force s'il le fallait. Si on prenait même les fous, c'était parce que leur numéro de cirque se révélait extraordinairement réjouissant, et leur jeu, naturel. Peut-être bien que Robitschek était le seul à avoir raison, lui qui disait qu'il valait mieux s'épargner le trajet et le soin de faire ses valises. Pourtant, jusqu'à présent, moi, je restais en vie et c'était bien de vivre et de se reposer sur l'espoir que ça durerait longtemps avant qu'Ils me convoquent. Maintenant, il pouvait arriver n'importe quoi, Ils pouvaient perdre la guerre ou arrêter les convois par manque de wagons. « Il y en aura bien qui s'en sortiront », disaient les gens du cimetière, pourquoi pas précisément moi, Josef Roubíček, qui n'avais pas été convoqué, alors que tous les autres étaient partis ?

Bientôt ce sera le printemps, on plantera des légumes au cimetière et on se réchauffera au soleil, je ne serai plus forcé de me geler dans mon appartement ni de m'énerver sur mon poêle cassé. Et peut-être que je tiendrai jusqu'à l'été et que ce ne sera pas si terrible s'ils me convoquent en été parce que je ne crèverai pas sur la paille, là-bas, à Radio expo. Tout sera différent si je tiens jusqu'au printemps et jusqu'à l'été. Et peut-être que je trouverai le courage de m'enfuir. J'aurai assez de temps pour surmonter ma peur et ne pas faire comme tous ceux qui prennent humblement le départ. Je dois apprendre à accepter de me sentir coupable, je dois échapper à la main qui se tend vers moi pour me ramener dans le cortège des dos courbés.

Une semaine après environ, j'ai appris que Robitschek avait quand même réussi à se tuer, d'une façon idiote, absurde. Il avait sauté du troisième étage au moment où on venait le chercher pour rejoindre le convoi suivant.

Je suis allé à son enterrement. Je n'avais pas un long chemin à faire, il se déroulait dans notre cimetière, et il était aussi idiot et absurde que sa mort. Il ne s'accompagnait d'aucun office, Robitschek était catholique, mais il n'avait pas le droit d'être enterré dans le cimetière catholique parce que c'était interdit par décret. Et en plus il s'était suicidé. Il n'y avait pas de parents quand son cercueil a été mis dans la fosse détrempée, sa femme et sa fille n'étaient pas venues. Nous étions seuls, debout, appuyés à nos pelles et nos pioches, nous venions de retourner la terre du jardin à légumes quand on a apporté le cercueil de Robitschek par l'allée principale et nous avons marché derrière jusqu'à la tombe ouverte. Nous avions du temps et rien contre l'idée de nous associer à cet enterrement, nous étions plutôt contents d'être distraits de notre travail. Les gens qui portaient le cercueil l'ont posé un moment pour se reposer. Ils nous ont raconté que Robitschek n'avait pas eu une mort facile, il avait longtemps agonisé, les membres tordus, c'était vraiment idiot que l'hôpital n'ait eu que trois étages. Ce n'était pas bien d'avoir sauté dans la rue, il aurait quand même pu sauter dans la cour. Du fait de sa chute, il avait attiré l'attention sur l'hôpital et les médecins avaient peur qu'il ne soit fermé ou bien transféré quelque part dans des baraques de bois hors de la ville, ils regardaient avec haine le corps convulsé de Robitschek et ils lui ont injecté avec colère une dose de morphine, ils menaçaient de renvoi les infirmières qui en avaient eu la garde. Les malheureuses tremblaient et enlevaient avec dégoût les habits ensanglantés de Robitschek, elles savaient bien que renvoi signifierait convoi. Ensuite la femme de Robitschek est arrivée vers le soir et elle a injurié le médecin de nuit qui ne savait rien de cette histoire, elle le menaçait parce qu'elle aurait désiré que son mari meure d'une mort discrète. Il l'a écoutée en silence et il ne lui a pas répondu parce qu'elle parlait la langue étrangère et qu'elle était des Leurs ; il n'a commencé à répondre que quand elle lui a donné l'ordre de liquider Robitschek rapidement, d'une manière ou d'une autre, comme si elle voulait que son affaire soit réglée en vitesse. « Mais nous ne tuons pas les gens, ici, a dit doucement le médecin, nous essayons seulement de les sauver. – Sauver les gens de votre espèce ! a crié la femme de Robitschek. Qui a jamais entendu une telle absurdité ? Vous irez à tous les diables, tous autant que vous êtes, et vous aussi, espèce de rebouteux et de charlatan. » Le médecin s'est tu. Il savait bien qu'elle attendait qu'il l'injurie pour pouvoir appeler la police, il savait qu'il n'avait pas le droit de répondre. Elle a tellement crié qu'elle était hors d'haleine, ensuite elle est partie et elle a craché devant la loge du concierge. Voilà, Robitschek était mort, c'était quelqu'un qui n'avait pas eu de veine, sa mort ressemblait aux dernières années de sa vie. De la tombe ouverte que nous aidions à combler, la question qu'il m'avait posée ne cessait de monter vers moi. Je n'ai pu lui répondre que par une pelletée de terre qui a résonné sourdement en tombant sur le cercueil, le pauvre cercueil de bois fabriqué à la va-vite, les planches n'étaient pas rabotées, les mesures étaient fausses, ce n'était même pas le simple cercueil fabriqué par le charpentier de la Communauté pour les pauvres, c'était une caisse grossière et mal découpée, dans laquelle se cognaient les membres tordus de Robitschek.

Les gens qui se chargeaient de ce travail ne le faisaient que parce qu'ils y étaient contraints. Parmi eux il y avait des directeurs de banque, des propriétaires de magasin et un musicien qui jadis jouait dans un orchestre, et il craignait que ce travail grossier ne lui abîme les mains. Ils avaient tous maudit Robitschek, c'était mal tombé pour eux, ils avaient dû faire des heures supplémentaires, pour lesquelles ils ne recevaient rien ; ils avaient assez de travail comme ça, il y avait tant de gens qui mouraient. Peut-être que leur colère et leur haine s'étaient exprimées sur ce cercueil-là.

Maintenant Robitschek était mort et cela lui était égal que sa mort ait causé aux infirmières des nuits sans sommeil, provoqué la colère des médecins et la haine opiniâtre de sa femme. Cela lui était égal d'avoir été enterré sans cérémonie dans un coin du cimetière, égal que les gens qui portaient le cercueil ressemblant à une caisse l'aient posé par terre et aient fumé une cigarette près du trou béant. Aucun d'entre nous n'a levé son chapeau ou sa casquette, quand la tombe a été fermée, nous sommes allés finir notre tilleul et nous réchauffer dans la chapelle. Les porteurs sont venus avec nous, ils étaient contents de pouvoir se reposer, ils n'aimaient pas ce travail, et d'ailleurs ne se supportaient pas très bien les uns les autres, du reste chacun d'eux avait eu auparavant une autre profession. L'un d'eux avait été juge, le deuxième horloger, le troisième bookmaker et le quatrième professeur de Talmud. Ils avaient tous l'air très moroses et il était évident qu'ils partiraient bientôt avec un convoi parce que le travail de croque-mort n'était pas du tout bien vu, il était considéré comme une punition, donnée à ceux qui ne faisaient l'affaire dans aucun autre secteur.

« C'est irresponsable de la part de ce Robitschek, a dit le mercier quand nous avons été assis sur nos tabourets près du poêle. C'est irresponsable de sauter par la fenêtre dans un hôpital. Tous les gens de la Communauté étaient furieux, le conseil des Anciens a convoqué une réunion extraordinaire et le président a dû humblement demander pardon, il a dû supporter une série d'injures, peut-être même qu'Ils l'ont aussi battu. Ils auraient pu nous punir en accélérant le rythme des convois, Ils auraient pu nous prendre nos tickets d'alimentation et réduire les heures pendant lesquelles nous avons le droit de sortir dans la rue. C'est tout cela que la mort idiote de Robitschek a failli entraîner. Il n'était pas un parent à vous ? » a-t-il demandé en se tournant vers moi.

J'ai dit : « Non, c'était quelqu'un que je connaissais. Je lui avais proposé un oignon et je lui avais déconseillé le suicide, il n'a pas voulu prendre l'oignon et il n'a pas voulu se laisser dissuader de l'idée du suicide parce qu'il aimait sa fille et qu'il voulait lui être agréable puisqu'elle souhaitait qu'il meure. Il disait qu'il se serait conformé à tous les désirs de la petiote, c'était sa seule enfant. Vous avez raison, il aurait dû mourir silencieusement, il avait essayé, mais il n'y avait pas réussi. Il devait se tuer à l'hôpital, ailleurs, ç'aurait été un suicide complètement inutile pour sa fille parce qu'on ne lui aurait pas donné l'acte de décès signé par le médecin du secteur. Je ne l'excuse pas, j'explique que Robitschek n'avait pas de mauvaises intentions et qu'il ne voulait pas nous nuire. C'était simplement quelqu'un qui n'avait pas de veine.

— Personne d'entre nous n'a de veine, cela ne l'excuse pas, a dit l'homme assis près du mercier. Il aurait dû se soucier des autres, être conscient des malheurs que cela pouvait provoquer. »

J'ai dit : « Écoutez, il n'y a pas longtemps, vous nous avez raconté qu'il y a des moments où l'homme ne pense qu'à lui. Je maudirais sûrement Robitschek moi aussi si je devais souffrir à cause de lui, mais cela ne m'aiderait pas beaucoup. Peut-être est-il coupable, mais Ceux-là le sont encore plus, Robitschek n'a jamais réussi à comprendre comment tout cela lui était arrivé. Il avait vécu tranquille. Il n'aurait jamais eu l'idée, même en rêve, que ce qu'il vivait en tant qu'individu pouvait concerner des milliers de gens. S'il avait volé de l'argent et s'était tué après, ça n'aurait regardé que sa femme et sa fille. Robitschek n'était pas habitué à penser autrement.

— Non, ce n'est pas ainsi que vous l'excuserez, a dit le professeur de Talmud. Pourquoi ai-je dû m'exténuer à porter son cercueil ? D'abord, nous l'avons transporté en charrette à bras à travers toute la ville. Quand je tirais, celui qui poussait disait que je ne faisais rien, qu'il devait travailler à ma place. Et quand nous avons changé de place, il a recommencé à m'injurier en disant que je ne faisais que me traîner et que je le laissais tirer tout le poids de la charrette. Qu'est-ce que j'y peux, moi, si je ne suis pas un gladiateur ? Je n'ai jamais fait aucun travail physique.

— Taisez-vous », a dit le bookmaker. Il était évident que c'était lui le porteur avec lequel le professeur avait échangé sa place. « Si j'étais vous, je ne me vanterais pas trop. Vous êtes un tire-au-flanc, vous voudriez qu'on se tue à la tâche à votre place.

— Monsieur, a dit méchamment le fossoyeur, j'ai été professeur de Talmud et c'est un honorable métier. Les gens qui étudient le Talmud ne font jamais un travail sale, chacun se sent honoré de les nourrir parce qu'ils servent une noble cause, infect rat que vous êtes !

— Moi, un rat ? a crié le bookmaker. J'ai toujours honorablement gagné ma vie pendant que vous vous remplissiez le ventre aux frais des autres, espèce de sangsue !

— Et qui a mordu Stern ? a dit en sautant de son tabouret le professeur de Talmud. Qui a-t-on renvoyé pour avoir mordu Stern ?

— Oui, j'ai mordu Stern, c'était moi, puisque vous voulez le savoir, a crié le bookmaker en sautant lui aussi de son tabouret. S'ils m'ont renvoyé, ce n'est pas parce que je ne voulais pas travailler. Vous savez, Stern était mon patron, c'était une vraie ordure qui se mêlait sans cesse de mon travail. Un jour, j'en ai eu assez, je me suis mis à jouer au fou et je l'ai mordu. Mais on ne m'a pas cru, on m'a renvoyé et maintenant je dois travailler avec un parasite comme vous.

— Moi, un parasite ? » a crié le professeur de Talmud. Il semblait qu'ils en viendraient aux mains, mais l'ancien juge s'est interposé.

« Laissez cela, a-t-il dit doucement, quel sens cela a-t-il de se chamailler pour savoir qui a fait quoi ? Vous savez à qui vous faites plaisir quand vous vous chamaillez. Ça Leur plairait que vous vous battiez et que vous vous frappiez, ce serait un beau spectacle pour Eux, Ils s'économiseraient de la peine, Ils n'auraient pas besoin de nous battre Eux-mêmes. Assez maintenant, chacun rentre chez soi.

— Excusez-moi, a dit poliment le mercier, comment êtes-vous entré dans ce groupe ?

— Je travaillais à l'état civil, a dit le juge d'un air lugubre. On recopiait des actes de naissance et on établissait des arbres généalogiques. C'était un travail idiot, un travail de fourmi, cela ne m'aurait d'ailleurs pas trop gêné, j'étais habitué aux vieilles archives. Mais on était dans une espèce de cave, il y faisait toujours sombre, même le jour. Mes yeux n'arrêtaient pas de larmoyer et j'avais peur de devenir complètement aveugle, vous savez, j'ai la vue faible. Et alors j'ai demandé qu'on me change de travail. On m'a mis ici. Bon, au moins je suis à l'air, je ne suis pas forcé de me fatiguer les yeux, d'une façon ou d'une autre je devrai partir avec un convoi, tout cela revient au même. Au revoir, et au plaisir, messieurs. »

Les porteurs sont partis, nous nous sommes retrouvés seuls et nous avons lentement marché dans l'allée, jusqu'à la tombe de Robitschek, et nous avons retourné et nettoyé la terre des plates-bandes toutes proches. Nous avons contourné des tombes orgueilleuses en marbre noir et blanc. Des inscriptions dorées célébraient les mérites des défunts. Il n'y avait de fleurs nulle part, même fanées, manifestement personne ne prenait soin de ces superbes monuments construits pour durer éternellement. Un peu au-delà, on voyait des tombeaux récents ornés seulement de panonceaux de bois avec des inscriptions dans une langue que personne ne comprenait. Nous ne pouvions lire que la date, toujours récente, très récente, et nous n'aimions jamais la regarder. Il valait mieux se pencher vers la terre, respirer son odeur humide et bêcher ou piocher. Les pelles et les pioches étaient des objets simples, ordinaires, auxquels on s'habituait, contre lesquels la terre ne se défendait pas. On n'était pas forcé de se dépêcher, il n'était pas possible de se décharger sur son voisin, parce que chacun avait sa plate-bande délimitée. On pouvait y travailler en étant juge, professeur de Talmud, ou Josef Roubíček.

Nous n'avons plus parlé de Robitschek. Il était enterré et sa tombe était rebouchée, il n'y aurait plus jamais de Robitschek. Peut-être n'avait-il jamais existé, même si demain une planchette de bois était fichée là, avec une inscription peinte au goudron, en caractères que personne ne pourrait lire. Et la pluie effacerait cette inscription et personne ne serait même forcé de s'en souvenir parce que ceux qui connaissaient Robitschek ne viendraient plus au cimetière, ils étaient déjà partis dans la ville fortifiée ou vers l'est.

C'était bien de retourner la terre et de nettoyer les plates-bandes, parce qu'on sèmerait des légumes et personne ne penserait plus à Robitschek, on oublierait qu'il avait sauté du troisième étage et qu'une réunion extraordinaire du conseil des Anciens avait dû être convoquée. C'était bien de travailler avec des pelles et des pioches, c'était un travail réel et cela ne faisait aucune différence que Robitschek fût enterré tout près parce que personne ne le connaissait plus. Simplement, les légumes pousseraient, nous les mangerions ou d'autres les mangeraient. Pas Eux, parce que ce qui a poussé près des tombes n'a pas bon goût à Leur avis, Ils aiment la mort et les légumes, mais Ils n'aiment pas les légumes qui tirent leur substance de corps enterrés.

18

Nous étions bien au cimetière quand brillait le soleil de printemps, nous plantions les légumes et c'était bon de voir les pousses surgir brusquement de la terre, nous nous réjouissions de leur force, nous savions qu'elles voulaient vivre. C'était bien de pouvoir regarder quelque chose qui voulait vivre. Nous arrosions, nous avions plaisir à voir le jet d'eau inonder la terre, à regarder les gouttes glisser sur les feuilles, c'était bien d'arriver au cimetière et de voir que nos plantes avaient continué de grandir. Nous étions libres, c'était bien d'être libre, nous arrachions les mauvaises herbes et les brûlions entre les plates-bandes, nous étions contents quand la terre était propre et que nos plantes n'étaient plus obligées de lutter contre les adventices, nous étions tout-puissants parce que nous décidions de la vie et de la mort, parce que nous nous penchions sans cesse vers la terre et parce que le soleil brillait sur notre dos. Les pierres tombales ne nous gênaient plus, avec leurs inscriptions dorées, et pas davantage les tombes fraîchement creusées, avec leurs panonceaux de bois, c'était bien de humer l'odeur lourde du terreau, c'était bien d'avoir les mains pleines de glèbe.

Et à midi nous nous étendions au soleil, même si l'herbe était mouillée. Nous restions couchés à côté de nos plates-bandes, et nous regardions notre travail, c'était un bon travail et nous tirions un grand orgueil du fait que les rangées étaient bien droites, et nos plantes, si vigoureuses. Nous ne pensions pas que le mérite en revenait aux morts, nous ne pensions pas du tout aux morts, même si des cortèges funèbres arrivaient souvent et que nous aidions les fossoyeurs à reboucher les tombes, nous ne pensions pas à la mort, même si nous nous racontions sans cesse des histoires de convois partant vers l'est, nous ne pensions pas à la mort en ce temps-là où sans cesse les gens s'en allaient rejoindre le cirque, où il ne restait plus que trois de ceux avec qui j'avais travaillé à l'automne. Nous avons fait connaissance avec de nouveaux fossoyeurs, ni le juge ni le professeur de Talmud n'étaient plus là, ni l'horloger, il y avait seulement le bookmaker, il était maintenant beaucoup plus accommodant, nous étions contents d'être avec eux, ils nous racontaient des anecdotes et des histoires de la Communauté – ils savaient toujours beaucoup de choses nouvelles, parce qu'ils allaient chercher les cadavres dans tous les hôpitaux, ils allaient aussi chercher des cadavres à Radio expo, où souvent mouraient des gens qui étaient enterrés dans notre cimetière et dont l'acte de décès n'était même pas dressé. Les fossoyeurs n'aimaient pas leur travail mais, quand ils étaient assis avec nous et qu'ils se reposaient près de nos plates-bandes, ils riaient et nous racontaient des histoires gaies. Ils nous parlaient aussi de femmes, des leurs et de celles des autres, c'était agréable de les écouter, nous étions couchés dans l'herbe près de nos plates-bandes, nos légumes poussaient en rangs régulièrement disposés, et nous nous vantions devant eux de notre travail, parce que les fossoyeurs ne pouvaient pas se vanter du leur ; en revanche, ils étaient intarissables sur leur vie qui les menait dans divers quartiers et à des aventures passionnantes. Oui, ils se vantaient de leur proximité avec la mort, ils devaient bien se vanter de quelque chose, oui, c'étaient des gars intrépides quand ils étaient couchés dans l'herbe et qu'ils mangeaient du pain tartiné de fromage maigre. Ils allaient dans les morgues et dans les caves obscures, ils voyaient beaucoup de choses et connaissaient bien des mystères, dont ils ne pouvaient parler à personne, sinon ils auraient été condamnés à mort, c'étaient des gens très puissants une fois couchés dans l'herbe, quand ils racontaient leurs histoires ; bien sûr, ils menaient une vie très intéressante avec leurs cadavres et leurs cercueils, c'était une vie très passionnante, qui ne pouvait en rien se laisser comparer à celle de jardiniers qui bêchaient la terre tous les jours. Nous étions des taupes, nous, nous ne levions jamais nos yeux du sol du cimetière, alors qu'eux, ils accompagnaient la mort et ils la servaient, ils étaient ses auxiliaires dans les caves et les morgues. Nous ne les enviions pas, nous nous contentions de les écouter avec plaisir, c'était bien, parce que le soleil brillait et il nous semblait parfois que leurs histoires étaient inventées, qu'ils les avaient lues dans des livres que quelqu'un écrivait en secret. Nous étions contents d'être au cimetière parce que, là-bas, nous ne Les voyions jamais, nous pouvions imaginer qu'Ils n'existaient pas, nous étions simplement de bons jardiniers qui cultivaient leurs légumes, nous étions libres et nous décidions de la vie et de la mort de nos plantes, sans craindre que quelqu'un nous arrache notre cigarette de la bouche. Nous pouvions parler à voix haute et non en chuchotant, nous pouvions marcher librement dans les allées et nous raconter des histoires gaies, nous pouvions aimer la terre et nous soucier comme d'une guigne du fait que nous étions dans un cimetière, parce que nous nous y sentions chez nous, nous cultivions ce sol de nos mains, et au-dessus de nous des oiseaux chantaient dans les feuilles d'arbres tout à fait ordinaires, des châtaigniers, et des tilleuls qui fleurissaient comme les autres, comme ceux des champs, des jardins publics, des places de villages ou des fossés le long des routes.

C'était comme si nous étions allongés près d'une rivière et que nous regardions l'eau, c'était comme si nous étions couchés près d'une barrière dans le silence de midi et que nous écoutions brinquebaler une charrette qui s'approchait et grincer ses roues mal graissées, tandis que nous étions allongés dans l'herbe. Nous entendions des histoires de terreur et de tourments, des histoires d'aventures passionnantes, nous étions proches, tout proches de la mort dans l'herbe mouillée, sur la glaise mouillée où poussaient du persil, des raves, des choux et des carottes et où les plants de tomates que nous avions repiqués s'enroulaient sur leurs tuteurs. Nous étions derrière une barrière, couchés dans l'herbe verte, et c'était bien que cette barrière soit en réalité un mur de cimetière très haut. Nous étions tout près de la mort, le soleil brillait et nous pensions que nous étions contents de ne pas devoir cultiver d'asperges parce que cela demande beaucoup de travail. Nous étions contents d'avoir l'interdiction de manger des asperges, et donc de ne pas avoir l'autorisation d'en cultiver, de ne pouvoir manger que des légumes cultivés au cimetière et aucun autre, surtout pas ceux qui poussaient dans les champs ou les jardins de maraîchers s'étageant près de la rivière, non, cela ne nous dérangeait pas du tout de n'avoir que des légumes se nourrissant des morts enterrés là, les suicidés, les empoisonnés au gaz, au Luminal, au Véronal, ceux qui s'étaient fait écraser par le tram, s'étaient noyés dans la rivière et qui mouraient sur le trottoir. C'étaient de bons légumes, peut-être meilleurs que ceux qui poussaient chez les maraîchers, nous nous réjouissions de les manger, nous les avions cultivés de nos propres mains en lignes régulières, sur des plates-bandes nettoyées de leur chiendent.

« Si j'avais une voiture, a dit l'un des fossoyeurs, j'oublierais les cadavres. Si je conduisais le long d'une rue, je verrais les commis baisser les stores des boutiques et les enfants courir à l'école, les femmes suspendre du linge et arroser leurs fleurs, je regarderais le compteur pour ne pas dépasser la vitesse autorisée et pendant ce temps je verrais tout, les gens sur le trottoir qui vont au travail et ceux qui jouent aux cartes aux terrasses de café, et la fumée qui sort des cheminées et le laitier qui pose des bouteilles de lait contre les portails et les fenêtres qu'on ouvre pour secouer les édredons. C'était ça que je voyais quand je traversais des villes étrangères, des villes inconnues le long des routes. Je ne m'en étais jamais souvenu, c'est seulement maintenant que j'y pense, alors que je dois m'occuper des cadavres. Peut-être que, moi aussi, je contournais des cimetières en voiture, je ne m'en souviens pas trop, mais souvent j'ai dû attendre qu'un cortège funèbre passe, pourtant je n'ai jamais pensé, en ce temps-là, aux cadavres, parce que ces cortèges faisaient partie du paysage, en tête marchaient les musiciens, derrière venait le cercueil, puis il y avait la famille, les femmes en mantilles, la tête courbée, et les hommes qui se tenaient tout raides en se forçant à avoir l'air sérieux. Je regardais toujours les gens quand je devais attendre que le cortège passe et jamais je n'ai pensé au cercueil, je rencontrais aussi des cortèges de noces, et je devais également attendre qu'ils passent, et je n'oublie pas les processions de la fête du Sacré-Cœur ou les cortèges des fêtes des moissons, je détestais les cortèges, surtout quand il y avait beaucoup de charrettes de foin, parce que je savais que ce serait long. Et si maintenant j'avais une voiture et que je pouvais rouler sur les routes et traverser une ville, je ne penserais jamais aux cadavres, même si je devais attendre que le cortège funèbre passe parce que j'entendrais la musique, parce que la musique ne me rendrait pas triste du tout.

— Moi aussi, j'avais une voiture, a dit le bookmaker, je pouvais me permettre d'en avoir une, les temps, messieurs, étaient différents. Cela me causait bien des ennuis avec les gendarmes, les livreurs et les gens qui m'injuriaient depuis les trottoirs, mais c'était une bonne chose d'avoir une voiture, par exemple pour sortir le soir, on allait faire la fête quelque part à la campagne, dans une auberge près de la route, peinards, et on s'offrait du bon temps. »

J'ai dit : « Une fois, on a fait un tour en voiture avec des gens et on a vu un motocycliste mort. C'était un spectacle horrible, mais nous ne nous sommes pas arrêtés parce que les gens à qui appartenait la voiture n'auraient pas voulu qu'elle soit tachée de sang. Et ensuite nous nous sommes assis à la terrasse d'un restaurant et nous avons pris un café viennois, nous n'avons pas eu une pensée pour le motocycliste par terre sur la route dans la poussière, jusqu'à ce que je me trouve allongé chez moi dans mon lit et que j'éteigne la lumière, alors tout cela a surgi en moi, dans ma tête, la moto cassée et l'homme au crâne fracassé. J'ai dû me lever et fumer une cigarette, et j'ai mis longtemps à me rendormir.

— Oui, a dit l'un des fossoyeurs, à cette époque, nous n'avions pas l'habitude des cadavres. L'hôpital, personne ne pouvait m'y traîner, dès que je voyais un peu de sang, j'avais tout de suite le cœur à l'envers. »

J'ai dit : « On s'habitue et c'est une erreur. On ne devrait pas s'habituer. Est-ce que c'est normal de porter des cadavres ? Est-ce que vous aviez jamais pensé aller en chercher dans les caves et les morgues ?

— L'homme peut tout faire quand on lui en donne l'ordre, a dit le mercier. Moi, j'ai vu des gens qui faisaient des choses encore pires.

— Le cheval aussi fait presque tout ce que l'homme le force à faire, a dit le bookmaker, mais il y a des choses que le cheval refusera, même si vous le fouettez du matin jusqu'au soir. L'homme est fort, il fera tout. »

Mais nous ne voulions pas parler de ce que l'homme était capable de faire, c'était inutile, il valait mieux demander au bookmaker de nous raconter des histoires de courses et de parieurs, de gains et de pertes, de tribunes et de victoires, de favoris et d'outsiders, de tricheurs et de victoires méritées. Le soleil brillait et nous étions couchés dans l'herbe mouillée, un haut mur de pierre nous séparait de la route, nous entendions les locomotives siffler dans le lointain, et les trams aussi qui grinçaient sur les aiguillages, au-dessus de nous il y avait le ciel et les arbres qui commençaient à se couvrir de feuilles et personne ne voulait penser que le soir il faudrait partir et que notre étoile brillerait plus jaune que jamais sur les places et dans les rues, parce que nous étions avec des étrangers qui avaient été affectés au transport des cadavres, qui n'aimaient pas ce métier et qui auraient préféré rouler sur les routes et parier aux courses. Et puis les fossoyeurs se sont levés lorsque cela a été l'heure, et nous, nous sommes encore restés étendus, nous n'avions pas à nous presser parce que la terre était seule à nous attendre, nous n'avions pas à nous hâter, parce que la terre était patiente, nous n'étions pas obligés de trop nous battre avec elle, elle était grasse, tout y poussait bien, une terre sans pierres ni mâchefer.

Quand le soleil a commencé à chauffer plus fort, d'autres personnes sont arrivées au cimetière, c'étaient des tuberculeux à un stade avancé à qui l'on avait prescrit de s'allonger au bon air et dans les bois, mais puisque l'air et les bois leur étaient interdits, ils devaient venir s'étendre au cimetière, ils n'avaient pas le droit de bouger ni de se coucher au soleil, ils s'allongeaient silencieusement, certains lisaient et d'autres regardaient les tombes de marbre aux inscriptions dorées. Ça ne les gênait pas d'être couchés dans le cimetière, ils étaient contents de ne plus se trouver dans l'air lourd de l'hôpital, ils se plaisaient à nous regarder, penchés sur la terre et occupés à creuser ou bêcher la glèbe. Des médecins et des infirmières les accompagnaient, nous parlions parfois avec eux, ils savaient toujours quelque chose que nous, nous ne savions pas, au cimetière, nous qui étions séparés de la route par un haut mur. Les médecins et les infirmières venaient volontiers au cimetière parce que, eux aussi, ils avaient envie d'air et de soleil. Quand il pleuvait, personne ne venait, mais alors nous ne travaillions pas beaucoup, nous allions nous asseoir dans la salle rituelle et nous buvions du tilleul. Mais quand le soleil recommençait à briller, les malades revenaient, des nouveaux, souvent, parce que, eux aussi, ils étaient nombreux à mourir, ou alors ils partaient avec les convois lorsque c'était leur tour. Nous allions nous asseoir près d'eux à la pause de midi, nous plaignions les malades qui restaient couchés des jours entiers sans avoir le droit de bouger, qui n'avaient d'autre distraction que regarder fixement le ciel, lire des livres et bavarder entre eux. Certains recevaient la visite de leur femme ou de parents, mais beaucoup restaient seuls. Parmi eux, il y avait Karel Kauders, que nous allions souvent voir. Karel Kauders n'avait rien de spécial, sinon qu'il était vieux et qu'il se mourait, mais, pour finir, tous ceux qui venaient s'allonger près des tombes de marbre mouraient. Lui, personne ne venait le visiter, il était seul et sûrement qu'il s'ennuyait fort.

J'ai dit : « Comment ça va aujourd'hui ? Au cimetière, vous allez sûrement guérir, c'est silencieux et il y a du bon air. Ici, il n'y a que des morts, Ils ne viennent jamais ici.

— Je ne Les ai encore jamais vus, a dit Kauders. Ils vont partout, mais pas chez nous. Ils n'aiment pas les tuberculeux au stade avancé.

— J'espère que je ne Les verrai plus, j'espère que je mourrai avant qu'Ils me convoquent à Radio expo. Là où j'irai, Ils ne seront certainement pas.

— C'est ce que je pense, moi aussi. Leur pouvoir ne s'étend pas si loin qu'Ils soient capables de vous inventer une vie après la mort. Ils le feraient certainement s'Ils le pouvaient. Mais, dans Leur magnanimité, Ils se sont contentés de nous inventer notre vie d'ici. Ils n'y arriveront jamais. Je me souviens que mon oncle m'avait donné un jeu de Meccano. Il avait été fabriqué dans Leur pays. Mais je n'ai jamais pu construire rien de bien avec. Ce n'étaient que des choses absurdes. Le pire est que nous devons vivre cette vie qu'Ils nous ont inventée. C'est difficile de vivre une vie qui a été inventée par quelqu'un d'autre.

— Oui, a dit Kauders, je suis heureux. Jadis, j'aurais envié les gens en bonne santé. Je suis heureux de vivre la vie que m'a inventée la maladie. J'étais fonctionnaire du fisc et j'ai toujours aimé l'ordre. Je ne me suis même pas marié, sans aucun doute parce que cela m'aurait dérangé. Je n'aurais pas supporté que ma femme range mes affaires à sa guise, et que dans l'appartement traînent toutes sortes de fanfreluches et de maquillage. »

J'ai dit : « Attendez, de plus en plus j'en ai assez de vivre une vie inventée, je ne sais pas comment je dois faire pour m'en tirer, mais j'y arriverai d'une façon ou d'une autre. J'étais présent dans la salle rituelle quand ils ont lu le nom de ceux qui devaient partir avec le prochain convoi. Je pensais qu'ils diraient le mien. Mais ils ne l'ont pas lu. Alors je me suis aperçu que je devais en fait vivre ma propre vie. Ça m'a pour ainsi dire réveillé. Mais je n'arrive toujours pas à savoir comment je dois m'y prendre.

— Ma manière, ce n'est pas la bonne. »

Je racontais à Kauders les nouvelles anecdotes que j'avais apprises des fossoyeurs, des médecins et des infirmières, lui m'en racontait de vieilles, du temps de sa jeunesse. Nous nous asseyions souvent ensemble quand le soleil brillait et que les malades pouvaient s'allonger à l'ombre près des tombes.

« Venez nous voir dimanche matin à l'hôpital », a demandé Kauders.

J'ai dit : « Je viendrai, mais ça ne me fera pas grand plaisir. J'y suis allé une fois, quelqu'un que je connaissais y était.

— Si, ça va vous plaire, a dit Kauders. C'est un autre hôpital. Ils n'y vont jamais. Nous avons là-bas un truc merveilleux que personne d'autre n'a : c'est un piano. Oui, là-bas, nous avons un piano. Ils ne nous l'ont pas pris, ils ont peur qu'il soit contaminé par nos bacilles. Et tous les dimanches matin on organise des concerts rien que pour nous qui ne craignons pas la mort parce que de toute façon nous mourrons. »

Ce dimanche-là, j'ai dû traverser toute la ville à pied, ça ne me faisait rien de devoir marcher si longtemps, c'était dimanche, de toute façon je ne savais pas ce que j'aurais fait de tout ce temps, rester chez moi à lire, me faire mon déjeuner, puis recommencer à lire. Avant, je n'allais pas au concert, je n'avais pas de goût pour la musique classique, mais c'était quand même une distraction maintenant, je me réjouissais de ce concert parce que, au moins, je serais assis sur une chaise, à regarder et à écouter.

Quand j'ai enfin atteint l'hôpital, la salle à manger était pleine, les malades étaient assis autour des tables, le concert commençait tout juste, j'ai entendu qu'on accordait les instruments, c'était une bonne chose d'entendre ces sons-là et de me préparer à entendre de la musique que je ne connaissais pas.

J'étais assis près de Kauders, personne ne m'avait remarqué, les gens autour de nous n'avaient pas l'air mourants, mais je savais que chez les tuberculeux tout est caché et qu'on ne les aurait jamais mis dans cet hôpital si on n'avait pas su qu'ils devaient mourir.

« Il y a du Beethoven au programme, a dit Kauders, ces trois musiciens-là étaient solistes de concert, celui qui est au piano est un amateur, mais c'est un grand mélomane, il est de leur niveau, il avait un grand cabinet d'avocats.

— Cela ne leur plairait sûrement pas s'Ils savaient qu'on joue ici du Beethoven. Ils s'en jouent eux-mêmes. On m'a raconté au cimetière qu'Ils ont tué un certain Utitz parce qu'il avait voulu aller écouter du Beethoven.

— Mais ces trois, qui jouent, vont mourir. C'est écrit noir sur blanc, sur leurs radios. Ils ne sont pas fous au point de tuer des gens qui de toute façon doivent mourir. »

La salle à manger s'est tue, le concert a commencé. C'était bon d'être assis en silence et d'écouter, c'était bien de ne pas penser à la salle rituelle, ni au cirque ni au voyage vers l'est. C'était bon de ne pas penser au pain tartiné de fromage maigre ni à la bouillie cuite à l'eau, c'était bon de ne plus rien entendre ou voir, ni les avis ni les interdictions, les expulsions hors du tram, les cortèges défilant dans le claquement des bottes ferrées. Maintenant, tout avait disparu, tout était devenu mesquin, absurde, tout le reste, il n'y avait plus ni brimades, ni coups, ni dents cassées, ni rien de tout cela, je savais qu'il n'y avait plus de danse sur un fil, plus de porte devant laquelle se présenter sac au dos et numéro au cou, il n'y avait même plus de numéros, les numéros n'avaient jamais existé, et il n'en existerait jamais, jamais, jusqu'à la fin des temps, je savais que des taches de sang n'apparaîtraient pas sur les murs du sanctuaire, que des gens ne s'effondreraient pas quand la peur les prendrait à la gorge, je savais qu'il n'y aurait pas, qu'il n'y avait jamais eu de ville vaincue, piétinée. J'entendais le vent qui faisait claquer les drapeaux, je voyais leurs vives couleurs flottant sur les bâtiments dans lesquels je n'avais pas le droit d'entrer. J'entendais ce que racontaient les couleurs des drapeaux. Il n'y avait dans la langue qu'ils parlaient ni coups de sifflet stridents ni roulements de tambour menaçants, elle parlait d'un pays que je connaissais mais avais oublié, vraiment je l'avais oublié, c'étaient ces couleurs qui me le rappelaient maintenant. Je savais que la joie allait venir, je savais qu'elle était là, silencieuse, que maintenant il n'était plus possible de l'anéantir avec des cris et des claquements de fouet. Comme elle était ridicule, maintenant, la Mort, avec son vêtement ensanglanté, comme elle était misérable, vaine, puisque maintenant la joie montait, des profondeurs elle montait toujours plus haut et forçait la Mort à s'enfuir avec ses tambours et ses fifres. Comme sa queue-de-cheval était ridicule, de même que son arrogance, ses décorations et ses épaulettes. Je l'ai vue plantée là comme un épouvantail et tout le monde se moquait d'elle. J'ai vu ses serviteurs trembler, j'ai vu sa superbe tomber, personne ne prêtait attention à ses ordres ni à ses avis, accompagnés de roulements de tambour. Je voyais une petite souris tourner autour d'elle, une petite souris grise tout à fait ordinaire, qui se moquait de sa face décharnée. Non, non, le monde inventé par la Mort n'avait jamais existé. Non, on ne forcerait jamais personne à s'incliner devant elle et à lui rendre hommage. Tant que cette musique retentirait, tant que la joie marcherait à pas silencieux et lents, la Mort ne pourrait jamais vaincre. Elle ne pourrait pas être plus forte que la joie, à coups d'avis, d'interdictions et de mises à sac. Elle ne pourrait pas empêcher qu'un brin d'herbe pointe de la terre qu'il avait percée, que l'eau sourde de la roche, ni que les arbres fleurissent. Elle est ridicule, cette Mort qu'Ils honorent tant, c'est un épouvantail rempli de paille qu'Ils exhibent pour semer la peur chez les gens. Maintenant, on entend les cloches sourdes, lentes, d'abord elles sonnent le glas, puis le bruit augmente, il emplit la salle, il monte plus haut, jusqu'au plus haut des cieux.

J'ai dit à Kauders : « Je vous remercie », quand les musiciens ont eu fini de jouer. « C'est une bonne chose, cette musique. Je ne m'en étais jamais rendu compte avant. »

Ensuite nous avons attendu le déjeuner, nous avons eu de la soupe claire et des pois cuits à l'eau, nous avons bu de la tisane d'églantier et parlé de choses ordinaires, jusqu'à l'heure où les malades ont dû aller se coucher, et moi, je suis reparti à pied jusqu'à ma banlieue où m'attendait Thomas, j'avais mendié pour lui auprès du cuisinier quelques pois qui restaient dans l'assiette.

C'était un jour de printemps et dans les rues il y avait beaucoup de monde ; je devais éviter les avenues et les places qui m'étaient interdites le dimanche, je faisais des détours par des ruelles tortueuses, je me faufilais comme je pouvais. Je ne regardais pas les gens bien vêtus, je ne regardais pas les gardes, ni leurs insignes, je continuais à entendre la musique, elle m'a accompagné longtemps, longtemps, jusqu'à la rivière et au pont. Et quand j'ai gravi la colline, j'ai regardé la ville étendue à mes pieds en ce jour de printemps, en ce jour solennel où les cheminées ne fumaient pas, couchée silencieusement comme si elle se recroquevillait pour éviter les coups, j'ai aperçu des pigeons qui volaient calmement et tranquillement, ils ne voyaient pas ce qui se passait en dessous d'eux, ils volaient vers un but lointain et ont fini par disparaître au loin.

19

Un jour, cela a été le tour du mercier.

Il a dit : « Je m'en vais, je ne travaillerai plus avec vous. Vous aurez un avocat à ma place. »

Nous nous taisions ; nous ne pouvions ni le plaindre ni le consoler. Le soleil de printemps brillait, et c'était une bonne chose, mais nous ne pouvions pas faire en sorte que le mercier se réjouisse du soleil.

J'ai dit : « Vous allez nous manquer, je ne sais pas si l'avocat sera un bon chef d'équipe. Vous connaissez si bien ce travail. »

Bien sûr, c'était absurde de féliciter le mercier pour ce qu'il avait fait, parce que ça n'était pas du travail, avec nous, il ne faisait que gratter la terre et planter des légumes, ce n'était même pas la peine de s'y connaître, il envoyait des rapports à la Communauté, et peut-être que, de là, ils Leur étaient réexpédiés, mais il était sûr que personne ne les lisait, Ils ne s'intéressaient pas au travail du cimetière, car il ne s'agissait ni d'objets ni de propriétés. Et Ils ne se souciaient pas du tout des légumes du cimetière, Ils avaient assez de légumes qui venaient des maraîchers de la banlieue et des centres de collecte. Quand même, c'était bien de pouvoir féliciter le mercier pour quelque chose, il avait besoin de ces compliments puisqu'il partait. Il pourrait se vanter au cirque d'avoir été quelqu'un de très important, il pourrait raconter que sans lui il n'y aurait pas eu du tout de légumes à notre cantine, cela lui ferait plaisir de pouvoir jouer l'important au milieu des gratte-papier et de ceux qui assistaient les pilleurs. C'est une bonne chose de nourrir ceux qui ont faim, c'est une bonne action, qui est inscrite au livre de comptes des mérites, c'est une bien meilleure chose que de dresser des inventaires de meubles ou de stocker des pardessus. C'est bien mieux que de cirer les parquets dans les appartements qui Leur sont destinés, c'est un bien meilleur travail que d'être serrurier, plombier ou fabricant de cercueils. Bien que les fabricants de cercueils et les fossoyeurs fissent œuvre de miséricorde, dont Ils ne tiraient aucun profit, c'était mieux de nourrir les vivants. Le mercier était flatté.

Il a dit : « Je vais vous donner mon moulin à café. »

J'ai répondu : « Je vous remercie, je n'en ai pas besoin, je ne sais même plus quel goût a le vrai café, et les glands qu'on nous donne à la place sont déjà broyés. Je ne sais pas ce que je ferais d'un moulin à café.

— Je ne peux rien vous donner d'autre en souvenir. Ils ont tout enregistré, mais Ils ont oublié le moulin. Ç'aurait été dommage de le Leur laisser, c'est un bon moulin. Vous pouvez toujours moudre du blé, si vous n'avez pas de café.

— Je ne sais pas où je trouverais du blé. À moins que je n'aille voler des épis dans les champs. Mais les champs sont gardés et les maraudeurs sont condamnés à mort. Je prendrai votre moulin à café, pour avoir quelque chose en souvenir. Au moins, Ils auront quelque chose à enregistrer quand Ils viendront chez moi. »

J'ai emporté le moulin à la maison et j'ai moulu dans le vide, je pensais que cela amuserait Thomas, mais Thomas restait indifférent. C'était bien de tourner la manivelle, c'était un beau moulin, grand et ancien, je me suis souvenu que ma tante en avait un pareil, je regardais toujours quand elle y mettait du café avec une cuiller à mesure, je me souvenais maintenant de l'odeur, c'était vraiment une bonne odeur, qui embaumait toute la cuisine. Et je regardais aussi ma tante mettre du café dans la grande cafetière de porcelaine, et l'eau gouttait doucement et l'odeur se répandait encore plus fort dans toute la maison.

Je tournais le moulin dans le vide et maintenant je savais pourquoi je faisais cela, je voulais appeler Růžena, qui s'était évanouie depuis longtemps et avec qui je n'avais pas parlé depuis des semaines. Růžena était assise sur un tabouret de cuisine quand j'allais chez elle, elle avait un tablier, je regardais toujours son tablier pour pouvoir deviner sa poitrine en dessous, jeune, ferme. Mais le moulin grinçait dans le vide et je ne réussissais pas à appeler Růžena, je l'avais maintenant perdue pour toujours, plus jamais je ne lui parlerais pour qu'elle m'aide à chasser le désespoir et à vaincre la peur.

J'étais très seul et ce n'était pas une bonne chose, je ne voulais pas rester chez moi, puisque mon moulin était vide et que Růžena n'était pas venue.

Je suis allé rendre visite à Materna. Il ne s'est pas étonné de me voir arriver. Ses amis qui étaient chez lui ne se sont pas étonnés non plus. Ils s'étaient habitués à moi comme à un meuble ou à un seau à charbon. Je me taisais toujours quand ils se disputaient violemment ou bien qu'ils faisaient des plans. Personne ne me demandait rien et personne ne prenait mon avis, je restais toujours assis en silence, je buvais mon thé et je mangeais un peu de gâteau que la mère de Materna avait fait. Je partais plus tôt que les autres et parfois j'emportais des restes pour Thomas ou des cigarettes, que me fournissait Materna. Cette fois aussi je me taisais mais j'étais impatient. J'attendais qu'ils cessent de parler.

« Je ne veux pas partir, je n'irai pas au cirque.

— C'est bien, Pepa. Je pensais que tu étais une poule mouillée, fiche-toi de tout ça ! » a dit Materna.

J'ai dit : « Si je disais que je n'ai pas peur, je mentirais. J'ai peur, et comment ! Mais je vois que, d'une façon ou d'une autre, il faut que je me décide. C'est ce moulin à café qui m'a aidé à me décider.

— Quel moulin ?

— Rien, je dis ça juste comme ça. Quelqu'un qui va partir avec un convoi m'a donné un moulin à café. C'est une chose absurde puisqu'il n'y a pas de café.

— Bien, a dit Materna. Alors tu sais ce qui t'attend ? »

J'ai dit : « Oui, j'y ai bien réfléchi. Et maintenant ça va dépendre de ce que vous me direz.

— Ça n'est pas si simple, a dit Franta. Se cacher comme ça, c'est pas la joie. Il faudra que tu restes dans un trou, tu n'auras même pas le droit de tousser. Tu devras coucher par terre ou en tout cas dans une cave humide. »

J'ai dit : « Ça ne fait rien, je me suis habitué ces

derniers temps à vivre n'importe comment. D'ailleurs, Materna sait comment je vis.

— Bon, alors action ! »

Et puis je me suis souvenu de quelque chose. C'est arrivé tout à coup, je ne sais pas comment. Je devais en réalité le savoir depuis longtemps, mais sans doute je n'avais pas envie d'y penser.

J'ai dit : « Il y a autre chose. Ces gens qui me cacheraient, ils devraient mourir si on m'attrapait, hein ? C'est une nouvelle loi qu'Ils ont promulguée.

— Bon, et alors, a dit Materna.

— Tu sais, a dit Franta, personne n'a envie de mourir. Mais qui ne risque rien n'a rien. Qui te dit qu'on doive te trouver ? Il y en a, des gens qui se cachent, et depuis longtemps !

— Attendez, je dois encore y réfléchir, est-ce que je peux exiger de quelqu'un qu'il risque sa tête pour moi ?

— Si on te le propose tout à fait sincèrement, tu peux, non ?

— J'ai encore un peu de temps, ils ne m'ont pas convoqué. Je dois y repenser, je venais seulement de me décider en tournant le moulin, mais maintenant je vois que c'est différent.

— Bon, personne ne te force », a dit Materna.

Ils ont recommencé à parler de leur travail et de la guerre. J'ai recommencé à me taire. Et puis je suis rentré chez moi avec une ration pour Thomas, je me suis retourné dans mon sac de couchage, mais je n'arrivais pas à m'endormir.

C'était pourtant si simple quand j'écoutais la musique, les drapeaux claquaient dans le vent et les cloches sonnaient, la Mort s'en allait en rampant et une petite souris lui riait à la figure. C'était si simple quand je faisais tourner mon moulin dans le vide, on aurait dit qu'il broyait ma peur, il la transformait en poudre légère que le vent disperserait. C'était si facile d'arracher mon étoile et de sortir de la maison en ruine, dans le vent du printemps, de dire adieu au rond d'humidité du plafond et de Leur laisser en souvenir mon vieux guéridon branlant et un moulin à café ventru.

Mais je savais que ce n'était en fait pas simple du tout. Si quelqu'un devait être envoyé au cirque à ma place, s'il devait s'accrocher un numéro autour du cou, il perdrait tout espoir. C'était une grande chose que l'espoir, c'était une mauvaise chose de le voler à quelqu'un, de prendre à un inconnu, un étranger, peut-être quelques semaines, peut-être quelques mois. Mais il était toujours possible de fuir ses responsabilités parce que l'espoir n'aurait pas pesé bien lourd si on l'avait posé sur le plateau de la balance, et de toute façon, c'était celui d'un étranger, d'un inconnu, un espoir qui finalement ne se réaliserait jamais. Et quand un de Leurs bataillons passait sous nos fenêtres occultées pour le couvre-feu, dans un grand claquement de bottes ferrées, il était possible de se boucher les oreilles et de ne rien entendre parce que, de toute façon, Ils s'en iraient vers un autre quartier, vers la gare de marchandises où attendait un train à bestiaux. On pouvait ignorer le grincement des wagons, le sifflement de la locomotive, cela se passait dans un quartier si éloigné, la gare était si loin, et quand le train se mettait en route vers la ville fortifiée ou vers l'est, personne, absolument personne ne s'en apercevait, parce que c'était un train de marchandises tout à fait ordinaire qui se traînait lentement sur les rails, wagons fermés, dans lesquels il pouvait y avoir du ciment ou des affûts de canons. Je n'étais même pas obligé de le remarquer, ce train, je n'étais pas obligé de penser à celui qui partirait à ma place vers l'est.

Mais il y avait autre chose, et ce n'était pas simple du tout. Je ne pouvais pas arrêter d'y réfléchir. Je me retournais dans mon sac et je ruminais cela, je ne trouvais pas de solution. Avant, je faisais des choses ordinaires, j'allais à la banque, je mangeais et je dormais, je faisais l'amour avec Růžena, et je l'attendais dans la rue, j'allais aussi au cinéma et dans des auberges. Je n'avais à prendre aucune décision, tout était clair, écrit à l'avance, il y avait des spectacles auxquels je devais assister, des lois et des avis à respecter, des caisses où j'achetais des tickets et des caissiers à qui je payais l'addition. On n'était pas obligé de prendre sur soi la moindre responsabilité quand on accrochait son chapeau à la banque ou quand on s'étendait sur la pelouse d'un lieu de baignade. Bien sûr, il y avait eu cette histoire avec Růžena, quand nous nous étions retrouvés dans un restaurant sur les hauteurs de la ville et qu'elle avait essayé de me persuader de partir pour l'étranger. Je m'étais dérobé et j'avais fui vers des choses et des lieux connus, vers le kiosque à journaux, le cinéma de mon quartier. C'était une mauvaise chose d'avoir fui, mais je ne le savais pas alors.

Il fallait savoir prendre ses responsabilités le moment venu, vouloir passer la frontière et se laisser rouler jusqu'en bas d'une colline escarpée sans le moindre buisson auquel se raccrocher. Non, je ne trouvais pas de solution. Et puis j'ai fini par me dire que cela durerait peut-être encore un peu avant qu'Ils me convoquent, il me restait assez de temps, cela me permettrait de ne pas prendre de décision tout de suite, je souhaitais avoir l'été, ne devoir affronter ce genre de choix qu'à l'automne, quand j'aurais recommencé à ratisser les feuilles du cimetière. Vraiment, cela ne me convenait pas maintenant que le soleil recommençait à chauffer et que je n'étais plus obligé de me geler près de mon petit poêle cassé.

Mais dans ma mansarde il faisait encore humide. C'était désagréable de devoir me retourner dans tous les sens sans réussir à être au sec et de respirer un air moite. C'était désagréable aussi de devoir décider de l'existence d'autrui, je ne voulais pas m'engager dans ce jeu, parce que j'avais toujours mené une vie ordinaire et nul ne m'avait auparavant fait envisager cela. Je craignais bien sûr pour ma vie aussi, mais ce n'était pas le plus important, puisque de toute façon j'étais perdu, cette peur ne m'était d'aucun secours, ça ne valait pas la peine de gâcher à cause d'elle ce qui restait à d'autres. Je ne pouvais accrocher aucun de mes soucis au clou d'autrui, dans ma mansarde j'avais juste trois clous, auxquels pendaient mes habits, en fait c'étaient des crochets que j'avais plantés moi-même dans le mur, quand j'avais brûlé mon armoire. Ce n'était pas difficile d'abandonner une mansarde avec trois crochets au mur, mais c'était difficile d'inventer quelque chose qui coûte la vie d'autrui.

Je ne suis pas allé au cimetière le lendemain, je devais me présenter à la Communauté pour qu'on me prolonge mon autorisation de tram. C'était une chose assez compliquée, parce que chaque fois il fallait calculer la distance entre mon domicile et le cimetière. Quatre fonctionnaires étaient nécessaires pour que cela soit correctement déterminé, il fallait remplir un formulaire et y joindre un petit plan. Mon domicile était très éloigné du cimetière et il n'était pas possible de raccourcir cette distance, pourtant je devais renouveler ma carte tous les mois. Je n'étais pas opposé à ces formalités administratives, j'avais le droit de rester pour cela toute la matinée dans les bureaux de la Communauté. Je devais attendre dans les couloirs de différents bureaux, on me soumettait à un sévère interrogatoire et je devais signer plusieurs déclarations. Mais cela me changeait de mon travail au cimetière, je devais simplement faire attention de signer le bon feuillet.

Et quand je suis sorti de l'immeuble, je suis tombé sur une charrette à laquelle deux chevaux étaient attelés. À côté marchait le meunier avec qui j'avais fait connaissance au moment de l'enregistrement.

J'ai dit : « Ça me fait plaisir de vous voir. Alors comme ça, vous avez un travail ? C'est une sacrée chance de ne plus être obligé de rester enfermé dans une baraque en ruine.

— Je ne sais pas si j'ai de la chance, a dit le meunier, je dois m'occuper des chevaux, c'est une très bonne chose de pouvoir étriller des chevaux, les nourrir, les abreuver. Mais je suis seul, complètement seul, Ils ont emmené ma famille dans la ville fortifiée, elle y est encore, et qu'est-ce qui va se passer, s'Ils envoient tout le monde sans moi vers l'est ? Si je ne revois plus jamais ma femme et mon fils ? »

J'ai demandé : « Comment est-ce possible ? Ils ne séparent pas les familles, d'habitude.

— Ils ont ordonné à tout le monde d'enlever ses chaussures et ont distribué des sabots. Ils ont pris le linge chaud et les manteaux. C'était un peu après les vacances. Ils ont conduit les prisonniers à pied au chef-lieu de canton et les ont enfermés trois jours dans l'école, la route était couverte de neige et l'école n'était pas chauffée. Ensuite, Ils les ont chargés dans des camions et les ont emmenés. Le train s'est arrêté à la ville fortifiée, certains y ont été envoyés et les autres ont continué vers l'est. Ma femme et mon fils sont restés dans la ville fortifiée. On voulait les envoyer eux aussi vers l'est, mais il y a eu un pépin avec les papiers puisque justement il y a ce règlement qui dit que les familles ne doivent pas être séparées. Sur place, Ils n'ont pas pu se mettre d'accord avec les chefs de convoi et comme ça Ils ont pour l'instant laissé ma femme et mon fils dans la ville.

— Mais je ne comprends toujours pas pourquoi vous n'êtes pas allé avec eux là-bas.

— Je vais vous expliquer. Alors que je remplissais un formulaire, j'en étais à peu près au dixième, il y avait une question pour savoir si je savais m'occuper de chevaux. Et moi, je m'y connais en chevaux. C'est ce que j'ai écrit, je n'y ai pas spécialement fait attention parce qu'il y avait un tas d'autres questions, par exemple, est-ce que j'utilisais dans mon métier l'énergie éolienne, je n'exerçais plus mon métier et le vent ne me servait plus à rien, même s'il passait méchamment par les fenêtres cassées du château, mais j'aimais les chevaux, quand je me rappelle Bruna, la façon dont elle m'a dit au revoir, je suis prêt à pleurer. Et tout à coup, alors que le convoi s'approchait, qu'Ils avaient donné des sabots à tout le monde, on m'a fait rester en arrière. Ils m'ont dit que je devais me présenter dans la capitale, parce qu'ils avaient besoin de quelqu'un qui s'y connaisse en chevaux. Vous savez, c'est rare qu'on se consacre à un tel travail aujourd'hui. Je suis resté une semaine seul là-bas, c'était vraiment terrible, il n'y avait pas âme qui vive. J'avais à la main la photo de ma femme avec mon fils, je me traînais d'une pièce à l'autre, et je pleurais, je vais vous dire, cette fois, c'était moi qui pleurais, pas Blanche. Si on pardonne à un animal de pleurer, alors on doit me pardonner à moi aussi. Dans toutes les pièces il y avait encore des poêlons de terre, des pots, des paillasses et tout ce bazar était resté là parce que les gens ne savaient pas qu'on les enverrait en sabots sur la route, et de toute façon, même s'ils l'avaient su, ils auraient été obligés de laisser tout leur saint-frusquin derrière eux. Alors moi, j'errais au milieu de tout cela et je pensais à ma femme et à mon fils et je les imaginais en train de marcher sur la route gelée avec les autres et je me cassais la tête à me demander ce qu'ils allaient devenir. Je pensais que j'allais devenir fou, combien de fois j'ai voulu me fracasser le crâne contre un mur, mais ensuite on est venu me chercher, et maintenant je transporte avec mes chevaux des affaires au dépôt. »

J'ai demandé : « Quel genre d'affaires est-ce que vous transportez ?

— Regardez vous-même, a dit le meunier, ça ne me plaît pas du tout. »

J'ai regardé dans la charrette. Elle était pleine à ras bord et je n'étais pas étonné que le meunier ne soit pas content. C'étaient des jouets. Il y avait là des poupées de différentes tailles, depuis celles en chiffons, tout usées, jusqu'à celles de luxe, grandeur nature, qui fermaient les yeux. Il y avait des jeux de construction, des bouliers, des petits berceaux et des petites cuisines, des locomotives et des wagons avec des rails, des tunnels et des ponts. Il y avait des soldats de plomb de toutes les époques et de tous les pays du monde, des jeux de société, des balles de ping-pong, des imagiers et de petits animaux. Les agneaux étaient couchés près des lionceaux, des girafes, des antilopes et des lézards de caoutchouc. Des chevaux de bois traînaient des charrettes près de chevaux à bascule richement harnachés. Et il y avait aussi des anges gardiens, comment aurait-il pu ne pas y en avoir, puisque jadis ils ornaient les arbres de Noël ? Et il y avait aussi des étoiles de verre étincelant.

« Ça ne m'amuse pas de transporter ces choses-là, a dit le meunier, j'aurais préféré des meubles ou des vêtements. Ces affaires-là sont vivantes. Elles n'arrêtent pas de parler ou de se plaindre. Tout à coup, c'est un ourson qui couine, ou alors c'est une poupée qui appelle *ma-man*. Je vais vous dire, même les chevaux n'ont pas envie de transporter ça. Ils ne sont pas gais du tout, pourtant je m'en occupe comme je peux, je leur donne même de l'avoine, vous savez à quel point c'est difficile aujourd'hui. C'est mon ancien voisin qui me l'apporte en secret, je lui ai dit que j'en avais besoin pour moi, mais je pense qu'il sait que je la donne à mes chevaux. Ils devraient être contents, ils devraient hennir de plaisir. Mais ce sont des chevaux tristes. Ils lambinent, ils n'aiment pas traîner cette charrette. Je vous le dis, ils savent ce qu'ils transportent. Mon petit monsieur, personne ne trompera les chevaux, personne n'a le droit de me raconter ça, je voyais bien comme ils avançaient quand ils portaient le blé au moulin, et je ne les nourrissais que de fourrage alors. Ces affaires-là, elles nous reprochent toujours quelque chose. Je leur dis que nous n'y pouvons rien, ni moi ni eux, mes pauvres chevaux, mais est-ce qu'on peut parler avec des choses ? »

J'ai dit : « Ce sont des objets, des choses mortes. Elles ne peuvent rien vous reprocher. Ce n'est tout de même pas votre faute si on vous a affecté à ce travail !

— Non et non, vous vous trompez lourdement. Ces choses crient, je vous le dis, elles me reprochent d'être Leur complice. Ces chevaux sont innocents, ils ne peuvent pas répondre, jamais je n'aurais dû avoir ce travail à faire, je devrais tout planter là, me laisser tuer, plutôt que transporter des jouets qu'Ils ont arrachés à des mains d'enfants.

— Il y a des choses pires encore, auxquelles Ils nous forcent. Il n'y a pas longtemps, chez nous, au cimetière, un homme a dit qu'il est possible d'obliger un homme à faire n'importe quoi, mais que les chevaux, personne ne les forcera. Et vous voyez, Ils ont forcé vos chevaux à faire des choses qui vous donnent des remords à vous. »

Mais le meunier ne m'écoutait plus, il m'a dit adieu. Je l'ai regardé s'éloigner d'un pas lourd, j'ai vu qu'en vérité ils marchaient tous à contrecœur, les chevaux et l'homme.

20

Cet été-là, Kauders est mort, il n'était plus revenu s'allonger au cimetière. Il avait vraiment réussi à ne jamais Les rencontrer. Les fossoyeurs l'ont amené et l'ont enterré dans une nouvelle tombe. Il n'y avait personne sauf nous pour le pleurer, nous sommes restés en rang près de la fosse, mais cette fois-ci ce n'était plus avec des pelles et des pioches, parce que nous ne creusions ni ne labourions plus la terre, nous ramassions notre récolte, nous étions maintenant très riches, nous pouvions nous offrir des légumes à satiété, nous pouvions même en donner ou en échanger contre des cigarettes avec les fossoyeurs.

À nouveau nous nous allongions dans l'herbe et les fossoyeurs nous racontaient des histoires de leur vie d'aventure, des histoires terribles et mystérieuses dont ils se vantaient. Et, comme d'habitude, le plus loquace était le bookmaker.

« On nous a envoyés chercher un cadavre dans un quartier pauvre de la banlieue. Ça nous a fait une impression bizarre. Parce que enfin ! personne d'entre nous n'a jamais vécu là-bas ! Ils ne l'auraient d'ailleurs pas permis, maintenant, ce serait trop facile de s'y cacher, même si un Chinois, pour ne pas dire un des nôtres, s'y était égaré. Mais quand Ils nous ont dit d'y aller, Ils devaient sans doute savoir mieux que nous ce qui s'était passé. Vous ne pouvez pas vous imaginer comme c'était étrange quand nous sommes arrivés. Des gens sont sortis des baraques pour nous regarder. Nous avions nos étoiles, c'est clair, mais ces gens n'étaient pas habitués à ça, sans doute ils se demandaient ce que nous venions faire chez eux, alors que nous n'étions ni des gardes ni des juges. Nous avons demandé où se trouvait la baraque où il fallait chercher le cadavre, elle avait un beau nom, "Au buisson de roses", là-bas, les maisons n'avaient pas de numéro, simplement des noms de ce genre. "Ah ah ! nous a dit une femme, c'est là où il y a eu des coups de feu. – Tais-toi, mémé ! a crié un homme. Tu ne sais pas qu'on n'a pas le droit de parler ?" Nous sommes allés jusqu'à cette maison, c'était une sorte de boîte d'allumettes sans le moindre buisson de roses autour, rien que des boîtes de conserve et toutes sortes de déchets. La porte était défoncée, le plancher couvert de sang et d'habits éparpillés, les édredons avaient été éventrés, et les fenêtres cassées. Sur les murs, on voyait des impacts de balles.

« "Ah ! Nom de Dieu ! j'ai dit à Egon. Jolie histoire, ce qui a dû se passer ici !" Et sur le banc, un cadavre, troué comme une passoire, et il n'avait pas d'étoile. "Les garçons, j'ai dit, ça, ça ne me plaît pas. On a déjà vu pas mal de choses, mais un cadavre sans étoile, ça, jamais. Parce que, enfin !, on n'a pas le droit de toucher quelqu'un qui n'est pas des nôtres." J'ai regardé le visage du type abattu, il était à peu près entier. "Si, c'est bien un des nôtres, j'ai dit. On peut le prendre, n'ayez pas peur, on pourra toujours lui coudre une étoile, ou bien il ira dans son cercueil sans, et qui est-ce qui s'en souciera ?" Alors on l'a sorti de la baraque, on l'a mis sur la charrette à bras, on a jeté dessus une bâche et on est partis. Mais ça me turlupinait. "Les gars, je dis, prenez votre temps, je vais demander à quelqu'un qui c'était." Il y avait bien sûr encore plein de gens dehors, mais je suis retourné sur mes pas retrouver la femme qui nous avait montré le chemin. Son homme n'était plus avec elle, il avait dû s'éloigner. "Madame, je demande, qu'est-ce qui s'est passé là-bas, ça ressemble à une boucherie. – Et qu'est-ce que ça serait d'autre ? a dit la femme. Il y avait en secret dans cette baraque quelqu'un des vôtres, chez les Sejkora, comme qui dirait ils le cachaient, et quelqu'un a dû les balancer, vous savez, les gens d'aujourd'hui sont méchants. Les Sejkora se faisaient avec ça un peu d'argent, lui élevait des lapins, alors vous savez : l'envie ! Ils sont venus le chercher, et Sejkora, quand il Les a vus, il a voulu s'enfuir, mais Ils l'ont rattrapé, on sait ce que c'est avec Eux. La femme de Sejkora était quelque part en train de cancaner, alors lui, il était resté seul. Il a barricadé la porte, crié comme quoi il ne sortirait pas, et Eux, Ils lui ont répondu dans Leur langue. Et d'un seul coup il a sorti un pistolet, je ne sais pas s'il en a tué un, on dit que c'était même deux, personne n'arrive à savoir exactement, parce qu'Ils nous ont chassés illico en nous donnant l'ordre de rester derrière nos portes fermées, jusqu'à ce que tout ça finisse. Et ensuite Ils ont descendu le type qui était des vôtres et Ils nous ont dit de la boucler, sinon Ils nous coffreraient tous, Ils ont emmené Sejkora, il n'est pas revenu, sa femme non plus, elle n'est pas revenue, on dit qu'Ils l'ont attrapée dans la ville. Après Ils sont revenus, mais c'en étaient d'autres, juste pour récupérer les lapins, et Ils ont laissé le cadavre ici. Les gens disent que Sejkora et sa femme seront pendus, probablement que ça se passera comme ça, Ils peuvent s'Ils veulent, naturellement." La bonne femme n'en savait pas davantage, mais ça me suffisait. Ensuite, j'ai appris par quelqu'un de la Communauté que c'était un certain Froelich qui s'était enfui du convoi il y a six mois et qui se cachait chez ce Sejkora, c'était un de ses anciens ouvriers. »

Nous nous taisions. C'était une histoire terrible, même si le bookmaker l'avait racontée avec brio, mais les fossoyeurs étaient habitués à la mort, pour eux elle ne signifiait pas grand-chose, puisque c'était leur devoir de porter les cadavres. Puis l'avocat, qui était maintenant notre compagnon à la place du mercier, a dit :

« Je dirais que c'était mesquin de la part de ce Froelich de risquer que d'autres souffrent à sa place. Qu'est-ce qu'on va penser de nous, comment est-ce qu'on aurait pitié de nous, si un type pareil ôte la vie à deux personnes simplement pour sauver sa peau !

— Minute, a dit le bookmaker, il ne faut pas voir les choses comme ça ! D'abord, Froelich payait les Sejkora. C'était comme qui dirait un marché, comme quand on parie sur un cheval.

— Vous vous trompez lourdement, a dit l'avocat, comme s'il était possible de payer en argent ce genre de service ! Un arrangement pareil est contraire aux bonnes mœurs, ça ne vaut rien.

— Eh, de quelles bonnes mœurs est-ce qu'on parle ?

De nos jours, ça ne rapporte pas grand-chose, a dit l'un des fossoyeurs, que le bookmaker avait appelé l'instant d'avant Egon. Il ne devait pas faire ça. Personne n'a le droit de demander à quelqu'un d'autre de risquer sa tête pour lui. »

J'ai dit : « Même quand l'autre est d'accord ?

— Même comme ça, a répondu Egon.

— L'argent achète tout, a dit le bookmaker. Et alors c'est autre chose. » Maintenant, les habitués du cimetière prenaient le parti d'Egon. Tout le monde ajoutait son grain de sel, parce que, aujourd'hui, on n'aimait plus tellement l'argent, ça ne plaisait plus trop que la vie puisse s'acheter comme ça. Je me taisais, je ne pouvais pas donner raison au bookmaker parce que, moi non plus, je ne croyais pas à l'argent. Je n'y croyais pas, ni en rien d'ailleurs, et pourtant je m'apprêtais à faire comme Froelich. Mais, quand j'avais entendu son histoire, je savais que je me retrouvais dans un piège dont je ne pourrais pas m'échapper. Peut-être que ce n'était pas vrai, peut-être que ça s'était passé différemment. Peut-être que les gens avaient eu peur, peut-être que chacun de nous espérait réussir ce que Froelich avait tenté, peut-être qu'ils l'enviaient d'avoir essayé ou peut-être qu'ils avaient peur de devoir se retrouver tout à coup avec ou sans pistolet face à face avec la mort. Et c'est pour cela qu'ils disaient : « C'est contraire aux bonnes mœurs de laisser autrui risquer sa vie pour soi, nous préférons mourir plutôt que recourir à de tels services, ainsi les gens cesseraient de nous plaindre. » C'est très beau de dissimuler sa peur sous le sublime, il est possible de se dire ensuite que nous mourrons parce que nous sommes nobles, parce que nous sommes corrects. Mais le prix, Josef Roubíček ! Quel est le prix de notre mort ?

Quand même, ce n'était pas si simple. Nous étions couchés dans l'herbe et c'était bon d'être là. Nous écoutions l'histoire du bookmaker, c'était une histoire terrible de sang et de mort, mais où donc se trouvait ce quartier misérable, du nom d'Oklahoma, c'était loin, cette histoire était écrite dans des livres et inventée pour que les gens puissent se dorer au soleil en écoutant le récit de la mort d'un type tué à coups de pistolet. On nous forçait à croire que tout ce qui se passait n'était qu'un rêve parce que sinon comment aurions-nous pu vivre ? Nous aurions dû tomber avec Froelich sur le banc ensanglanté si nous avions accepté qu'il se fût enfui du convoi. Il y avait des gens qui disparaissaient à chaque instant, il valait mieux imaginer qu'ils n'avaient jamais vécu, cela valait mieux de croire cela pour pouvoir continuer à manger, travailler et dormir.

Et pourtant ce n'était pas vrai. Ce n'était pas facile de prendre sur soi le sang d'autrui, et maintenant je savais pourquoi. Parce que notre mort n'avait aucune valeur, cela ne changeait rien, les gens partaient par milliers vers la ville fortifiée et vers l'est, ce n'était ni un avertissement ni un exemple, ils s'en allaient courbés sous le poids de choses inutiles, ils traînaient péniblement les pieds devant la porte du cirque, leurs sauts et sursauts n'étaient utiles qu'à Eux. Et parce que leur mort n'avait aucune valeur, leur vie, elle non plus, n'en avait pas.

Seulement, comme avait dit Robitschek, la vie des autres, c'est la même. Robitschek ne voulait rien d'autre que ce que tout le monde avait, il voulait seulement vivre. Cela ne lui faisait rien que sa vie ne fût d'aucune valeur, il savait qu'elle était unique et irremplaçable. Tous le savaient parce que peu croyaient à la vie après la mort et à la justice céleste.

Nous avions des carottes, du chou, des petits pois. Nous vivions bien au cimetière, nous étions au grand air avec un travail facile et qui nous plaisait, nous étions riches et tout le monde nous enviait, même ceux qui travaillaient dans les caves et ceux qui emportaient des marchandises aux dépôts. Même les croque-morts nous enviaient, tout en se vantant de leur vie d'aventure. Nous n'aurions pour rien au monde admis que notre vie n'avait aucune valeur, parce que c'était la nôtre, unique, irremplaçable.

Il était clair que tout le monde était de l'avis de l'avocat, ceux du cimetière et les fossoyeurs, à la seule exception du bookmaker. Mais quel prix pouvaient donc avoir ses paroles, puisqu'il ne parlait que d'argent, de paris et du bon vieux temps où il était possible de tout acheter, même la bonne conscience des gens ? Froelich était jugé et enterré, il ne restait qu'à se soumettre au verdict, Robitschek aussi, on l'avait jugé naguère et condamné.

Mais non, même cela, ça ne marchait pas. Cela aurait voulu dire Leur donner raison à Eux, cela aurait voulu dire que cette vie sans valeur en avait moins encore.

Je savais déjà que je ne pouvais pas admettre que tout le monde Leur donne raison, se soumette à Leur loi, non seulement en se rendant sur Leur ordre au cirque et en collaborant avec Eux dans Leurs pillages, mais aussi en vouant au diable ceux qui ne voulaient pas Les servir, sauter et marcher sur la corde du funambule sans filet de sécurité. Peut-être que tout le monde croyait qu'Ils avaient raison de nous envoyer à la mort dans la ville fortifiée, peut-être qu'ils ne les maudissaient qu'à cause de leur impuissance et d'une colère vaine.

Il était beaucoup plus simple de croire en l'impuissance, et de se soumettre à Eux, de Les laisser vous envoyer à la mort plutôt que se dresser face à Eux, avec un revolver ou bien sans. Il était vrai qu'il ne restait plus de raison de vivre, mais il était vrai aussi qu'il n'y avait pas non plus de raison de mourir. Je me disais, si Růžena n'avait pas été là, peut-être que tout aurait été différent. J'aurais été pareil à ceux du cimetière ou aux fossoyeurs. Je n'aurais eu personne à qui parler et à qui me confier. Mais maintenant, il n'y avait même plus Růžena, et le moulin à café ne m'aidait plus. Pourtant, j'avais fait un pas hors du rang et je ne pouvais plus revenir en arrière.

Eux, je Les rencontrais souvent, même si je Les évitais, même si j'empruntais des passages discrets et des ruelles. Je ne pouvais Les éviter, parce qu'Ils étaient partout, dans les rues et sur les places, Ils marchaient les jambes écartées et parlaient fort. Je n'avais jamais pensé qu'Eux aussi pouvaient avoir peur, mais peut-être que cela Leur arrivait, sinon Ils n'auraient pas tant crié. L'inscription sur notre étoile était rédigée dans Leur langue, dure, coupante, pour qu'Ils puissent comprendre l'écriture tordue, et il était sûr qu'Ils n'avaient pas peur de nous. Il était sûr aussi qu'Ils n'avaient pas peur de la mort, parce qu'Ils la célébraient et l'aimaient. Ils avaient peur en revanche de la ville, la ville étrangère, ennemie, qu'Ils n'arrivaient pas à soumettre. Ils aimaient les objets, Ils savaient remplir des entrepôts de biens volés, mais Ils ne se sentaient pas à l'aise au milieu de ces choses étrangères et de ces gens étrangers.

Ils n'arrêteraient pas d'inventer de nouvelles lois et de nouveaux règlements pour nous, peut-être était-ce la peur qui suscitait chez Eux une telle ardeur, mais je n'arrivais pas à le comprendre, parce que nous n'étions pas nombreux, et nous ne nous défendions pas. Peut-être nous avaient-Ils inventé cette vie dans le seul but de nous chasser vers la mort, silencieusement et tranquillement, pour ne pas avoir de problèmes quand Ils nous convoqueraient au cirque, peut-être avaient-Ils fait cela pour que, comme Eux, nous nous prenions d'amour pour la mort qui suivrait une vie comme celle-là.

Parfois, Ils apparaissaient aussi dans notre quartier. Ils ne parlaient jamais avec nous et, nous non plus, nous ne voulions pas parler avec Eux. Ils ne s'adressaient à nous que là-bas, au cirque, lorsque nous étions déjà sur le seuil de la mort, Ils ne pouvaient nous parler qu'à ce moment-là, quand la mort était présente, comme témoin, sinon Ils ne le voulaient pas.

Je me suis dit : « Si je pouvais être quelque part au bord de l'eau, je serais bien. » Je savais que l'eau pouvait briser Leurs maléfices. J'aurais préféré être près d'une rivière, mais un ruisseau m'aurait suffi, et même un simple filet discret, si j'avais été couché dans de l'eau qui n'aurait pas cessé de couler, si j'avais nagé dans de l'eau qui se précipitait en rapides, débordait sur les berges pour revenir au lit de la rivière, j'aurais été bien.

Ils n'aiment pas l'eau, Ils savent que nous nous ficherions de Leurs lois et de Leurs règlements si nous avions de l'eau. Ils marchent le long des rivières et repêchent les gens, Ils les attrapent en bateau à moteur et leur demandent leurs papiers. Ils nous ont interdit les berges parce qu'Ils pensent que nous ne les craindrions pas si nous étions près de l'eau. Ils nous interdisent les bateaux à vapeur, les barques, les canots, pour nous empêcher d'aller sur l'eau et d'y plonger nos rames. Ils nous autorisent à regarder le feu, à respirer l'air, à manger sur la terre, mais Ils ne nous autorisent pas à approcher l'eau. Ils craignent l'eau, ai-je fini par penser.

Ce jour-là, je suis allé tôt chez Materna. Ce n'était pas bien, parce que maintenant qu'on était en été, il faisait encore jour dans la rue et les voisins de Materna étaient assis dans leurs jardins ou sur le seuil de leurs maisons. Ils me verraient sûrement quand j'arriverais chez lui, mais maintenant ça m'était égal, je devais parler avec Materna, même s'il ne me comprenait pas.

Je l'ai trouvé seul, ses amis n'étaient pas encore arrivés.

J'ai demandé : « Quand vous avez dit que si je ne voulais pas partir au convoi, vous m'aideriez à me cacher, qu'est-ce que cela signifiait ?

— Je te l'ai déjà promis il y a longtemps, a dit Materna, c'est une chose entendue, seulement ici, ça n'irait pas, tu sais bien. Il y a des gens qui savent qu'on se connaît. Mais j'ai assez de relations dans d'autres quartiers. Bien sûr, ce ne serait pas une partie de plaisir, mais ça peut se faire.

— Et est-ce que les gens savent ce qui leur arriverait s'Ils m'attrapaient ?

— Oui, je dirais qu'ils le savent, il faut qu'on soit francs dans ce genre d'affaires.

— Et ils le feraient quand même ? Pourquoi ?

— T'en as, des questions stupides ! Si je leur dis qu'il faut le faire, alors ils le feront ! Moi aussi, j'en ai caché, des gens ! Ce sont des choses qui vont d'elles-mêmes.

— Mais ils ne me connaissent pas du tout ! Qu'est-ce qu'ils peuvent avoir à en faire, d'un Roubíček ? Je n'ai rien pour les dédommager, rien de rien.

— Est-ce qu'on fait ce genre de choses pour de l'argent ? »

Je lui ai parlé de Froelich et des Sejkora.

« C'est une sale histoire, a dit Materna, du début à la fin une sale histoire. C'est une idiotie de penser qu'on peut se cacher dans un baraquement comme ça. Les gens se connaissent de trop près. Ce ne serait encore pas si terrible s'il n'y avait pas là-bas une telle racaille, des gens capables de dénoncer leur propre frère. Je ne dis pas qu'il n'y a pas de braves gens, mais ils sont moins nombreux que la racaille. Un immeuble, c'est ça qu'il te faut, un endroit où il y a beaucoup de monde et où on circule beaucoup, tout le temps, comme dans un moulin.

— Ce n'est pas tout à fait ce que je suis venu vous demander aujourd'hui. Je ne sais pas comment je peux charger ma conscience de la vie de gens que je ne connaîtrais pas.

— Ma foi, je ne sais pas quel genre de bonhomme tu es. Moi, ici, je te propose de te tirer du pétrin, et toi, tu bêtifies sur des histoires de conscience. »

Non, je ne pouvais me faire comprendre de Materna.

« Là-bas, chez nous, tout le monde dit que nous n'avons pas le droit. Ils condamnent ce Froelich.

— Ne fais pas attention aux bêtises que les gens disent chez vous. Ils vivaient du travail des autres, qu'est-ce qu'ils peuvent comprendre ? »

J'ai dit : « Je ne sais pas, je suis comme eux, même si je n'ai jamais vécu du travail d'autrui.

— Je vois qu'on a encore quelques lumières à te mettre dans le cerveau, a dit Materna. Mais quand le moment de te décider viendra, ne traîne pas trop. »

J'ai promis à Materna de ne pas trop me casser la tête. Ensuite je suis rentré chez moi de mauvaise humeur, je savais que ma visite n'avait pas été un succès.

Il faisait un temps idéal pour Thomas. Il avait recommencé ses grandes promenades, mais quand je rentrais le soir à la maison, il était toujours près de la porte pour m'accueillir. Il dînait avec moi, et après il ressortait pour la nuit, je ne m'occupais plus de lui, parce qu'il rentrait toujours au matin, il avait sa fenêtre ouverte et il pouvait grimper dans la mansarde. Je ne craignais rien pour lui parce que je savais qu'il avait de l'expérience et qu'il n'était pas peureux, j'avais toujours envié cette tranquillité d'esprit et ce courage.

Mais un jour, quand je suis rentré du cimetière, il n'était pas près de la porte, j'étais arrivé tard ce jour-là, c'était un jour de vraie malchance parce que les trams étaient pleins et que je n'avais pas le droit de monter quand c'était plein, et après, quand j'ai réussi à avoir de la place, ça s'est rempli en cours de route, le poinçonneur m'a mis dehors, sans doute qu'il était milicien ou qu'il Les craignait, et j'ai dû attendre longtemps qu'arrive un tram moins rempli.

J'ai attendu longtemps, longtemps, sur le quai, les trams passaient devant moi, mais ils étaient toujours pleins, j'avais faim et je voulais rentrer parce que c'était l'été et que je pourrais lire près de la fenêtre ouverte avant la nuit. Après, je devrais fermer et dérouler mon store pour le couvre-feu, et ensuite, quand il serait tard, je devrais éteindre la lampe, ressortir de mon sac de couchage, tirer le store et rouvrir la fenêtre. Ce n'était pas agréable d'être couché avec la fenêtre fermée dans une mansarde qui avait été chauffée tout le jour par le soleil brûlant, mais c'était bien quand je rouvrais la fenêtre et que le vent frais de la nuit commençait à entrer, et c'était mieux encore quand il y avait du vent dehors et que j'étais couché à écouter les arbres chuchoter dans les jardins voisins ; c'était encore mieux quand le vent apportait de jardins lointains des odeurs de fleurs, et parfois, c'était rare, quand j'entendais de très loin le sifflement d'un train. Et, au point du jour, Thomas revenait, il me réveillait parce qu'il sautait en plein sur mon sac, et moi, je regardais la fenêtre et je voyais le soleil se lever et je savais que le jour commençait. Je regrettais que le jour commence, il allait falloir descendre dans la rue, attendre le tram, rester debout pendant tout le trajet à travers la ville, mais cela me faisait plaisir que le soleil se lève, parce que, dehors, il faisait frais et l'air était humide. Et après, Thomas venait se réchauffer près de moi, il était gelé à force d'avoir erré toute la nuit à l'affût des odeurs, il se glissait dans mon sac et sa fourrure sentait l'air frais, il commençait à ronronner d'un ton satisfait, et nous nous rendormions un peu tous les deux dans la lumière de l'aurore, dans le vent frais qui soufflait de la fenêtre ouverte. Nous ne nous rendormions pas longtemps parce que j'avais un long trajet pour aller à mon travail, je devais aussi chauffer mon petit déjeuner sur le vieux réchaud que j'avais acheté à des électriciens à la Communauté et que je devais sans cesse réparer parce que les fils n'arrêtaient pas de casser. On avait chaud, Thomas et moi, dans mon sac, c'était bien d'avoir Thomas pour compagnon, il m'écoutait patiemment, il ne se chamaillait jamais avec moi ; c'était bien de le sentir couché contre moi car il me réchauffait et ronronnait doucement, en fait Thomas n'avait jamais appris à ronronner convenablement, il avait peur qu'on le repère s'il le faisait trop fort.

Donc il était tard ce jour-là quand je suis rentré à la maison, l'heure fixée était déjà passée, en sortant du tram j'ai caché mon étoile parce que je craignais qu'un mouchard ne me voie, mais je n'habitais pas très loin de l'arrêt et j'étais content d'être enfin arrivé, j'étais fatigué d'avoir tant attendu. Thomas cette fois n'était pas là pour m'accueillir, je ne m'en suis pas offusqué, sans doute m'avait-il attendu à l'heure où je revenais habituellement du travail, mais, après, il avait perdu patience et s'était remis en route parce que le soir était beau et qu'il était absurde d'exiger que Thomas perde un temps si précieux. Je suis donc allé dans la mansarde et j'ai dîné sans lui, ensuite j'ai dû fermer la fenêtre pour pouvoir descendre mon store pour le couvre-feu. Cela signifiait, bien sûr, que Thomas ne pourrait pas rentrer à la maison, mais sans doute il miaulerait, je l'entendrais et je lui ouvrirais la porte puisqu'il ne pourrait pas sauter par la fenêtre.

Mais je n'ai rien entendu, tout était silencieux, je me suis couché, j'ai éteint la lampe, j'ai pensé que Thomas s'était attardé quelque part et qu'il reviendrait au point du jour. Mais Thomas n'est revenu ni à l'aube ni au matin quand je suis parti au travail. Je me suis dit alors que sans doute il était très fatigué et qu'il avait dû s'endormir quelque part et que maintenant il ne voulait pas rentrer parce qu'il faisait complètement jour, pour éviter que les gens ne lui jettent des pierres. Au cimetière, j'ai pensé à lui à plusieurs reprises, j'ai bien eu peur par moments que quelque chose ne lui soit arrivé, mais ensuite je me suis dit que c'était un vagabond avisé, qu'il savait faire attention et que certainement je le retrouverais le soir quand je rentrerais.

Mais, quand je suis arrivé chez moi, Thomas n'était pas là. Je l'ai appelé, il arrivait parfois que Thomas me fasse des farces et qu'il se cache exprès dans les buissons, mais, quand même, il venait toujours quand je l'appelais. J'ai commencé à avoir vraiment peur, ça ne ressemblait pas à Thomas de rester longtemps dehors.

J'ai dû aller à la pompe chercher de l'eau pour faire la cuisine et la lessive, j'ai rencontré la voisine. C'était celle qui m'avait posé des questions sur la maison, je l'évitais autant que je pouvais, parce que j'avais peur qu'elle ne se souvienne de moi et que peut-être elle ne me dénonce par jalousie, pour que la maison soit vide.

Mais, cette fois, je lui ai parlé, j'étais angoissé,

je me demandais où Thomas avait bien pu aller se fourrer et ce qui avait pu lui arriver.

Elle a dit : « Je vous ai entendu appeler tout à l'heure, vous cherchez votre chat ? »

J'ai dit : « Ce n'est pas mon chat, vous savez bien que nous n'avons pas le droit d'avoir des animaux domestiques, mais il vient me rendre visite, j'y suis habitué.

— Bon, de toute façon maintenant c'est égal si c'était votre chat ou non, parce qu'il est mort, il est tout ce qu'il y a de plus mort, et le vieux Burianek de la tuilerie est allé le récupérer pour l'écorcher et se le cuire à l'ail, c'est un vrai père Lustucru et il dit que le chat à l'ail, c'est meilleur que le lapin. »

J'ai demandé : « Ainsi, c'est le vieux Burianek qui l'a tué ? », et je devais me contenir pour parler doucement, je ne voulais pas montrer devant la voisine comme ça me faisait mal que Thomas ait été tué.

« Oh non ! Burianek, tuer un chat si intelligent ? Mais non. Ça faisait des années qu'il tournait autour, mais il n'y était jamais arrivé. Il l'a simplement ramené du jardin où on lui avait tiré dessus, il est allé le chercher là-bas.

— Qui lui a tiré dessus, alors ?

— Eh bien, c'est le monsieur à l'insigne, qui habite là-bas, près de l'arrêt du tram, dans la belle villa, il se promène parfois en uniforme, qui d'autre qu'Eux a le droit de tirer aujourd'hui ? »

J'ai dit : « Je vous remercie, madame, je dois rentrer chez moi, bonsoir et bonne nuit. »

J'ai traîné lentement mon seau, l'eau giclait par terre, je ne faisais pas attention à l'eau parce qu'Ils avaient tué Thomas, c'étaient Eux qui l'avaient tué, comme Ils voulaient me tuer, moi. La question n'était pas du tout de savoir si Thomas était coupable ou innocent, Ils l'avaient tué parce qu'Ils avaient le droit de lui tirer dessus, Ils avaient des fusils et Ils s'ennuyaient quand Ils n'avaient personne à tuer. Peut-être que Thomas était allé dans ce jardin pour y chasser des oiseaux et que c'était pour cela qu'Ils l'avaient tué, Ils préféraient certainement les oiseaux aux chats, mais Thomas ne pouvait pas savoir qu'Ils habitaient là-bas, il n'avait pas encore appris à reconnaître les gens à leurs insignes, ou à leurs uniformes, il ne savait même pas que je portais une étoile, parce que alors il ne serait certainement pas venu chez moi chercher refuge.

J'étais seul à nouveau, et cela m'était très pénible, parce que je me retrouvais sans Růžena et sans Thomas. J'aimais bien Thomas et Thomas aussi m'aimait bien, il avait décidé d'habiter chez moi, même si je ne le nourrissais que de croûtes de pain et des restes qu'on me donnait chez Materna. Même s'il n'était pas obligé de porter l'étoile, il avait dû supporter toutes sortes d'humiliations, on l'avait persécuté et des gens qu'il n'avait jamais gênés lui lançaient des pierres, j'avais beaucoup de points communs avec Thomas, que le vieux Burianek était en train de manger cuit à l'ail. Il serait certainement déçu, parce que Thomas aurait la chair dure et à peu près autant de gras que moi j'en ai, mais Thomas avait une très belle fourrure, chaude, une peau bien plus douce que la mienne. Elle sentait toujours l'air frais quand il revenait le matin se réchauffer dans mon sac de couchage et qu'il ronronnait doucement pour ne pas se trahir parce qu'il avait peur d'être bruyant, il avait appris qu'il ne devait jamais attirer l'attention sur lui ni faire confiance à personne. Et cela, finalement, ne lui avait servi à rien, Ils l'avaient tué sans pitié ni miséricorde. Ils ne savaient rien de lui et pourtant Ils l'avaient tué, ça ne lui avait servi à rien de savoir se glisser et se cacher dans les buissons, ramper sur les toits et grimper aux arbres. Ils avaient des fusils et Ils avaient le droit de tirer sur tout ce qui bougeait et qui vivait.

Longtemps je n'ai pu m'endormir et j'ai vainement essayé de lire. Tout me dégoûtait, m'écœurait dans ma mansarde, même le rond d'humidité qui maintenant, en été, rétrécissait.

Et ensuite j'ai éteint la lampe, j'ai baissé le store et j'ai pleuré pour Thomas, pleuré de pitié, de colère et d'impuissance.

21

Maintenant, je n'avais plus de goût à rien puisque j'avais perdu Thomas. Ça n'allait pas trop mal lorsque je travaillais au cimetière, mais le pire, c'était quand j'étais assis le soir chez moi près de ma fenêtre ouverte ou bien quand j'étais allongé le dimanche dans le jardin. Parfois j'aurais voulu être enfin convoqué pour un convoi et parfois j'avais envie de tout laisser tomber, de me glisser dans un trou et de m'y cacher jusqu'à la fin de la guerre.

Et ensuite je me suis dit que la seule chose qui pourrait m'aider, c'était l'eau. L'eau m'était interdite et près de la rivière Leurs patrouilles montaient la garde. Mais ça, c'était dans la ville et en amont de la ville, là où l'eau était encore propre, avant d'arriver aux habitations. De l'autre côté, après la banlieue où j'habitais, l'eau était déjà sale, personne ne s'y baignait, à part quelques gamins, et il n'y avait là-bas aucune surveillance.

Je me suis dit : « Ça me suffira, cette eau, peu m'importe que la crasse de la ville soit dedans, rien ne peut la troubler, elle se débarrassera vite de cette saleté dès qu'elle s'éloignera de la ville, aussi bien, c'est la même rivière qui prend sa source dans les montagnes, s'écoule le long des falaises et dans les bois, draine les ruisseaux, ne cesse de grossir jusqu'à la ville suivante où d'autres déchets s'y jettent. Mais j'arriverai à me débarrasser de cette crasse, dussé-je me frotter au sable, tout comme la rivière redeviendra claire quand elle se retrouvera dans les champs et les bois. Les saletés couleront au fond, la rivière redeviendra propre et se moquera de ceux qui la détestent. »

Je me suis mis en route un dimanche, j'ai longé les berges, dans ce quartier j'avais le droit de le faire, car l'eau y était trouble et sale, et sur les berges se trouvaient des entrepôts que je devais contourner.

À certains endroits, l'odeur était forte, là où des égouts se déversaient partout, ou bien là où il y avait des usines sur la berge. Il n'y avait pas de pêcheurs, les poissons avaient sûrement déserté ce coin-là. J'ai marché, marché, au bout d'un certain temps je n'ai plus rencontré personne, qui aurait aimé se promener dans cette partie de la ville, si sale et délabrée, le long d'usines et de terrains vagues ? Sûrement des gens habitaient là mais ils allaient se promener vers la colline ou de l'autre côté de la ville, là où l'eau était propre, où les berges attiraient les baigneurs, parce que c'était un beau jour, de ceux qui poussent la foule à la rivière ou dans les vergers. Notre cimetière devait être plein, mais je n'avais pas envie d'y aller, j'étais content de ne pas être obligé, un jour par semaine, de regarder les monuments en marbre aux inscriptions dorées et les tombes fraîchement creusées aux panonceaux de bois. Je pensais à Thomas pendant ce trajet, j'aurais aimé l'avoir avec moi, il n'était jamais allé si loin de toute sa vie et il aurait trouvé toutes sortes de choses intéressantes là où, moi, je ne voyais que des barricades de bois, de la crasse et des monceaux de déchets. Mais Thomas était mort, et il ne me restait rien d'autre que chercher de l'eau un peu moins sale et souillée et une berge où il y aurait un peu d'herbe pas encore étouffée par la poussière ni broutée par les chèvres.

J'étais à la limite de la ville, au-delà s'étendait le secteur derrière lequel je ne devais pas m'aventurer. Il n'y avait plus de rue, mais une route où des gardes déambulaient et ils pouvaient arrêter les passants. J'avais peur de franchir cette limite.

Mais je n'ai pas trouvé d'herbe, j'ai dû me contenter de rochers et de sable sale. L'eau n'était pas encore propre, mais, sur les rives, il n'y avait plus d'usine et aucun égout ne se déversait plus. Je me suis déshabillé et je suis entré dans la rivière. Quelques personnes quand même se baignaient à proximité. Je ne les craignais pas et je ne craignais pas non plus qu'on me vole mes habits, il n'y avait rien dans mes poches et ils étaient tout élimés. J'étais content d'avoir le corps bronzé et de n'être en rien différent des autres, je n'avais qu'une tache blanche sur la poitrine car nous travaillions au cimetière en caleçon et nous avions toujours notre étoile autour du cou, dans ce cas unique une exception était permise, nous ne pouvions quand même pas nous coudre notre étoile sur la peau.

C'était bon de se retrouver dans l'eau après si longtemps ; et j'ai pensé à Růžena, à nos baignades ensemble. Růžena était bien meilleure nageuse que moi, je n'avais pas envie de traverser la rivière, parce que là où nous allions, elle était large et que je craignais de m'essouffler, mais Růžena se moquait de moi et un jour elle a promis de m'aider si je me noyais. C'était bon de nager l'un près de l'autre et après, quand nous nous allongions dans l'herbe côte à côte et que l'eau ruisselait de nos maillots de bain, c'était bon d'être fatigués et de se sécher au soleil.

Je n'ai pas traversé cette rivière-là, je n'en avais même pas envie, la rive d'en face était encore plus sale, il n'y avait pas d'herbe, je préférais me laisser porter par le courant, je faisais la planche et je regardais le ciel. C'était bon de faire la planche et de regarder le ciel, je ne m'apercevais même plus que l'eau était sale et qu'elle sentait le pétrole.

C'était agréable de se chauffer au soleil, même si je n'étais pas couché dans l'herbe, puis de retourner dans la rivière et finalement de me rhabiller. Je suis rentré lentement chez moi et je sentais une douce fatigue, c'était comme si j'étais revenu d'une baignade d'autrefois, un soir d'été. Si j'avais pu, j'aurais terminé cette journée peut-être par un bon film ou par un bon dîner, peut-être dans un café, avec de la musique. Mais je devais retourner dans ma mansarde et Thomas n'était pas là pour m'accueillir.

C'était absurde d'être en deuil de Thomas quand tant de gens mouraient. Je me disais cela mais ça ne me servait à rien, je me répétais que Thomas aurait depuis longtemps crevé de froid et de faim s'il n'avait pas trouvé refuge chez moi, il n'aurait quand même pas pu supporter trop longtemps sa vie de vagabond. Il aurait pu être tué par une pierre ou bien mourir de faim, c'était un pur hasard qu'il ait été tué par balle. Je ne me serais même jamais soucié d'un chat errant si j'avais encore été employé de banque. Je n'aurais pas pu m'imaginer en train de partager mon dîner avec lui ou de dormir dans le même lit. Mais il était vain de se consoler avec des arguments de ce genre. Je regrettais davantage Thomas que Robitschek.

Cette nuit-là, le vent grondait dehors et c'était bien de dormir la fenêtre ouverte. J'ai rêvé de Thomas. Il était dans le paradis des animaux, un véritable paradis où il poussait des souris sur des balançoires, il les poussait et il leur souriait. Il était heureux, et moi, j'étais content qu'il soit heureux, j'étais content qu'il existe un paradis pour les animaux. Non, il n'était pas du tout triste et sa fourrure ne portait pas la trace d'une blessure, il était gai, épanoui, je ne l'avais jamais vu comme ça dans la vie, il n'avait plus cette prudence, cette méfiance et son air morose, c'était un Thomas sorti d'un livre de contes, un Thomas de livre d'images et d'enfance, les moustaches hérissées. Je savais qu'il était au paradis, parce que, même dans mon rêve, je savais qu'il était mort.

Je me suis dit : « Comment est-il possible qu'Ils sachent tout contaminer par la peur, comment se fait-il que tout le monde Leur obéisse, alors que la mort est si facile ? L'homme ne peut mourir qu'une fois, mais nous, nous mourons mille morts. Ils nous ont appris à craindre la mort parce que nous sommes empêtrés dans Leurs lois et Leurs décrets, que nous avons utilisés comme formules de conjuration pour repousser la mort. Thomas se moquait de Leurs lois et il est mort, Materna ne se moque pas d'Eux mais il est vivant, Ils n'ont pas réussi à lui faire craindre la mort. »

J'étais fatigué, le lendemain, je n'avais pas envie

d'aller au travail. Pendant longtemps je n'avais pas réussi à m'endormir, j'entendais des coups de feu dans la nuit. Cela arrivait souvent, mais je n'y prêtais pas tellement attention, je savais que personne ne nous tirerait dessus parce qu'Ils considéraient que nous ne méritions pas cette mort-là. Ils portaient des insignes en forme de tête de mort parce qu'Ils avaient de l'estime pour la mort, Ils l'admiraient, Ils l'aimaient. À côté de chez moi, il y avait un champ de tir, et tout le monde s'était habitué aux coups de feu, personne ne s'en souciait parce que les gens dans les maisons voisines élevaient des lapins, bêchaient leurs jardins, jetaient du grain aux poules, causaient sur le seuil de leur porte. Parfois j'avais rencontré des soldats dans le tram, je n'avais jamais réellement voyagé avec Eux parce qu'une fois Ils m'avaient jeté dehors, mais c'était à l'arrêt et j'avais attendu le tram suivant. Ils étaient gais, Ils semblaient trouver un grand plaisir à tirer, Ils m'ont poussé du marchepied avec la crosse de Leur fusil en criant « Dehors ! » dans Leur langue. Je ne regrettais pas du tout qu'Ils m'aient mis dehors, j'étais content d'être débarrassé de Leur compagnie. Je n'aimais pas qu'Ils soient trop gais, je savais comment s'exprimait Leur gaieté. Peut-être qu'Ils étaient ivres aussi, Ils parlaient fort et criaient entre Eux.

Mais cette nuit-là, j'ai entendu des coups de feu et je n'ai pas pu m'endormir. Ce n'était pas sur Thomas qu'Ils tiraient puisqu'il était mort, mais peut-être qu'Ils tiraient sur d'autres Thomas. Ils ne tiraient sur aucun d'entre nous, parce que c'était une mort trop distinguée, mais j'avais l'impression qu'Ils me visaient quand même, je ne pouvais pas dormir, je n'avais rien à faire de ces coups de feu, qui se perdaient dans la nuit, je n'avais rien à voir avec ça, tout comme ceux qui élevaient des lapins, nettoyaient leur clapier, allaient au cinéma et après boire un verre de vin pour accompagner un dîner payé au noir n'avaient rien à voir avec ça. Mais maintenant que Thomas était mort, je savais que les coups de feu étaient tirés dans ma direction, j'aurais été forcé d'y penser même si j'avais eu l'autorisation d'élever des lapins ou d'aller au cinéma.

Nous avons porté ce jour-là des légumes sur la charrette à bras jusqu'à notre cantine, on considérait que c'était un travail pas mauvais, parce qu'il donnait la possibilité de traverser la ville entière et de fainéanter un peu, c'était gai de tirer la charrette, de se tenir au coin d'une rue et d'attendre le signal du garde et ensuite de rejoindre le flux des voitures. Nous nous relayions dans ce travail, et cette fois-ci c'étaient mon tour et celui de l'ancien commis épicier. Je poussais la charrette, parce que le commis était content de pouvoir tirer, ça lui rappelait l'ancien temps où il était apprenti. Nous ne nous pressions pas, parce que nous avions toute la journée devant nous et qu'il était agréable de descendre la colline. C'était une bonne chose de pousser la charrette pleine de légumes, c'était un travail ordinaire, nous nous sentions bien à marcher le long de la chaussée, évitant les trams et les voitures. Des voitures, il y en avait beaucoup et nous nous glissions derrière elles avec prudence, des voitures noires avec un fanion, des voitures orgueilleuses, d'où Leurs visages nous regardaient, satisfaits et hautains. Nous n'y faisions pas attention, ces automobiles n'avaient pas d'importance pour nous, parce que nous portions des légumes que des gens allaient manger, la seule sorte que nous avions le droit de manger, des légumes de cimetière que nous avions cultivés de nos propres mains. Nous ne faisions pas attention à Eux, nous n'avions rien de commun avec Eux, nous travaillions et tirions la charrette à bras, tandis qu'Eux allaient quelque part tuer des gens. Nous n'estimions pas Leur métier, pas plus qu'Eux n'estimaient le nôtre, nous devions Leur obéir et entrer pour Leur plaisir dans le cirque, mais nous n'étions pas Leurs esclaves parce que nous ne Les avions jamais reconnus pour maîtres. Ils nous étaient étrangers, Ils nous donnaient des ordres, nous ne comprenions rien à Leurs insignes, Leurs décorations, Leurs épaulettes ou Leurs fanions. Nous avancions le long de la chaussée et nous tirions nos légumes, c'étaient de bons légumes qu'Ils ne mangeraient jamais. Ils pouvaient se goinfrer d'asperges, que nous n'avions le droit ni de cultiver ni de manger, peu nous importaient les asperges, tout comme Leurs voitures, nous ne tenions pas aux asperges, nous ne tenions pas à Leurs voitures parce qu'Ils nous avaient appris à cesser d'aimer les choses, et c'était bon d'avoir à la place des légumes que nous avions fait pousser nous-mêmes.

Nous avions encore un petit bout de chemin à faire sur la rue principale, bordée de boutiques, de cafés et de restaurants huppés. Nous devions ensuite traverser pour gagner une ruelle transversale, il n'y avait pas d'autre chemin. Nous marchions sans regarder le trottoir, nous savions que, dans cette rue, Ils marchaient, Ils se goinfraient aux fenêtres ouvertes des restaurants et des auberges. Nous nous contentions de porter nos légumes, mais nous savions que même alors Ils pourraient nous envier, parce qu'Ils étaient cupides et avides, Ils ne pouvaient pas deviner que nous les apportions du cimetière. Mais Ils ne faisaient pas attention à nous, Ils étaient trop occupés par les vitrines des magasins et par la bonne chère, nous pensions déjà que nous traverserions sans nous faire remarquer. Bien sûr, nous avions nos étoiles, des étoiles jaunes avec une inscription anguleuse dans une langue étrangère, mais nous étions sur la chaussée au milieu des grincements des trams, qui aurait regardé la chaussée et notre charrette ?

Mais quand nous avons dépassé le coin, une joyeuse compagnie a surgi d'un restaurant, il était midi et ces gens étaient de bonne humeur, ils criaient et riaient, sans doute d'avoir fait un bon déjeuner et d'avoir bu beaucoup de vin. Ce n'étaient pas des gens de chez Eux, parce que je n'ai remarqué aucun insigne ou uniforme et parce qu'il y avait au milieu une fille que j'ai reconnue d'après une photo, cette grosse fille qui jouait dans un film que Růžena était allée voir, une fille dont j'avais vu le portrait dans les vitrines. Elle a ri avec les autres quand elle a vu ces deux portefaix hirsutes, avec leurs étoiles qui brillaient de propreté sur leurs manteaux sales, c'était vraiment un drôle de spectacle, parce que notre charrette était pauvre, branlante, elle grinçait au moindre mouvement. Elle était toujours sur les routes, elle ne se reposait jamais, elle convoyait les malades à Radio expo et les cadavres au cimetière, et elle apportait aussi dans les dépôts des caisses pleines d'affaires dérobées, et Dieu sait quoi encore, nous ne pouvions pas la graisser parce que nous n'avions pas le droit d'acheter de la graisse. C'était un spectacle amusant pour des gens qui sortaient du restaurant et semblaient avoir l'intention d'aller se baigner dans la rivière, c'était un spectacle amusant pour la grosse demoiselle, si insouciante et satisfaite en ce jour d'été sur le bord du trottoir. Nous n'avons pas fait attention à leurs rires, nous devions tirer notre charrette pleine de légumes, nous ne pouvions pas les fixer comme ils nous fixaient, nous ne faisions pas attention à ce qu'ils disaient, des remarques idiotes, ils étaient bien habillés et ils avaient beaucoup d'argent, ils pouvaient donc se moquer de nous parce que nous étions pauvres, efflanqués et esseulés.

« Voilà des gens qui sont en bonne forme, a dit le commis quand nous nous sommes engagés dans la ruelle transversale. Ils n'ont pas de soucis et trouvent toujours quelque chose d'amusant à regarder. »

J'ai dit : « Ce sont des gens du cinéma, je connais la demoiselle, leur métier, c'est de distraire, il faut donc bien qu'ils se distraient eux aussi. Dans leurs films, on ne voit que des gens riches et prospères, il faut donc qu'ils aient la vie facile pour bien jouer leurs rôles. Et ils doivent se moquer de ces gueux à l'étoile jaune bien propre, de toute façon nous ne sommes que des bouffons.

— Je ne me suis jamais moqué de ceux qui étaient dans le malheur. »

J'ai dit : « Moi non plus, sauf au cinéma. Ces gens-là doivent se distraire et rire. Aujourd'hui, c'est de nous qu'ils rient, et après ils riront d'Eux, les autres. »

Cela n'avançait à rien de parler de cette joyeuse bande, nous devions tirer notre charrette et nous ne pouvions pas lambiner sans fin, nous aussi, nous avions faim et cela nous faisait plaisir d'aller manger.

Mais ça nous a pris encore assez longtemps de décharger les légumes dans la cave de la cantine, c'est seulement après que nous sommes allés prendre quelque chose à la cuisine ; comme il était tard, la salle à manger était déjà fermée. Dans la cuisine, il faisait chaud, nous étions bien parce que le chef était quelqu'un que je connaissais, un ancien fabricant de corsets, qui avait lui aussi travaillé au cimetière avant d'obtenir cette place de cuisinier, que tout le monde lui enviait, parce qu'un cuisinier a toujours à manger, même quand il ne dispose que de rations de misère. Nous avons quitté nos manteaux et nous nous sommes assis sans étoiles à la table de bois, nous avons mangé avec le cuisinier et les aides, c'était bien de manger les légumes que nous avions cultivés, ce n'était pas une nourriture faite pour nous rassasier et nous ragaillardir, mais on était aussi bien que chez nous près du poêle, sur des tabourets de bois. Nous pouvions tirer de l'eau au robinet, nous resservir dans un plat autant que nous le voulions, même si c'était un plat de pauvres, un plat de misère.

Et ensuite nous avons eu tout l'après-midi libre, parce que nous avions fait ce que nous devions, nous n'étions pas forcés de retourner au cimetière. Je ne savais pas ce que je ferais de ce jour d'été, je ne pouvais pas aller me baigner dans la rivière ni m'asseoir dans le parc, avant, j'aurais été content de rentrer chez moi, de m'allonger dans l'herbe et de lire. Mais je ne me plaisais plus chez moi depuis qu'Ils avaient tiré sur Thomas, je ne pouvais pas m'empêcher d'y penser quand je cherchais dans mes poches la clef de la porte d'entrée, j'étais nerveux quand j'étais allongé dans l'herbe, comme si j'attendais qu'à tout instant Thomas surgisse du buisson et vienne m'accueillir. Non, je ne savais pas quoi faire, puisque je n'étais pas obligé de retourner au cimetière, j'ai flâné dans les rues et je me suis dit que je n'irais attendre le tram que quand je serais très fatigué. J'ai marché lentement dans notre quartier, les rues étaient pauvres et désolées dans le soleil de l'après-midi, elles étaient grises et quelconques, comme repliées sur elles-mêmes. Devant le bâtiment de la Communauté, des gens à étoile parlaient entre eux. Ils couraient nerveusement d'un groupe à l'autre, sans doute un convoi se préparait-il, il se formait toujours des petits groupes quand un convoi se préparait. Les gens avaient l'air de chercher *in extremis* quelque chose qui les sauverait, ils se remontaient le moral, ils se racontaient des nouvelles fantastiques, ils se mettaient en quête de provisions et de vêtements chauds.

Je me suis souvenu des fleurs que nous avions vues en poussant notre charrette de légumes, des montagnes de fleurs, dont je ne savais même pas le nom, des fleurs ficelées en bouquet, en pots et en couronnes enrubannées. Des gouttes d'eau glissaient le long des pétales et des tiges, elles étaient aussi douces, gaies et variées que si elles avaient poussé sur le trottoir. C'étaient des fleurs destinées aux cimetières, pas le nôtre, mais ceux des alentours, où on avait le droit d'en porter. Elles iraient orner des tombes et se faner dessus, elles devaient célébrer la mort qui rachète et qui donne la paix. Ou bien c'était un moyen de s'en libérer, de lui offrir un manteau superbe, de la séduire grâce à ces fleurs arrachées aux jardins. Elle devait se contenter de ces fleurs, apportées en sacrifice pour qu'elle se montre souriante et aimable.

Je me suis rappelé les fleurs arrachées si vainement pour plaire à la mort quand j'ai vu les petits groupes qui se rassemblaient, puis se dispersaient à travers ce quartier gris de poussière. La Mort, là, restait sourde aux prières, il était impossible de l'acheter avec des fleurs, il n'était pas possible de la rendre aimable et souriante. Il n'était pas possible de cacher ses guenilles, elle était grossière, brutale, et seul le fait de n'avoir que des os la dispensait d'avoir à fixer une étoile à l'endroit où aurait dû se trouver son cœur.

J'ai marché jusqu'à la lisière des quartiers ordinaires de la ville. J'avais dû traverser l'une des rues principales qui formaient la frontière et qu'on appelait d'un nom grossier, pour rappeler à chacun qu'on surveillait étroitement notre périmètre à nous.

Sur les lampadaires électriques étaient placés des haut-parleurs, je n'avais jamais fait attention à eux et je m'étais toujours arrangé pour m'écarter quand j'en voyais, il en sortait régulièrement des marches militaires stridentes et des nouvelles retentissantes accompagnées de fifres et de tambours. Cette fois, des groupes de gens attendaient sous les lampadaires, mais ils ne ressemblaient pas du tout à ceux que j'avais vus devant le bâtiment de la Communauté, ils restaient là, en silence. Ils attendaient vraisemblablement une nouvelle, c'était sans doute une nouvelle importante, sinon ils n'auraient certainement pas perdu leur temps par cette journée d'été, si laide dans la poussière d'une rue rebaptisée d'un nom grossier.

Je me suis arrêté, moi aussi, mais je ne me suis pas joint au groupe. J'ai fait semblant de regarder la vitrine d'un antiquaire. Ce n'était pas une vitrine riche, il n'y avait là que quelques figurines de porcelaine de Meissen, la statuette d'un saint en bois, et quelques meubles lourds et anciens. J'examinais les visages des figurines, ils ne disaient rien, ils se contentaient de sourire de façon artificielle, comme il convient à des dames à perruque. Je n'aimais pas faire face à la rue, montrer mon étoile, montrer que j'attendais la nouvelle comme tous les autres. Je ne savais pas au juste pourquoi j'attendais, mais j'avais assez de temps, je n'avais pas envie de rentrer chez moi, et peut-être bien que c'était quelque chose de très important, même s'il était peu probable que cela me plaise, parce que ce qu'Ils éructaient dans les haut-parleurs, c'étaient toujours Leurs victoires à Eux, qu'Ils accompagnaient de marches militaires. Je n'en avais rien à faire de Leurs marches et de Leurs chants, stridents et sonores comme Leur langue. Ils les utilisaient toujours pour fêter quelque prise – de villes, pays ou mobilier.

Je dressais maintenant l'oreille pour les entendre, puisque je restais là devant la vitrine du magasin et que je regardais les sourires figés des dames de porcelaine. Elles ne faisaient pas attention à cette musique, mais pas plus à moi, c'était bien qu'elles ne fassent pas attention à moi pendant que je grimaçais de douleur au son de Leurs marches militaires.

Puis on a entendu des mots, mais pas dans Leur langue. C'était la nouvelle que les petits groupes attendaient. Le porte-parole avait Leur accent, je savais maintenant ce que savaient déjà ceux qui se trouvaient là en petits groupes, je savais qu'on allait célébrer la Mort parce qu'Ils ne prenaient cette voix-là que quand Ils s'apprêtaient à parler de la Mort. Des choses, des villes, de l'or et des bijoux, Ils parlaient d'un ton doux et insinuant, mais Ils célébraient la Mort en mots durs et cassants.

« Fusillé », disait le porte-parole sur un ton triomphal, comme s'il récitait une prière d'action de grâces, il répétait « fusillé » d'une voix mauvaise, et il ajoutait le motif. Les noms ne tombaient pas lentement comme les nôtres, dans la salle rituelle, ils se succédaient rapidement, criés par saccades, toujours suivis du mot, qui résonnait sur un ton plus solennel, lent et glapissant, « fusillé ». Il y avait beaucoup de noms ; je ne connaissais aucun d'entre eux et je ne m'attendais même pas à en connaître, je me contentais de regarder les figurines de porcelaine et d'écouter la voix grinçante sortir du haut-parleur. La rue était silencieuse, même si des trams et des voitures passaient, même si beaucoup de gens marchaient près du poteau sans s'arrêter pour entendre la nouvelle. Il me semblait que tout s'était arrêté, que même l'eau était immobile dans la rivière voisine, que même les nuages avaient cessé de passer, parce que le silence s'était étendu sur le visage des gens et leurs membres immobiles et figés, tandis qu'ils écoutaient près du poteau. « Jaroslav Pospíchal », a dit la voix, « Růžena Pospíchalová », a-t-elle continué avec difficulté, comme si elle prononçait des noms dans une langue étrangère, et ensuite, comme le son d'une trompette de victoire, a retenti le mot « fusillés », et ensuite, avec la même indifférence, d'autres noms.

J'étais toujours près de la vitrine et je regardais les figurines à perruque, je savais que je connaissais déjà par cœur chaque trait de leurs visages. Même si j'avais fermé les yeux, je savais que ça ne m'aurait servi à rien, j'aurais été obligé de voir ces visages figés, au sourire indifférent et béat.

Je me suis dit : « Růžena, Růžena, est-ce donc possible, mais c'est absurde, il y a des centaines de Růžena Pospíchalová, il y a des centaines de Jaroslav Pospíchal, comme il y a eu des centaines de Josef Roubíček, autant qu'il y avait de noms cités dans la salle rituelle. Tout se brouillait dans ma tête parce que ce matin j'avais tiré la charrette, après, la grosse demoiselle qui jouait dans des films s'était moquée de nous, ensuite j'avais vu des petits groupes devant le bâtiment de la Communauté qui attendaient des nouvelles des convois, et maintenant il y avait si longtemps que je fixais les faces hébétées de ces statuettes de porcelaine, c'était à cause de cela, parce que je ne cessais pas de regarder des choses qui ne vivaient pas, qui ne bougeaient pas. J'aurais bien mieux fait de prêter davantage attention aux gens sur le trottoir, qui riaient avec bonheur après avoir fait un bon déjeuner et bu du bon vin, j'aurais dû les regarder profiter de la beauté du jour. Růžena aurait dû être avec eux sur le trottoir, mais non, elle n'aurait jamais ri en me voyant tirer une charrette, c'est moi que la Mort, ses tambours et ses fifres accompagnent, c'est pour moi que les portes de Radio expo se sont ouvertes, qu'est-ce que Růžena aurait eu à faire avec tout ça ? »

Je ne pouvais m'arracher à la vitrine, il ne me restait rien d'autre que continuer à fixer les faces mortes des statuettes aux chevelures crêpées, je ne pouvais pas partir et j'étais forcé de continuer à écouter la voix coupante qui sortait du haut-parleur et poursuivait sa récitation indifférente, parce que maintenant elle ne faisait que répéter le mot « pendu ». Nous étions, nous, à la fin de la liste, on le sentait à l'indifférence de cette voix, c'étaient nous, les anonymes, dont les noms ne valaient même plus la peine d'être lus, puisque de toute façon nous n'étions que des numéros condamnés à mort. Puis la voix s'est arrêtée et les petits groupes se sont dispersés lentement. Les gens s'éloignaient. Ils traînaient les pieds silencieusement sur le trottoir et dans le haut-parleur des marches militaires retentissantes se faisaient entendre, Ils exultaient à nouveau, Ils allaient à nouveau avec tambours et fifres vers d'autres terres et d'autres villes, pour chercher de nouveaux tissus de soie, des vins fins et des mets délicats.

J'ai contourné le poteau et j'ai dû écouter les marches militaires, elles m'ont accompagné jusqu'au pont, j'ai marché rapidement, j'ai dépassé tous les petits groupes. Les gens ne faisaient pas attention à mon étoile, je me suis joint au flot et je l'ai suivi jusque de l'autre côté du pont où le trottoir se rétrécissait, m'empêchant de dépasser personne. J'aurais voulu être déjà à la maison, je n'avais même plus de tabouret pour m'asseoir et regarder par terre, je n'avais plus que de la poussière, quant à mes vêtements, je n'étais pas obligé de les déchirer, ils étaient déjà assez élimés.

Je savais que c'était bien de Růžena que la voix du haut-parleur avait parlé, il était inutile de me persuader que ce n'était pas vrai. Mais qu'est-ce que j'étais maintenant, moi, Josef Roubíček ? Est-ce que je devais m'étendre dans l'herbe près du mur du cimetière et écouter grincer les trams et passer les voitures, pourquoi est-ce que je devais prendre ma soupe avec une cuiller et compter combien il y avait d'yeux dedans ? Cela faisait déjà longtemps que j'avais perdu Růžena, mais maintenant elle était revenue pour échanger nos rôles. Maintenant, Růžena était morte, et moi, je marchais sur le pont et en dessous de moi se trouvait la rivière.

J'étais en vie, je savais que j'étais en vie, mes pieds m'obéissaient parce que je marchais auprès de gens, au même pas qu'eux, et je ne me différenciais pas d'eux, même si j'avais une étoile. Je ne les regardais pas et eux ne faisaient pas attention à moi, mais je savais que j'étais l'un d'entre eux, ils avaient écouté tout comme moi la voix sortir du haut-parleur et ils avaient longtemps regardé les statuettes de porcelaine, et ils étaient écrasés par la voix coupante et les marches militaires.

Je commençais à comprendre Materna.

22

Je ne sais pas comment je suis rentré à la maison. Sûrement cela m'a pris longtemps parce que j'ai fait tout le chemin à pied ; j'étais trempé mais je n'avais même pas senti la pluie. Ensuite j'ai regardé par la fenêtre ouverte, j'ai regardé la pluie qui cessait lentement de tomber, j'ai entendu l'eau ruisseler dans la gouttière vers le jardin et filer, je regrettais qu'elle ne pénètre pas dans la terre, et ensuite je me suis souvenu de la voix qui sortait du haut-parleur, mais je ne pleurais pas pour Růžena, je ne pouvais pas pleurer pour elle comme j'avais pleuré pour Thomas, j'étais simplement assis sur le rebord de la fenêtre et je respirais l'air humide, hébété, et je ne pensais à rien. J'avais l'impression que j'entendais à nouveau des coups de feu, mais je n'y pensais pas vraiment, je me répétais simplement les mots *cocoric* et *traîne-à-la-douzaine*, c'étaient des mots comme ça que je pouvais saisir. Ensuite je me suis précipité contre le mur et j'ai commencé à me cogner la tête, je voulais sentir la douleur ; comme je désirais alors avoir mal, comme je désirais avoir la tête ensanglantée, avoir une blessure au front afin de me réveiller ! Je frappais des poings pour que la douleur vienne vite, et ensuite je me suis quand même repris, je me suis lavé et je suis allé voir Materna.

Mes habits étaient encore mouillés, je m'étais blanchi en me frottant contre le plâtre, même mon étoile était blanchie alors qu'elle devait rester propre, mais maintenant ça m'était égal, et je ne faisais plus attention à mon étoile quand j'ai passé la porte d'entrée et que machinalement je me suis mis en route. Là-bas, je me suis assis comme d'habitude sur un tabouret, on m'a donné mon thé, je me taisais. Materna était occupé à parler avec ses amis et il ne m'a adressé qu'un signe de tête. Ensuite il a quand même dû avoir l'impression que quelque chose n'allait pas, parce que mes vêtements étaient tout mouillés et qu'ils commençaient à fumer dans la pièce étouffante et obscure.

« Où est-ce que tu es allé traîner ? a dit Materna. Tu as l'air d'un épouvantail et tu es trempé. Peut-être que tu as reçu ton avis de convocation ? »

J'ai dit : « Non, je suis allé près d'un poteau électrique, et je Les ai entendus lire une liste de gens qui ont été fusillés. Il y avait mon amie parmi eux.

— Où est-ce que tu vis ! a crié Materna. Cela fait à peu près un mois qu'ils font cela. Tu ne lis donc pas les journaux ? »

J'ai dit : « Non, et je n'écoute pas Leur radio. Je passe mes journées au cimetière et là-bas il n'y a ni poteaux ni haut-parleurs. À côté, il y a d'autres cimetières, c'est tout. C'est silencieux et personne ne parle de cela. Les gens ne s'occupent que des convois et ne s'intéressent à rien d'autre. Parfois, il y a des enterrements chez nous, de gens de chez nous ; alors les fossoyeurs viennent avec des histoires horribles. Ils nous ont bien raconté des histoires de pendaisons, mais ils en racontent tellement et de si bizarres qu'il n'est même pas possible de s'en souvenir. Au cimetière, on se dit que ce sont des histoires fausses qu'ils ont lues dans des livres et qu'ils nous racontent pour se vanter devant nous.

— Écoute, a dit Materna, il est grand temps que tu te bouges de ton cimetière. Tu vis comme un cheval avec des œillères. Ou tu regardes les choses en face avec tout ce que ça veut dire, ou tu préfères attendre qu'Ils viennent te chercher. »

J'ai dit : « Maintenant, c'est clair, je vois bien qu'il n'y a pas d'autre solution.

— Bon, alors n'en parlons plus. »

Je suis rentré chez moi, je me suis étendu, je n'étais plus obligé de me taper la tête contre les murs. C'était bizarre de m'être décidé si facilement, maintenant que Růžena était morte, je n'avais plus de raison de vivre. Je n'attendrais plus jamais Růžena au cas où la guerre finirait et où je survivrais, et pourtant j'étais décidé à essayer de rester en vie. Je souriais maintenant de ce qu'Ils n'eussent plus de pouvoir sur moi, puisque ma vie n'avait plus aucune valeur, je me moquais même d'avoir pris Leurs lois au sérieux, de m'être conformé à Leurs consignes, je me moquais de moi-même pour la première fois depuis le jour où j'avais cassé mes meubles et ma maison, où j'avais su qu'Ils ne pourraient rien me prendre. J'étais donc plus malin qu'Eux et je pouvais rire en pensant à Leur surprise quand Ils verraient que je ne Leur léguais rien d'autre qu'un vieux guéridon et une maison délabrée où Ils ne pourraient pas habiter. Je me moquais d'Eux aussi en pensant qu'Ils ne pourraient recevoir, s'Ils m'attrapaient, que ma vie, et pour moi elle n'avait aucune espèce de prix, je pouvais maintenant me moquer de Leurs têtes de mort, de Leurs tambours et de Leurs fifres, de Leur cirque et de Leurs bottes ferrées. Comme Ils étaient ridicules maintenant, quand Ils tentaient de priver de sa vie Josef Roubíček, qu'Ils y mettaient tant d'efforts, de papiers et de questionnaires. Josef Roubíček ne valait pas cela, Leur travail était vain. Je m'imaginais ce qui se passerait maintenant si je rencontrais à nouveau la grosse demoiselle du film et ses comparses. Ce serait moi qui me moquerais d'eux depuis ma charrette.

« Comme vous êtes ridicules, plantés là sur le bord du trottoir avec vos habits bien repassés, vos visages satisfaits et vos estomacs bien remplis ! Craignez qu'Ils ne vous prennent tout cela, maintenant il n'est pas sûr qu'Ils ne se mettent pas à crier vos noms aussi dans le haut-parleur. Mais moi, je n'ai plus besoin d'avoir peur de rien, je n'ai même plus de nom, plus de vie, et je n'échangerais pas ma place avec la vôtre sur le trottoir, parce que je suis libre, moi, sur la chaussée. » Ils ne me comprendraient pas. Ils penseraient que je suis fou. Mais ils s'arrêteraient de rire parce qu'ils n'auraient jamais pensé que je puisse surgir et les regarder dans les yeux en riant. Mais ça aussi, ce serait perdre mon temps. À quoi bon bavarder avec des serviteurs qui se permettent de rire alors qu'on est en train de prononcer le nom de leurs amis du haut de ces poteaux ? Ils ne se permettent de rire que parce qu'on leur donne un bon dîner, qu'ils doivent s'habiller bien et dormir dans des appartements richement meublés.

Et pourtant, j'étais bien dans mon sac de couchage, sans être forcé de me demander s'ils avaient tiré mon numéro du fichier, je n'étais pas obligé de penser qu'ils liraient mon nom dans la salle rituelle, que je devrais rassembler mes affaires pour le convoi. Je n'avais même pas à m'occuper de ma gamelle, des couvertures et des tablettes de vitamines, je n'avais besoin d'envier personne d'avoir du citron dans son sac à dos ou du coton dans les oreilles. J'étais bien, puisque je n'avais plus à me faire du souci pour rien, je n'avais même plus l'espoir de rester par miracle dans la ville fortifiée. Je me souvenais de la route par laquelle j'étais passé et du vent de printemps qui me fouettait le visage, je me souvenais qu'alors je ne savais pas où j'allais, parce que je m'étais trompé de chemin en cherchant un raccourci et qu'après il m'avait semblé que je revenais là d'où j'étais parti, mais cela m'était égal, parce que je me trouvais sur une route, parce que j'allais contre le vent, parce que je sentais que ma casquette s'envolait de ma tête et que j'avais envie de m'élancer pour la rattraper. Mais je n'en faisais rien parce que j'étais bien habillé et que dans ma gibecière j'avais tout ce dont j'avais besoin. Non, il ne pouvait rien m'arriver sur cette route, dans quelque direction que j'aille, je finirais bien par aboutir quelque part, et je n'étais absolument pas fatigué, je n'étais obligé de me soucier ni du vent ni de la direction dans laquelle je marchais.

Et quand je me suis levé le matin, j'ai commencé à siffler, il y avait longtemps que je n'avais pas sifflé parce qu'il y avait longtemps que je n'avais plus de salle de bains. J'ai sifflé même sans salle de bains et j'étais content de sortir dans la rue et d'aller attendre le tram, maintenant je pourrais regarder les gens dans les yeux et monter tranquillement dans le tram même si, l'instant d'après, on m'en chassait, parce que maintenant aucune étoile ne me gênait plus. Vraiment, je riais quand j'étais réellement jeté en pleine ville sur la chaussée et que j'attendais longtemps que le tram suivant arrive, ou plutôt un tram assez vide, je ne me souciais plus du dégoût ni de la pitié avec lesquels les gens me regardaient.

« C'était un bel appartement, racontait le bookmaker, comme nous nous retrouvions ensemble dans l'herbe avec les fossoyeurs. Il y avait une grande table de salle à manger et le couvert était dressé. Tout était à sa place, sur la table il y avait un vase avec des fleurs, il y avait des assiettes en porcelaine de Karlovy Vary, de beaux couverts et des serviettes. Il y avait une bouteille de vin à moitié pleine et, autour de la table, il y avait des chaises vides. Sur les petites assiettes, on voyait les restes d'un plat, on voyait que c'était une maison riche. Et sur leurs chaises, tous les membres de la famille étaient assis, bien vêtus, en habits de fête, et ils étaient raides comme des statues. À la place des petits cartons, ils avaient près de leurs places leurs numéros de convoi. Ça se voyait que c'étaient des gens habitués à vivre sur un grand pied et dans le luxe qui convient à la bonne société et c'était sans doute à cause de ça qu'ils avaient décidé de mourir avec style. Ils étaient si corrects qu'ils avaient laissé une lettre dans laquelle ils s'excusaient auprès de nous, les fossoyeurs. Mais le plus terrible, c'était que tous ces gens assis autour de la table riaient, oui, ils avaient un sourire aux lèvres, qui ne disparaissait que si leurs mâchoires retombaient. Alors Egon m'a dit : "Buvons un coup, les gars, on va quand même pas laisser ce vin comme ça, regardez ! C'est du tokay, et en plus d'une bonne année, je m'y connais, j'en ai beaucoup vendu." Et nous avons répondu que c'était du vin empoisonné, mais Egon a dit que non, sûrement pas, c'étaient des gens corrects, ils avaient versé le poison dans leurs verres, pourquoi l'auraient-ils versé dans la bouteille pour gâcher du bon vin ? Alors nous avons bu un coup, et c'était vraiment un vin superbe, ça nous chauffait joliment l'estomac, on s'est sentis tout ragaillardis, on a tout bien rangé, sauf que c'était très difficile de les étendre, parce qu'ils étaient assis tout figés sur leurs chaises.

— Est-ce qu'ils portaient leurs étoiles ? a demandé l'avocat.

— Oui, et ça allait bien sur leurs habits sombres, c'étaient des étoiles neuves qu'Ils leur avaient données exprès pour le convoi, et elles étaient bien cousues. »

J'ai dit : « Vous dites qu'ils riaient ?

— Oui, ils riaient, et c'était ça, le plus terrible. Ce n'était pas une grimace, ils riaient comme quelqu'un qui se satisfait d'avoir réussi un coup. Peut-être que c'était l'effet du poison, mais le médecin a dit que ce poison n'avait rien de spécial, sauf qu'aujourd'hui il est cher et rare.

— J'admire leur courage, a dit l'avocat, moi, je ne pourrais pas. À la rigueur, s'empoisonner, mais sa femme et ses enfants… Comment, en faisant cela, est-ce qu'ils pouvaient rire ?

— Je ne sais pas, a dit le bookmaker. Dans notre métier, on voit toutes sortes de choses. Il y a des gens de par le monde qui ont le don de rire. On a eu dans l'équipe un homme qui riait quand il pensait qu'il habitait encore dans un appartement avec le chauffage central, et qu'en plus Ils ne s'en étaient pas encore aperçus. Et quand il est parti avec son convoi, il riait encore rien qu'en y pensant. Les gens sont différents, ça se voit surtout dans l'épreuve.

— Bon, j'ai souvent ri, moi aussi, a dit Egon, vous savez, quand on voyage avec des articles qui se vendent mal, il faut bien récupérer des clients. Moi, je savais une quantité d'anecdotes que tous les autres voyageurs de commerce m'enviaient. Mais près de ces cadavres, j'ai pour ainsi dire tout oublié, c'était une autre affaire.

— On est de moins en moins nombreux, a dit l'avocat, dans votre groupe et le nôtre.

— Ç'a été un méchant convoi, a dit le bookmaker, ça ne m'étonne pas, ces gens, peut-être qu'ils avaient raison de rire. Ce convoi allait tout droit vers l'est, sans s'arrêter. Ils disent que c'était rapport aux exécutions qu'Ils étaient en train d'accélérer.

— Nous, Ils ne nous tirent pas dessus, a dit l'avocat.

— Ça non, mais Ils ont bien trouvé un autre moyen, Ils appellent ces convois "transports punitifs". »

Nous nous sommes tus. La peur était revenue, menaçante, et les gens ne pouvaient plus parler. Mais moi, cette fois, je n'avais pas peur, pour la première fois je n'avais pas peur. Certes, je ne pouvais parler et je ne savais même pas ce que j'aurais dit. Je savais que j'étais seul et que je ne pouvais plus parler avec personne.

Je savais que les feuilles allaient bientôt recommencer à tomber et que nous recommencerions à les ratisser. Je savais que le rond d'humidité recommencerait à s'élargir dans ma mansarde, je savais qu'au cimetière il y aurait d'autres gens, mais qu'ils me parleraient de toute façon du cirque, des convois, des arrestations et de la nourriture. Et en hiver je serais à nouveau assis avec eux près du poêle et je boirais à nouveau du tilleul ou de l'églantine. Ou bien je ne serais plus assis avec eux parce qu'il y avait déjà tellement de gens qui manquaient que bientôt ce serait au tour de mon carton de sortir du fond du fichier. Mais quand ce serait mon tour, moi, je ne voudrais pas aller au cirque. Je n'irais pas faire le bouffon pour Eux, ce serait *moi* qui rirais d'Eux.

Je me trouvais tout à coup dans la rue et je riais tout seul, je m'en suis aperçu seulement au moment où j'ai vu que les gens me regardaient, l'air surpris, sûrement qu'ils trouvaient ça bizarre, un homme avec une étoile qui riait comme ça, tout seul, sans raison. Peut-être qu'ils me prenaient pour un fou.

Dans la nuit, Růžena est venue me rendre visite. J'ai remarqué qu'elle portait des vêtements qui n'étaient pas vraiment de saison, c'était une toilette de ville hivernale, alors qu'on était en été, sûrement elle avait trop chaud dans cette toilette. Je la connaissais bien, c'était du robuste tissu anglais, Růžena l'aimait beaucoup, elle avait toujours aimé les affaires de bonne qualité, bien finies et simples.

Elle a dit : « Je suis venue voir ce que tu fais. »

J'ai dit : « J'ai appris à recommencer à rire, il ne me reste rien d'autre.

— Tu n'as plus peur ? » a demandé Růžena.

J'ai dit : « Non. J'étais devant la vitrine de l'antiquaire et j'ai entendu ton nom sortir du haut-parleur. Ensuite je me suis tapé la tête contre les murs. Tout cela est normal, Růžena, maintenant je te comprends, maintenant je peux te parler tranquillement. Je n'y peux rien, ils sont fous, ce sont des pantins qui aiment la mort et les beaux objets. Ils sont morts comme leurs fameux beaux objets. Mais nous sommes vivants, Růžena, au moins toi, tu es vivante.

— Oui, je suis vivante, a dit Růžena, je ne sais pas comment tu l'as découvert mais c'est la vérité. Je suis venue pour te le dire et tu le savais déjà ! C'est bien, Pepa, tu iras mieux maintenant. »

Et ensuite elle est partie, elle a disparu, je ne savais pas comment, et moi, je me suis réveillé et j'ai regardé par la fenêtre ouverte le matin silencieux.

Je me suis rappelé qu'aujourd'hui c'était le jour de mon anniversaire. Sûrement Růžena était venue pour me le souhaiter, mais ensuite elle ne l'avait pas fait, ça nous arrivait assez souvent d'oublier des choses importantes quand nous étions ensemble, parce que nous avions peu de temps, mais ça ne nous gênait pas, parce que nous le savions. Maintenant quelqu'un aurait dû m'apporter un grand pot de café et un morceau de gâteau, comme autrefois ma tante m'en apportait, quand j'étais petit. Et moi, je faisais toujours semblant de ne pas savoir que c'était mon anniversaire, d'avoir oublié, même si je m'en étais réjoui depuis la veille. Ma tante était contente que je l'aie oublié, mais bientôt elle reprenait son ton geignard, elle recommençait à parler de tante Klara, sa cadette, celle qu'elle préférait entre toutes et qui était morte à seize ans. Je n'avais pas connu tante Klara, mais maintenant je savais qu'elle ne se retournait pas dans sa tombe, même si, les derniers temps, la tante me le disait à la moindre occasion.

Mais j'ignorais où se trouvait le tombeau de mon oncle et de ma tante, s'ils en avaient un. Je n'avais plus reçu de nouvelles d'eux, alors qu'il s'était déjà passé beaucoup de temps depuis leur départ. J'avais demandé des nouvelles des convois, j'avais indiqué leurs numéros, mais personne ne savait rien.

J'ai appris qu'ils étaient restés à peu près trois jours dans une gare voisine de la ville fortifiée et qu'ils étaient repartis vers l'est. Personne ne semblait se soucier de la direction que prenaient les convois dans lesquels il y avait peut-être des vieux et des malades, personne ne voulait en parler, peut-être pour que des taches de sang n'apparaissent pas dans la salle rituelle, personne ne s'occupait des taches de sang quand c'était une telle affaire de trouver du saindoux. Il ne restait d'eux que des numéros que j'avais notés dans mon carnet, mais je ne savais pas ce que je devais penser de ces numéros qui me regardaient d'un air hébété. J'aurais voulu qu'ils se transforment au moins en pierres tombales, même sans inscriptions dorées, mais c'était impossible. Je me serais contenté d'un panonceau de bois au bout du cimetière, je m'en serais contenté, peut-être avec un pissenlit. Je n'avais pas besoin de me faire du souci, ni pour Růžena ni pour Thomas, qui étaient vivants, mais j'avais besoin de faire quelque chose pour mon oncle et ma tante, de leur rendre un hommage funèbre. Et je ne pouvais pas rendre cet hommage à des numéros.

Je suis allé dans le jardin, j'ai pris ma pelle et j'ai commencé à creuser un trou. Je me disais que j'allais planter une fleur en leur mémoire, mais après je me suis rendu compte qu'une fleur ne passerait pas l'hiver. J'étais là, au bord de mon trou, et je ne savais pas quoi y mettre, mais après j'ai vu qu'un marron dévalait la rue, qu'un gamin avait sans doute oublié. J'ai pris le marron et l'ai mis dans le trou en me disant qu'il pousserait un jour. Peu importait que je ne le voie jamais, que personne ne sache en l'honneur de qui il avait été planté, l'important, c'était qu'un nouvel arbre pousse, j'avais transformé des numéros en quelque chose de vivant qui pousserait selon ses propres lois.

Et ensuite je me suis de nouveau rappelé que c'était mon anniversaire et que personne ne me donnerait de cadeau. J'avais besoin que quelqu'un m'en donne un parce que j'avais toujours reçu pour mon anniversaire un petit quelque chose jusqu'à ces années où Ils avaient entrepris de nous régenter, mais celles-là je ne les comptais pas. Maintenant que je m'étais débarrassé d'Eux, maintenant qu'Ils ne comptaient plus pour moi, qu'Ils ne faisaient pour moi plus partie du monde et que j'étais vivant à nouveau, je devais recevoir un cadeau parce qu'on n'a un anniversaire qu'une fois dans l'année, c'est grâce à cela qu'on mesure le passage du temps. Et comme personne ne savait que c'était mon anniversaire et que, même si quelqu'un l'avait su, il ne m'aurait rien donné, j'étais obligé de me faire un cadeau moi-même.

Je ne pouvais rien m'offrir à manger, même si j'avais réussi à trouver quelque chose de bon à acheter au noir. Ce n'était pas un cadeau parce que j'avais toujours faim et que j'aurais dévoré n'importe quoi sans avoir l'esprit à la fête. Je ne tenais plus à aucun objet et je n'en avais pas besoin. J'étais maintenant devenu trop exigeant, je ne savais pas ce qui aurait pu me faire plaisir et dont j'aurais pu me réjouir. J'avais vu qu'on entreposait dans les caves des albums de famille, des colifichets qui décoraient les appartements, il y avait des figurines de porcelaine et des bois de cerfs, il y avait des napperons brodés et des maquettes de châteaux en bois. Maintenant, toutes ces choses étaient entassées les unes sur les autres, inutiles, elles étaient jetées dans des camions pour être triées comme des déchets industriels. Des choses de ce genre ne me disaient rien.

Et après j'ai décidé que je m'offrirais un miroir de poche. Je n'avais qu'un morceau de glace dans lequel je me regardais lorsque je me rasais. On n'y voyait pas grand-chose, mais cela ne me dérangeait pas, j'aurais même pu m'en passer, c'était juste une habitude d'avoir besoin d'une glace pour me raser. Si j'avais eu un vrai miroir de poche, j'aurais pu m'y regarder réellement, maintenant je voulais voir de quoi j'avais l'air. En plus, il était possible d'acheter un miroir à un étal de rue, on n'était pas obligé d'aller dans un magasin. Je me suis donc décidé. Et tout de suite j'ai été gai, parce que j'aurais un cadeau pour mon anniversaire, un cadeau agréable. Je me suis acheté le miroir quand je suis passé près d'un étal, c'était une chose toute simple, je me suis approché, j'ai caché mon étoile avec ma serviette, j'ai choisi ce que je voulais et j'ai payé. C'était un pauvre miroir, petit et rond, avec du papier noir collé par-dessous, mais je le tenais dans la main et je pouvais facilement le fourrer dans ma poche. Et j'étais impatient de me regarder dedans, je voulais m'en réjouir, comme je m'étais toujours réjoui de mes cadeaux d'anniversaire.

Je suis allé jusque chez moi et j'ai regardé mon visage. Alors j'ai su que je n'aurais pas dû faire ça. Ce miroir n'aurait pas dû servir à me montrer quelle allure j'avais, j'aurais mieux fait de m'amuser à envoyer des reflets sur le mur délabré de ma mansarde. J'ai vu pour la première fois de quoi avait l'air Josef Roubíček, et ce n'était pas beau. J'ai vu un visage décharné où pointait un grand nez, j'ai vu deux sillons encadrant une bouche qui se tordait douloureusement, j'ai vu une peau grise, des rides au front et des yeux battus derrière des lunettes. Ça ne me servait à rien de voir mon visage pour mon anniversaire, ça ne valait pas la peine, je m'étais réjoui pour rien et j'avais acheté un miroir pour rien. Je n'en avais pas du tout besoin. Il m'a glissé de la main, il s'est cassé en mille morceaux sur le carrelage. Je suis sorti de chez moi, sans faire attention aux débris, et ensuite j'ai recommencé à rire, à me moquer de moi, de ma vanité et de mes envies. Non, ce n'était pas comme ça que je pourrais revenir à la vie.

Pourtant j'étais heureux, parce que j'étais encore capable de rire, c'était une bonne chose de rire pour son anniversaire. Je n'avais pas besoin de gâteau ni de cadeau, j'étais si immensément riche que je ne pouvais plus rien m'offrir. Je continuais à rire tout seul, alors que j'étais en train d'arracher des carottes dans un rang au cimetière.

« Qu'est-ce qui vous est arrivé de drôle ? a demandé l'avocat. Ou bien vous auriez entendu dire qu'Ils allaient supprimer les convois ? »

J'ai dit : « Je n'en sais rien, rien ne s'est passé, seulement, aujourd'hui, c'est mon anniversaire.

— Mais ce n'est pas drôle », a dit l'avocat d'un air dédaigneux.

J'ai répondu : « C'est vrai, mais pourquoi je n'en rirais pas ? »

L'avocat m'a tourné le dos et j'ai recommencé à me pencher et à arracher mes carottes de la glèbe sèche, friable. Je ne pouvais pas m'empêcher de continuer à rire.

23

Maintenant, il me semblait que les jours qui passaient se ressemblaient tous. Maintenant que je n'avais plus peur, je n'écoutais plus attentivement ce qui se disait de la ville fortifiée et des voyages vers l'est. Et je contemplais davantage la ville. J'en examinais les maisons et les passages, je m'imaginais en train de me cacher le long de ces rues. Je regardais les petits bateaux fixés par des chaînes aux quais et m'imaginais les pierres qu'il faudrait pour faire sauter les cadenas. Je rêvais de souterrains et de grottes. Je me suis souvenu de la tuilerie, mais j'ai rejeté cette idée même si là-bas il devait faire chaud ; des gens m'auraient sûrement découvert et dénoncé. Je préférais imaginer un trou creusé quelque part au-dessus de la rivière, bien caché dans les buissons, d'où j'aurais vu les gens se chauffer sur les pelouses des baignades. Mais les chiens m'auraient sûrement débusqué en furetant dans les fourrés. Je ne voulais même pas penser à un chalet caché dans les bois, Materna me disait que c'était une mauvaise idée, parce que tout le monde sait qu'un chalet est habité quand il sort de la fumée de la cheminée.

Je savais depuis le début que je ne pourrais peut-être pas partir, je m'étais fait à mon esclavage, mes gestes n'étaient pas assurés, je ne cessais de regarder par terre et je ne pouvais plus fixer les gens dans les yeux, je savais maintenant en quoi nous nous distinguions des autres, je savais qu'Ils n'avaient même pas besoin de nos étoiles pour nous reconnaître. Je devais apprendre à marcher d'un pas ferme, à me faire de la place dans le tram, à aller la tête haute sur le trottoir. Je ne devais avoir peur ni des uniformes ni des insignes. Je devais me souvenir de ma démarche d'avant, je pensais que j'y arriverais, je me souvenais d'ailleurs que j'avais dû réapprendre à marcher après une longue maladie et que cela avait été très rapide. Maintenant, je rentrais chez moi, je retournais vers les années passées, mais c'était difficile parce que je devais pour cela dire adieu aux habitudes plus récentes. Et je cessais d'être Josef Roubíček, employé de banque, je ne savais plus bien qui j'étais ou qui je serais.

Je me suis dit : « Je ne tiendrai pas le coup, je serai perdu, parce qu'il n'y aura pas d'heures de bureau, parce que je ne sortirai pas tous les jours avec ma serviette sous le bras et que je n'irai pas acheter mon journal au coin de la rue, que je ne serai qu'un fantôme avec un nom d'emprunt. »

Puis j'ai pensé : « Je tiendrai le coup, maintenant tous sont des fantômes, ça ne fera rien qu'il y en ait un de plus. Les temps ne sont pas sûrs, puisque les haut-parleurs hurlent, mais les gens marchent dans les rues et poussent des poussettes sur la chaussée. »

Il a commencé à pleuvoir et nous restions de plus en plus longtemps dans la salle rituelle. Maintenant, nous étions peu nombreux au cimetière parce qu'il ne restait plus grand monde et les derniers devaient porter des choses extorquées jusqu'aux entrepôts. Les fossoyeurs, eux, avaient de plus en plus de travail. Nous ratissions à nouveau les feuilles, mais nous savions que nous n'en utiliserions pas le terreau, nous savions qu'au printemps il n'y aurait plus personne au cimetière. Et pourtant nous nous y rendions tous les jours et nous en sortions après les heures de travail ; et pourtant des inspecteurs venaient nous rendre visite même s'il n'y avait rien à inspecter ; et nous devions aller au siège de la Communauté pour nos autorisations de transport en tram ; et nous remplissions des questionnaires et nous allions à la visite médicale du service du travail. On manquait toujours d'hommes forts mais, des hommes forts, il n'y en avait plus beaucoup, il était nécessaire de transformer les gens malades et faibles en bons travailleurs, et la seule façon, c'était de définir autrement leurs tâches. Ceux décrétés bons pour les travaux de force construisaient des routes, creusaient des fosses, cassaient des pierres, gâchaient du plâtre et portaient des briques. Mais de toute façon ils devaient partir avec les convois, le travail de force ne les protégeait en rien, et à leur place c'étaient d'autres, plus faibles encore, qui étaient désignés. Avec un changement de numéro, on pouvait tout faire, il était possible de transformer un homme faible en costaud, un homme en animal de cirque. Pourtant, je ne m'occupais plus de numéros. Je savais que maintenant je ne me transformerais jamais en numéro. Les médecins de la visite eux-mêmes ne pouvaient pas me transformer en costaud même s'ils essayaient. Et je resterais au cimetière parmi les vieux et les invalides. Je ne me sentais pas trop bien avec eux parce qu'ils ne se rappelaient que le passé et ils racontaient leurs maladies, des maladies exceptionnellement importantes sur lesquelles de grands professeurs s'étaient penchés, des maladies célèbres dont avaient traité des revues médicales. J'aurais préféré des conversations sur la nourriture, mais les vieillards et les infirmes ne parlaient pas de nourriture, ils avaient les dents et l'estomac mal en point, des repas même imaginaires ne les intéressaient pas puisqu'ils n'auraient pas pu imaginer les manger. Ce qu'ils racontaient était en fait sans intérêt parce que tous avaient vécu des vies ordinaires, ils étaient les seuls à y voir des destins extraordinaires et singulièrement amusants. Ils parlaient beaucoup de la Première Guerre, ils riaient en se souvenant des marches militaires et des permissions. Les seules histoires divertissantes étaient celles des fossoyeurs, mais maintenant ils ne pouvaient plus bavarder longtemps, car ils avaient beaucoup de travail. La neige a recommencé à tomber et nous ne pouvions plus ratisser les feuilles, nous restions tassés à nouveau près du poêle et nous buvions du tilleul, nous regardions la poussière sur le plancher. Je n'avais plus rien de commun avec ces vieillards et ces infirmes rassemblés près du poêle, j'étais déjà ailleurs, j'errais dans des passages, des grottes, des couloirs et des souterrains, je vivais avec d'autres gens, je restais longtemps au chaud dans mon sac de couchage et je lisais des livres. Maintenant que je n'avais plus Thomas, je n'avais plus personne dont m'occuper et à qui parler. J'allais plus souvent chez Materna et j'écoutais maintenant plus attentivement ce qu'on disait. Là-bas, j'ai commencé à m'intéresser à la guerre et à essayer de savoir quand elle se terminerait. Parce que, maintenant, la guerre et le temps qu'elle durerait m'importaient, maintenant je devais suivre l'évolution des batailles sur la carte, maintenant que je savais qu'on se battait là-bas pour ma vie aussi. Désormais c'était aussi *ma* guerre, depuis que j'étais revenu parmi les hommes et que je partageais leur destin. Bien sûr, la vie était difficile au cimetière, c'était difficile de parler avec les gens, de leur demander une petite cuiller pour remuer ma tisane et d'écouter leurs conversations sur l'ancien temps. Je me sentais bien quand je sortais du cimetière, même si je savais que j'allais rentrer dans ma mansarde glacée et que je devrais passer un long moment à allumer mon poêle. J'emportais en secret du bois, des morceaux de bancs que nous avions débités, il n'y avait pas de décret qui nous interdisait de transporter du bois, mais même s'il y en avait eu, ça m'aurait été égal. Et maintenant j'empruntais à Materna des journaux et je cherchais entre les lignes les nouvelles importantes, je regardais la figure des gens dans le tram pour savoir si elle trahissait la joie que leur aurait causée une bonne nouvelle.

Mais il fallait se faire à cette nouvelle vie, il fallait se transformer en un autre Josef Roubíček qui ne porterait même plus ce nom. Il était nécessaire de forcer ses pieds à ne pas courir quand un homme en uniforme passait tout près, il était nécessaire de se forcer à rester indifférent devant les boutiques occupées par des miliciens où étaient exposés des photos et des slogans ignominieux. J'avais jusqu'alors appris à rire, grâce à Růžena, mais ce n'était pas un vrai rire, il semblait que j'aurais dû en riant relever les commissures de mes lèvres, c'était un rire forcé, désespéré, il n'y avait pas un seul accent de joie dedans.

Parmi les vieillards et les infirmes, la mort elle-même perdait de son éclat. Ils s'accrochaient à la vie, mais ils ne pouvaient pas la retenir de leurs mains impuissantes. Ils ne parlaient jamais d'elle, ils craignaient de prononcer son nom. Ceux qui auparavant étaient restés assis près du poêle avant de partir vers l'est ou vers la ville fortifiée disaient son nom avec un sourire vain ou bien avec rcgret. Mais ces gens-là ne parlaient jamais réellement d'elle. Moi non plus. J'étais devenu aussi fort qu'elle, je ne faisais pas partie de ceux qu'elle soumettait à sa loi.

Je n'étais plus obligé d'attendre un messager. Il n'en venait plus aucun, parce que tous étaient déjà partis. Je devais être mon propre messager, je devais moi-même aller chercher et me remettre à moi-même ma convocation, je devais orchestrer seul toute la cérémonie. Il n'y avait plus de ces coups à la porte après lesquels l'histoire finissait. La fumée s'élevait des cheminées le jour où j'ai rapporté à la maison une convocation que j'avais cachée sur moi dans le tram, la fumée de fourneaux sur lesquels cuisait le dîner de gens qui allaient bientôt s'attabler en paix, dans le calme et la tranquillité. C'était un jour d'hiver, il n'y avait pas de lumière dans la rue, depuis le tram on voyait seulement les lueurs bleues du couvre-feu, les visages des gens avaient des couleurs de mort, je n'arrivais même pas à la lire, cette convocation, mais ça n'avait pas d'importance, j'en connaissais par cœur le contenu, elle ne différait en rien des autres que des centaines de gens avaient déjà reçues. C'était bien d'être mon propre messager, de ne pas avoir à en regarder un en face, un inconnu, c'était bien de me passer de guide. On ne viendrait pas m'apporter des étoiles de plus ni m'aider à faire mes valises, on viendrait seulement pour enregistrer mes meubles et les déménager, mais moi, je ne serais plus là pour voir les visages étonnés de ceux qui n'auraient à traîner dans leur grand camion de déménagement que ma table de fumeur et mon moulin à café.

Et quand je suis arrivé chez moi, quand j'ai eu baissé le store de ma chambre et posé ma convocation sur la table de toilette, je me suis demandé s'il fallait que j'allume le poêle, maintenant qu'il ne pouvait plus faire ni froid ni chaud, j'ai regardé les murs nus et j'ai cherché ce que je pourrais encore casser ou emporter, j'ai commencé à hésiter. Je savais que je devais allumer le feu, non pas parce que j'avais besoin de chaleur, mais pour brûler les pauvres bouts de papier où il y avait mes griffonnages, du vocabulaire anglais, des invitations absurdes d'autrefois, et des autorisations périmées de transport en tram. Il n'y avait pas de lettres de Růžena, je les avais brûlées depuis longtemps. J'ai d'abord hésité parce que la fatigue s'emparait de moi. Je n'avais plus peur mais j'étais fatigué, il aurait été plus simple de partir avec les autres, mieux de disparaître, de m'enfoncer au milieu des centaines d'anonymes qui allaient droit à la mort. Je me serais senti bien parce que j'aurais été en paix, j'aurais accepté d'être annihilé sans peur ni honte. La liberté était trop lourde, la liberté que je devais porter maintenant, c'était un fardeau trop lourd de devenir un autre Josef Roubíček, un rebelle dont la tête serait mise à prix, qui se cacherait et qui vagabonderait dans la nuit. Peut-être que ce serait mieux de devenir un numéro, un papier que le vent emporte, jusqu'à ce qu'il retombe à terre pour être foulé aux pieds, dans la boue.

Pourtant j'ai surmonté mon hésitation et repoussé la tentation. Je savais que ce moment ne reviendrait jamais, ce moment-là, le seul où je sauterais le pas, il était clair que je devais me décider. Il aurait été confortable d'abandonner la décision à un autre, mais il n'y avait personne, j'étais tout seul entre des murs froids et nus, en train de jeter mes pauvres morceaux de papier dans le poêle, des papiers qui naguère avaient été pour moi d'un si grand prix. Je ne pouvais demander conseil à personne et je ne pouvais prier personne, parce que c'était maintenant que je devais faire mon choix.

Et je savais que j'allais le faire. Parce que j'avais déjà surmonté la mort, cela avait été une bonne chose, et parce que je savais maintenant à qui demander conseil. C'était Růžena, qui était venue me conseiller cette autre nuit, Růžena, dont je n'avais pas écouté les avis jadis. Je savais que désormais je l'écouterais. Je savais que c'étaient de bons conseils, comme, cette autre fois, je savais qu'il dépendait de moi en cet instant qui ne se répéterait jamais, le seul instant où l'on franchit la frontière, de décider de reculer ou non. Maintenant, je devais aller rejoindre Růžena comme j'aurais dû le faire jadis. Plus jamais nous ne serions tous les deux sur la rive du fleuve et plus jamais nous ne nous séparerions à la station du tram. Maintenant, quand je le déciderais, nous partirions ensemble, Růžena m'accompagnerait toujours, et avec Růžena je n'avais rien à craindre.

Et tandis que mes derniers bouts de papier finissaient de brûler dans le poêle, faisant disparaître à jamais le nom de Josef Roubíček, j'ai compris que ce Josef Roubíček qui se cherchait des excuses, qui voulait se protéger, qui esquivait les obstacles, peut-être parce qu'il esquivait la liberté, ce Josef Roubíček-là n'existait plus, n'existerait jamais plus.

J'ai dit : « Oui, Růžena, maintenant, tu peux compter sur moi. »

TABLE

Pour plus d'information :

www.lisez.com

Imprimé sur du papier issu de forêts gérées durablement.

10/18 – 92 avenue de France, 75013 PARIS

Imprimé en France par
CPI Brodard & Taupin

N° d'impression : 3059118
X08612/01